팀 케미스트리

일러두기

이 책에 등장하는 인명은 출생 국가 또는 국적에 따라 초판 출판 당시 국립국어원의 외래어표기법에 제시된
용례에 의거해 표기했고, 용례에 없을 경우 당사자의 발음 방식을 음역하였습니다.

팀 전력을 끌어올리는 보이지 않는 능력

팀 케미스트리
TEAM CHEMISTRY

조앤 라이언 지음   김현성 옮김

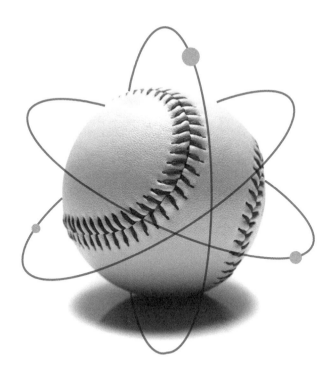

두리반

PART 01

네가 있으니까
내가 있는 거야

PART 02

싱고니움,
환경에 맞춰 변화하다

PART 03

슈퍼 매개자,
조니 곰스라는 특별한 사례

PART 04

슈퍼 교란자,
배리 본즈라는 더 이상한 사례

PART 05

일곱 가지 원형

PART 06

우리만을 위하여

PART 07

피그말리온 효과와
1989년의 샌프란시스코 자이언츠

PART 08

팀에 화학적 합성이
일어나다

에필로그: 팀 케미스트리에 관한 세 가지 질문

팀 케미스트리를 찾아 떠나는 여정

"누가 봐도 승리를 이끄는 팀 케미스트리가 스포츠계를 가장 흥분시키고 있다."

- 리처드 랠리(Richard Lally)의

　《승부예측가의 교훈(The Enlightened Bracketologist)》(국내 미번역)에서

"'팀 케미스트리는 과장된 개념'이라고 말하는 전문가가 한 번씩 나오는데, 그런 사람은 앞으로 상대하지 않으면 된다."

- 명예의 전당 헌액 감독 토니 라 루사(Tony La Russa)

사람에게는 사람이 필요하다

내 어머니는 76살에 갑자기 돌아가셨다. 그때까지 아버지와 55년 동안 결혼 생활을 하셨다. 당시 아버지는 79살이셨는데 고질적으로 허리가 아픈 것과 기억력이 약해진 것을 제외하고는 꽤 건강하셨다. 하지만 어머니가 돌아가신 뒤 얼마 지나지 않아 입맛도 없어지고 정신적 예민함도 떨어지셨다. 의사들은 특별한 문제를 찾아내지 못했다. 한때 자신감이 넘쳤던 아버지의 어깨는 세탁소 옷걸이가 되어버렸다. 휴대폰이나 리모컨만 봐도 어쩔 줄 몰라 하셨다. 그러다 어머니의 장례를 치른 지 9개월 만에 아버지께서도 돌아가

셨다. 사인은 '성장 장애^{FTT: failure to thrive}'. 어리둥절했다. 성장 장애는 영유아와 관련된 용어인 줄만 알았기 때문이다.

아버지의 사인을 듣고 유럽의 '무균' 고아원에 관한 이야기가 생각났다. 1940년대 유럽의 고아원에 살던 아이들은 세 명 중 한 명이 목숨을 잃을 정도로 사망률이 높았다. 오스트리아에서 특히 심했다. 의사들은 그 원인이 전염병 때문이라고 생각해서 아이들을 격리시켰다. 고아원 침대 사이에 멸균 시트를 걸었다. 그리고 먹이고 입히고 목욕시켜 줄 때를 제외하면 아이들에게 손을 대지 않았다. 하지만 무균 고아원의 아이들은 여느 아이들보다 더 많이 아팠다. 식사도 덜 먹었고, 점점 더 무기력해졌다. 유아 사망률이 75퍼센트에 달했던 고아원도 있었다. 심지어 한 고아원에서는 모든 아이들이 사망하기도 했다. 비슷한 사례지만, 부모와 장기간 떨어져 입원한 어린이도 활기를 잃고 사망에 이르는 경우가 종종 발생했다.[1] 의사들은 할 말을 잃었다.

이를 이상하게 여긴 오스트리아계 미국인 정신과 의사 르네 스피츠^{René Spitz}는 이 주제를 연구하면서 다음과 같은 가설을 세웠다. 영유아가 성장하기 위해서는 신체적·사회적 교감이 필요하다. 그리고 두 영유아 집단을 비교해서 자신의 가설을 검증했다.[2]

한 집단은 고아원에 살고 있는 아이들이었고, 다른 집단은 여자 교도소에서 거주하는 아이들이 대상이었다. 고아원의 아이들은 기본적으로 요람 안에 격리되었고, 간호사 한 명이 일곱 명의 아기를 돌봤다. 반면 교도소에 거주하는 영유아 집단은 교도소 놀이방에서 날마다 어머니의 돌봄을 받았고, 특별한 격리 없이 놀이방 교사나 다른 놀이방 아이들과 교류할 수 있었다. 1년 뒤 스피츠는 두 집단을 비교했다. 고아원의 아이들은 교도소에서 지낸 영유아들보다 운동과 인지 능력이 현저히 떨어졌다. 2년이 지나자 고아원의 아이들은 37퍼센트가 사망한 데 비해 교도소 영유아들은 모두 생존했다. 3년이 지나자 교도소에서 자란 아이들은 일반 가정에서 자란 아이와 비슷한 수준으로 걷고 말했지만, 고아원에서 자란 아이들은 총 26명 중 오직 두 명만이 일반 아이들처럼 활동할 수 있었다.

미국 심리학자 해리 할로Harry Harlow는 스피츠의 연구를 확장했다. 대학교에서 심리학개론을 수강해봤다면 1950년대에 할로가 붉은털 원숭이로 진행한 끔찍한 실험이 떠오를 것이다.[3] 그는 갓 태어난 아기 원숭이들을 어미로부터 분리시켜 철창 안에 가두고, 두 개의 인조 '대리모'를 함께 넣었다. 하나는 철사로 꼬아 만든 형체 위에 사각형으로 된 플라스틱 머리를 붙인 대리모였는데, 젖을 빨면 우유가 나왔다. 다른 하나는 얼굴이 동그랗고, 눈도 크고, 미소를 띠며, 부드러운 재질로 만들어졌지만 우유는 나오지 않았다. 그러자 아기 원숭이들은 거의 하루 종일 부드러운 대리모에게 가서 껴안고 스킨십을 하다가, 배고플 때만 철사로 된 대리모에게 잠깐 가서 젖을 빨았다. 이후 할로는 부드러운 재질의 대리모를 우리에서 빼버리고 철사로 만든 대리모만 남겼다. 그러자 아기 원숭이들이 이상 행동을 보였다. 음식을 잘 먹지 않고, 종종 몸을 공처럼 둥글게 말았다. 그리고 맥박과 호흡, 수면 등 활력 신체 리듬이 저하되었다. 결국 아기 원숭이들은 9개월 만에 고아원의 아이들과 내 아버지처럼 '성장 장애'를 겪으며 사망했다.

이런 실험은 돌봄만으로는 영유아가 정상적으로 성장할 수 없다는 것을 명백하게 보여준다. 타인과 눈을 맞추고, 서로 포옹하며, 목소리의 억양과 심장 박동을 들을 필요가 있다. 인간도 유인원과 마찬가지로 군생 동물이다. 우리는 가정이나 학교, 교회, 직장 등 소속된 집단이 있다. 지금도 우리는 조상들이 동굴에서 살던 만큼이나 인간관계를 필요로 한다. 그리고 이는 영유아에게만 해당되는 일이 아니다. 내 아버지의 경우에서도 볼 수 있듯이, 부부도 배우자의 죽음으로 오랜 결혼 생활이 끝나면 홀로 살고자 하는 의지에 큰 영향을 미칠 수 있다. 내 아버지에게 어머니의 존재는 어쩌면 음식이나 수면보다도 더 중요했던 것이다.

20년 만의 재회

2009년 7월. 부모님이 돌아가시기 몇 년 전 일이다. 당시 샌프란시스코의 야구장은 AT&T파크^AT&T Park^로 불렸다. 나는 야구장 밖에 커다랗고 하얀 텐트 안에 있었다. 그곳에서는 은퇴한 중년 선수들이 재회의 시간을 가졌다. 그중에는 회사원이 된 사람도 있었고, 야구계에 남아 있는 사람도 있었다. 서로가 사라진 턱선과 뱃살을 자랑하는 분위기였다. 두세 명은 아직까지는 느린 땅볼 정도는 어떻게든 처리할 수 있을 것 같아 보였다. 대화는 한 번씩 터져 나오는 웃음으로 연결되었다.

이들은 1989년도 내셔널리그 우승을 차지한 주역들이었다. 내가 《샌프란시스코 이그재미너^San Francisco Examiner^》 신문사에서 스포츠 칼럼니스트로 일을 시작한 지 얼마 되지 않았을 때였지만, 1989년 시즌과 당시 선수단은 지금도 잊히지 않는다. 인생에서 겪은 그 어느 로맨스와 마찬가지로, 이들의 이야기에 먼저 빠져버렸다. 당시 자이언츠 선수단은 정말 잡동사니 같았다. 만취해서 소란 피우는 술고래, 독실한 기독교인, 아프리카계 미국인과 남부 지방 백인, 3개국에서 온 중남미 선수들, 대졸 선수와 독해력이 떨어지는 준문맹인 선수, 로스터 한 자리를 쟁취하겠다는 야망을 가진 어린 선수와 그 자리를 버티려는 한물간 노장 선수 등 구성원만 보면 클럽하우스의 분위기가 과연 좋을 수 있을까 염려가 될 정도였다.

　클럽하우스 안에는 사이클 위에 앉아 한 손에는 담배를 들고, 다른 손에는 십자낱말풀이가 담긴 신문을 들고 있는 위풍당당한 에이스 투수 릭 러셜^{Rick Reuschel}, 썩소를 지으며 유쾌하고도 날카로운 목소리로 동료들을 조롱하는 뉴올리언스 출신 윌 클라크^{Will Clark}, 아무 이유 없이 담당 기자들에게 으르렁댔던 2미터짜리 선수 마이크 라코스^{Mike LaCoss}가 눈에 띄었다. 독실한 기독교 선수 네 명 중에 적어도 한 명은 성경을 읽고 있었다. 기자들은 이들을 '하나님의 군대'라고 불렀다. 아마도 '성경 안에 여성의 알몸 사진을 끼어 넣으면 재미있을 것'이라고 생각한 동료를 위해 기도하고 있었을 것이다. 여기저기 뜯어져서 내다 버린 소파 같은 몸을 끌고 트레이너실로 갔던 노장 돈 로빈슨^{Don Robinson}도 눈에 들어왔다. 온몸에 털이 많고 재미난 선수였는데, 모두가 그를 원시인이라고 불렀다. 그해 샌프란시스코의 스타가 될 것이라고 아무도 예상하지 못한 케빈 미첼^{Kevin Mitchell}은 금니를 자랑하는 전직 갱단 일원이었다. 그는 한때 7개월이라는 기간 안에 두 번이나 트레이드되었고, 야구를 그만두려고도 했으나, 지금까지 언급한 선수들과 함께하며 부활의 길을 발견했다.

경찰관의 아들 마이크 크루코^{Mike Krukow}는 이 팀의 정신적 지주이자 살림꾼, 분위기 메이커였다. 투수였던 그는 1989년에 자신의 팔을 혹사해 머리를 빗지 못할 정도로 팔이 망가져서 이듬해 은퇴했다. 그래도 어린아이처럼 야구에 대한 애정을 가졌고, 동료가 무엇이 필요하고, 언제 필요한지를 정확하게 알았다. 이렇게 1989년도 샌프란시스코 자이언츠 선수단은 서로 싸우고, 지배하고, 경쟁하고, 부추기고, 누구의 눈치도 보지 않으며 애정을 쌓았다. 선수들 간에 균열이 생겨도 금세 회복되었다. 마치 피터 그랜트^{Peter Grant}의 소설 같았다. 소란스럽고, 재미있고, 애정 넘치며, 감동적이었다. 하지만 이야기의 결말은 디즈니식 해피엔딩이 아니었다. 월드 시리즈^{World Series} 도중에 6.9리히터 규모의 지진이 강타했고, 말 그대로 균열로 인해 이야기가 마무리되었다.

20년이 지나고 선수단은 다시 만나는 자리를 가졌다. 이들은 뉴욕주 호스헤즈^{Horseheads}와 펜실베이니아주 피츠버그, 애리조나주 레이크하바수^{Lake Havasu} 등 미국 전역에 흩어져 살았지만 대부분이 참석했다. 나는 행사장 텐트를 배회하며 인사를 나누었는데, 공통으로 계속 나온 용어가 있었다. 바로 '팀 케미스트리^{team chemistry}'(줄여서 '팀 케미'―옮긴이)였다. 사실 스포츠에서 자주 쓰이는 용어다. 마음 따뜻한 팀이 우여곡절을 뚫고 승리한다는 스토리텔링은 수적으로 열세였던 기드온 부대를 다룬 《구약 성서》 시절부터 존재했다. 할리우드는 이런 스토리텔링을 〈브레이브하트^{Braveheart}〉와 〈배드 뉴스 베어즈The Bad News Bears〉, 〈황야의 7인The Magnificent Seven〉, 〈후지어Hoosiers〉 등 수백만 가지 방법으로 우리에게 전달해왔다. 나는 이런 영화를 정말 사랑한다. 〈후지어〉에서 진 해크먼Gene Hackman이 맡은 노먼 코치가 인디애나주 히커리Hickory의 고등학생들이 열세임에도 불구하고 로커룸에서 천천히 박수를 맞추는 장면만 봐도 눈물이 절로 나온다.

현실에서는 실제 실력에 비해 성적이 좋고 뭔가 즐길 줄 아는 팀(다 같이 턱수염을 기른다거나!)을 분석할 때 대충 팀 케미스트리가 좋다는 말을 갖다 붙인다. 1989년도 샌프란시스코 자이언츠도 실력만으로는 설명할 수 없는, 특별한 '무언가'가 있었다. 25년 동안 스포츠 전문 기자로 활동(스포츠 칼럼니스트로 15년, 샌프란시스코 자이언츠 미디어 컨설턴트로 10년 이상)하면서 이런 모습을 조금이나마 보였던 팀들을 여럿 경험했다. 이런 팀을 보면, 선수들이 서로에게 긍정적인 영향을 끼친다.

나도 첫 직장에서 경험한 적이 있다. 대학을 졸업하고 《올랜도 센티넬Orlando Sentinel》 신문사 스포츠부에 들어갔다. 그곳은 직원들 간의 유대 관계가 끈끈했다. 나와 같은 신입 사원들이 있었고, 우리가 쓴 글을 전부 편집해버리며 우리를 스카치의 세계로 끌어들인 선배들이 있었다. 자정쯤 신문이 나갈 준비를 마치면, 다 함께 햄버거와 맥주를 즐기러 나갔다. 매년 7월이면 빌 베이커Bill Baker라는 동료의 집에 모여 윔블던Wimbledon 테니스 대회 결승전을 함께 보곤 했다. 지금 돌이켜 보면, 우리는 하나의 부족처럼 움직였는데, 어떻게 그 정도로 조직적으로 움직였는지 신기할 따름이다. 각자 맡은 역할이 있고, 우리끼리 통하는 사내 개그가 있었다. 개인의 정체성은 우리끼리만 있을 때와 외부인과 있을 때 다르다는 느낌을 주었다. 우리는 서로에 대한 애정이 있었고, 서로를 도왔으며, 함께 만들어낸 결과물에 엄청난 자부심을 가졌다. 이런 이유로 《올랜도 센티넬》의 스포츠면은 남달랐다.

팀 케미스트리의 원리

만일 배우자나 고아원 보육사처럼 서로에게 생리학적인 영향을 크게 주는 능력을 가진 인간이 '일부' 있다면, 주변 사람의 경기력과 생산력에 어느 정도 영향을 주는 능력은 모든 인간이 가졌다고 볼 수 있다. 그렇다면 1989년도 샌프란시스코 자이언츠가 팀 케미의 힘을 보여주는 기본 사례가 될 수 있을까?

이 질문에 답변을 구하고자 집단역학을 비롯해 심리학, 언어학, 신경과학, 진화생물학 등의 학문과 감정, 사랑, 군대, 성별, 리더십 등 스포츠 종목과 관련한 다양한 주제의 논문과 서적을 닥치는 대로 읽었다. 주변 사람이 경기력에 어떻게 영향을 미치는지 조금이라도 알 수 있는 내용이라면, 일단 읽었다.

그러다가 《뉴욕타임스The New York Times》에서 "경기력을 향상시키는 '사랑 호르몬'The 'Love Hormone' as Sports Enhancer"이라는 제목의 기사를 접했다. 옥시토신oxytocin이라 불리는 신경 펩티드에 관한 내용이었다. 우리가 사랑에 빠지거나, 여성이 분만하거나 모유 수유를 할 때, 우리 뇌는 옥시토신을 생성한 후 혈관으로 내보내서 강한 믿음과 유대감을 느끼게 만든다. 또한 의미 있는 신체 접촉도 옥시토신 생성을 유발할 수 있다.

그렇구나! 스포츠에서 자주 보이는 모습들이 이해되기 시작했다. 스포츠 선수는 일반인보다 신체적인 애정 표현을 훨씬 더 많이 한다. 일단 미국인들은 그렇다. '항상' 어떤 방식으로든 신체 접촉을 이룬다. 함께 껴안거나, 팔짱을 끼거나, 동료의 머리를 두드리거나, 하이파이브를 한다. 농구 경기가 막판에 박빙이면 경기 코트 앞자리에서 서로 손을 잡고 서 있기도 한다. 심지어 샌프란시스코 자이언츠 클럽하우스에서는 강아지들처럼 다른 선수를 깔고 누워서 텔레비전을 시청하는 모습도 봤다. 더그아웃에서는 한 선수가 좋은 기운을 받자면서, 한 이닝 내내 동료의 정수리를 문지르던 모습도 봤다. 일반 남성이라면 어깨를 툭툭 쳐주는 것을 서로 껴안은 셈 치겠지만, 샌프란시스코의 팀 동료들은 온몸으로 받아들인다.

이제는 이런 신체 접촉을 과학적으로 풀어나갈 수 있게 되었다. 선수들은 옥시토신의 도움으로 서로 친밀감을 형성하고, 부족처럼 굳게 뭉쳐서 행동하는 것이다. 만일 동료가 용기를 주려고 어깨동무를 해서 믿음을 주었다고 하자. 어깨동무를 당한 선수는 순환계에서 옥시토신 분비를 촉진하고, 거기에 따른 신뢰감과 유대감을 형성한다. 진화심리학자들은 이런 이유 때문에 인간과 유인원이 옥시토신을 분비한다고 설명한다. 믿음이 없는 무리는 함께 사냥하고, 음식을 채집하고, 적을 몰아낼 수 없기 때문이다. 인류의 두뇌는 한 구성원이 집단의 생존을 위해 희생할 만큼 강한 유대 관계를 만들 방법을 찾아야 했다.

특히 흥미로운 점은 신체 접촉과 옥시토신 분비로 촉진되는 신뢰감과 유대감은 '거울 뉴런'으로 이루어진 네트워크를 통해 전염된다는 것이다. 거울 뉴런은 1990년대 초에 짧은꼬리원숭이를 실험하면서 발견되었다. 이탈리아 연구진은 원숭이들에게 물건을 들어 올리게 한 후, 다른 원숭이들이 물건을 들어 올리는 모습을 보게 했다. 그러자 어떤 행동을 직접 할 때나, 그 행동을 관찰할 때나 동일한 뇌세포가 활성화되었다. 오늘날에 들어서 그 뇌세포들을 거울 뉴런이라고 부른다.[4]

뇌 기능 영상을 보면 인간에게도 거울 뉴런이 있다는 것을 알 수 있다. 현재 암스테르담대학교Universiteit van Amsterdam 신경과학자이자 심리학자인 크리스티안 카이저스Christian Keysers는 짧은꼬리원숭이 실험과 비슷하게, 거울 뉴런이 인간에게도 존재하는지 연구했다.[5] 그는 우선 14명의 실험 참가자를 두 개의 실험군으로 나누었다. 하나는 깃털로 된 먼지떨이로 다리를 살짝 건드렸고, 다른 하나는 먼지떨이로 같은 부위를 건드리는 영상을 시청했다. 그랬더니 깃털을 직접 접촉한 사람이나 깃털로 건드린 사람을 영상으로 시청한 사람이나 두뇌 몸 감각 피질의 같은 부위가 활성화되었다.

다른 실험에서는 행복해하는 얼굴과 화난 얼굴을 영상으로 보게 하고, 그 모습을 관찰했다. 행복해하는 얼굴을 본 사람들은 웃을 때 사용하는 볼 근육을 움직였고, 화난 얼굴을 본 사람들은 화날 때 사용하는 눈썹 근육을 움직였다. UCLA 신경과 의사이자 신경과학 교수, 《미러링 피플Mirroring People》의 저자인 마르코 야코보니Marco Iocoboni는 우리가 간접 경험만으로도 타인을 공감할 수 있다고 설명한다. 우리는 상대가 느끼는 감정을 파악하기 위해 상대를 미러링한다. 이를 증명하기 위해 한 가지 실험을 했다. 실험 참가자들이 상대방을 전혀 흉내 내지 못하도록 치아 사이에 연필을 물게 한 실험이었다. 그러자 대부분의 실험 참가자들이 상대방 얼굴 표정의 변화를 알아차리는 데 훨씬 더 어려움을 겪었다(이를 통해 자폐 스펙트럼 장애에서 보이는 단조로운 정동과 타인에 대한 공감 능력의 결여 사이의 연관성 등 흥미로운 궁금증들이 생긴다).

야코보니 교수는 이 연구를 통해 서로 간의 호감이 깊어질수록 서로를 더 흉내 낸다는 점을 알아냈다. 그는 저서에 "결혼 생활 25년 이후에 부부의 얼굴 생김새는 더 닮아간다. 배우자는 자신의 분신이 된다"고 적었다.

거울 뉴런의 효과는 팀 케미스트리의 원리를 생물학적으로 풀어나가는 데 큰 역할을 한다. 로커룸은 차단된 환경이기에 서로 모든 모습을 적나라하게 보게 된다. 더그아웃이나 버스, 비행기라는 환경도 마찬가지다. 버스터 포지Buster Posey가 신인 우익수의 어깨에 팔을 걸치며, 그 신인이 얼마 전에 완벽한 송구로 주자를 잡아내 승부를 지켰던 상황을 언급한다고 치자. 그러면 신인 우익수는 순환계가 옥시토신으로 가득 차고, 행복감과 자신감이 생긴다. 그리고 포지라는 슈퍼스타와 지금까지 느끼지 못했던 유대감이 생긴다. 만약에 다른 신인 선수가 이러한 교류를 맞은편에서 보고 있다면, 그의 두뇌 안에 있는 거울 뉴런도 포지의 신체 접촉이 마치 자기에게도 일어나는 것처럼 '느낀다'. 그 신인의 감각 피질이 옥시토신을 분비하면, 그는 행복감에 젖어 자신도 버스터 포지와 더 유대감이 생겼다고 느낀다. 이 얼마나 신비로운 일인가?

사실 스포츠에서 팀 케미스트리를 설명할 때 야구로 예를 들기가 가장 힘들다. 농구나 미식축구, 축구, 아이스하키, 심지어 다른 종목들이 연관성이 더 많다. 공이나 퍽puck을 서로 패스하거나, 블록하거나, 스크린screen(공격자가 방해물 없이 공을 몰고 갈 수 있도록 동료들이 수비수를 막아 주는 행위―옮긴이)하는 등 모든 플레이를 선수들이 협력해서 만들기 때문이다. 물론 야구 선수들도 서로 공을 주고받지만, 다른 종목보다 그라운드에서 이루어지는 협력이 적다. 타자와 투수, 수비수들은 따로따로 서 있다. 병살 플레이나 투수와 포수가 마운드에서 대화하는 일 등 몇몇 특별한 경우를 제외하면 본인이 맡은 임무를 수행하는 데 동료가 도울 방법이 없다. 따라서 야구에서 팀 케미스트리가 적용될 만한 사례는 적어 보인다.

'그런 이유' 때문에 나는 오히려 야구에 더 주목했다. 미국의 '국기'로 불리는 야구야말로 일반 회사 조직과 가장 흡사하다. 대부분 사무실을 보면, 직원은 칸막이로 나누어진 작은 공간에서 주어진 과제를 혼자 수행한다. 예를 들어 휴대폰을 만든다거나, 소프트웨어를 디자인한다거나, 신문을 인쇄한다는 개별 과제는 공동 목표를 달성하는 데 반드시 필요한 일이다. 야구 클럽하우스에서 팀 케미스트리가 어떤 방식으로 이루어지는지를 이해하면, 결과적으로 공동 목표를 가진 조직에서도 어떻게 작용하는지 이해하는 데 도움이 될 것이다.

팀 케미스트리는 정말로 경기력에 영향을 미칠까?

1989년도 샌프란시스코 자이언츠 출신 선수들이 재회하기 몇 년 전에 마이클 루이스^{Michael Lewis}의 저서 《머니볼^{Moneyball}》이 출간되었다. 이 책은 신세대들의 스탯 분석과 구시대적인 스카우트들의 관행과 지혜 사이에 싸움을 붙인 책으로 유명하다. 야구 분석가 빌 제임스^{Bill James}는 1980년에 야구 분석이라는 성장 분야를 설명하고자 '세이버메트릭스^{sabermetrics}'라는 용어를 만들었다. 미국야구학회^{SABR: Society for American Baseball Research}에 대한 감사의 표시였다. 물론 《머니볼》 이전에도 스탯 분석을 통해 선수를 평가했던 팀은 많았다. 그러나 《머니볼》 이후에는 모든 구단이 아이비리그 출신 분석원을 서둘러 채용했고, 그들은 사무실 앉아 자기들만 아는 알고리즘과 긴 약자로 표현하는 스탯(PECOTA, BABIP, LIPS, VORP 등)[•]을 대량으로 찍어냈다.

선수의 가치를 파악하거나 구단의 성패를 분석할 때 실물 지표에 의존하는 일은 납득이 된다. 인간의 마음은 상당히 편파적이어서 신뢰성이 떨어진다. 우리는 숫자보다는 스토리에 더 집중한다. 우리 조상들은 태양의 움직임을 "신이 날아다니는 전차로 하늘을 가로질러서 태양을 끌고 갔다"는 이야기로 설명하지 않았던가? 그래서 세이버메트릭스를 추종하는 사람들은 팀 케미스트리는 측정할 수도,

---

■ PECOTA(Player Empirical Comparison and Optimization Test Algorism = 선수 실증 비교 및 최적화 검사 알고리즘), BABIP(Batting Average on Balls In Play = 인플레이 타율 또는 인플레이 피안타율), LIPS(Late-Inning Pressure Situation = 경기 후반 고비 상황), VORP(Value Over Replacement Player = 대체 선수 대비 가치).

정의를 내릴 수도 없으므로 팀 케미스트리로 승패의 결과를 논하는 것도 같은 맥락이라고 주장한다.

2009년에 샌프란시스코 자이언츠 출신 선수들이 재회한 이후, 2009년도 뉴욕 양키스부터 2019년 워싱턴 내셔널스까지 모든 월드 시리즈 우승팀의 케미스트리가 좋았다. 이때 다음 중 한 가지 이상을 보통 팀 케미스트리의 '증거'로 내세운다. 동일한 머리나 수염 스타일, 얼굴에 파이를 묻히는 식의 세리머니, 과장된 손뼉과 춤 동작, 클럽하우스 장난, 웃긴 별명, 다양한 손짓(예: 2010년도 텍사스 레인저스의 할퀴는 손짓과 사슴뿔 손짓), 구호, 슈퍼스타가 관대하게 쏜 거대한 저녁 식사, '선수가 자신의 야구를 할 수 있도록' 해주는 감독 등이다.

그런데 팀 케미스트리라는 것이 실존하고 지대한 영향력이 있다면, 이렇게 몇 가지 단순한 수법만으로 설명할 수 있을까? 1970년대에 정말 심각했던 오클랜드 애슬레틱스와 뉴욕 양키스가 떠올랐다. 일명 '25인 25택시(어느 팀이 원정 공항에서 택시 한 대당 한 선수씩만 타고 갔던 일을 두고 개인플레이가 심한 팀을 비꼬는 말—옮긴이)'로 불렸던 팀이다. 원정을 갈 때마다 주먹다짐이 일어났지만, 우승을 거듭했다. 팀 케미스트리는 왜 이 팀들에게 적용되지 않았을까?

역으로 팀 케미스트리는 좋은데 이기는 야구를 못 했던 팀들은 어떻게 된 것일까? 2007년도 워싱턴 내셔널스가 여기에 해당한다. 전지훈련에서는 회식 자리가 너무나도 즐거웠다거나, 선수 간 우애를 다지기 위해 캥거루 재판Kangaroo Court(옛날식 자체 벌금제—옮긴이)을 도입했다거나 하는 이야기들이 쏟아졌다. 그런데 지구 1위와 16경기 차이로 시즌을 마감했다. 결국에는 재능이 없었던 것이다.

명예의 전당 감독 짐 릴런드Jim Leyland는 재능이 모든 것을 결정한다는 입장이다. 2010년 봄에 오클랜드 구장의 원정팀 클럽하우스에서 이야기를 나눈 적이 있다. 그는 네 팀을 지휘하며 올해의 감독상을 세 차례 수상했고, 결국 명예의 전당에도 헌액된 역사적인 감독이다. 2010년 당시에는 디트로이트 타이거즈를 맡았고, 이 팀을 끝으로 은퇴했다. 그날 릴런드 감독은 책상 위에 놓인 종이컵에 말보로 담배를 털며 비좁은 감독실로 들어오라는 손짓을 보냈다. 연로한 야구인처럼 가죽 같은 얼굴에 험상궂은 태도를 보였다. 술을 한 잔만 더 들이켰다가는 누군가를 한 대 칠 것 같았다.

그는 담배 한 대를 또 꺼내면서 "케미스트리는 학창 시절에 듣던 과목의 이름일 뿐"이라고 말했고, 다음과 같이 이야기를 이어나갔다. "매주 일요일에 다 같이 손잡고 교회에 가는데, 항상 졌던 팀도 봤어요. 팀 케미는 생각도 하지 마세요. 요즘 스포츠계에서 이 표현이 너무 남용되고 있어요. 제대로 알지 못하는 기자가 보통 꺼내는 말이에요. 팀이 계속 지면 팀 케미스트리가 안 좋다고들 하죠. '클럽하우스에 문제가 있다.' 여기 문제가 있고, 저기 문제가 있고. 사실 여부를 떠나 감독 목은 날아가버리죠. 선수도 다 다른 팀으로 보내버리고요."

"자, 잘 들으세요. 모든 건 재능으로 시작해서 재능으로 끝납니다. 팀이 형편없으면 맨날 다 같이 회식해도 몇 경기 못 이겨요. 그래서 저는 재능이 전부라고 생각합니다. 야구는 결국 재능이에요. 선수들이 서로 좋아하고 그러는 건 보너스입니다. 그러면 시즌이 더 즐겁

팀 케미스트리

기는 하겠죠. 그렇지만 화합이 더 잘된다고 이기는 야구를 하게 되는 건 아니라고 생각합니다."

10분을 예상한 대화가 40분으로 늘어나자 릴런드 감독의 어조가 약간 바뀌기 시작했다. '성격과 대인 관계가 분위기를 고조하고, 공동 목표를 향해 가고 있다는 점'을 서로 믿을 필요가 있다는 데는 동의했다. 그리고 노장 선수가 클럽하우스에 끼치는 영향에 대해 흥분하면서 설명했다.

"이거 하나는 확실해요. 팀을 위한 최고의 특효약은 좋은 노장 선수입니다. 노장 선수가 팀을 믿는 모습을 보이면, 어린 선수들은 알아서 따라갑니다. 그런데 더 이상 뛰지 못한다는 데 화가 난 노장 선수가 있다면, 정말 최악의 시나리오죠."

방금 릴런드 감독이 재능 이외에도 팀의 경기력에 영향을 줄 수 있는 요인이 있다고 말한 것인가?

또 한 명의 명예의 전당 감독인 토니 라 루사는 팀 케미스트리를 강하게 긍정한다. 2010년 4월, 샌프란시스코 홈구장의 원정 더그아웃에서 라 루사 감독과 대화를 나눴을 당시 그는 세인트루이스 카디널스를 이끌었다. 그때까지 월드 시리즈를 두 번 우승시켰고, 은퇴하기 직전이었던 2011년에 세 번째 우승을 달성했다(2021년 시즌에 감독으로 복귀해서 2022년 시즌을 끝으로 다시 은퇴를 선언했다—옮긴이). 그는 강하게 주장하고 단정 짓는 주제가 많았는데, 팀 케미스트리만큼은 특히 더 그랬다. 신인 감독이었던 1979년부터 팀 케미스트리라는 개념에 대한 자신의 철학을 갈고 닦았다.

그는 "8개월 동안 매일 붙어 있는데, 선수들의 분위기가 어떻든지 상관없다고 생각한다면 그건 어리석은 사람"이라고 이야기했다.

팀 케미스트리에 대해 이야기를 시작하자, 마치 열의에 찬 목사가 TED 강연을 하는 모습 같았다. 팀 케미스트리의 힘을 보통 대주제와 소주제로 나누어 증거와 사례를 들어가며 설교한다. 그리고 팀 케미스트리는 다음 세 가지 가치로 나눌 수 있다고 말한다. 서로 존중하고, 믿으며, 돌보는 것이다. 그는 이런 가치를 선수들에게 주입한다. 또한 리더 자질을 갖춘 선수를 찾아서, 클럽하우스 내에 팀 케미스트리를 형성하고 이것을 전도할 수 있도록 지도한다.

"개인과 팀을 위해 리더십을 발휘하는 선수들이 많을수록 좋습니다. 척 태너^{Chuck Tanner} 전 감독은 팀 케미가 좋으면 슈퍼스타를 영입한 거나 다름없다고 말했는데 저도 그 말을 전적으로 믿어요."

라 루사 감독과 그렇게 대화를 나누었던 시즌에 샌프란시스코 자이언츠는 팀 케미스트리의 연구 대상이라고 불릴 정도의 존재로 발돋움했다. 브루스 보치^{Bruce Bochy} 감독은 자신이 맡았던 2010년도 팀을 '오합지졸 야구단^{A Band of Misfits}'이나 '더티 더즌^{Dirty Dozen}(흉악범으로 구성된 특공대 이야기를 다룬 1967년 영화—옮긴이)'으로 불렀다. 버림받은 노장들과 검증되지 않은 어린 선수들이, 찬바람 부는 11월에 노면 전차를 타고 샌프란시스코의 마켓 스트리트^{Market Street}를 지나면서 축하받을 줄 누가 알았을까? 그렇지만 예상하지 못한 우승을 직접 목격했음에도 불구하고, 1989년도 샌프란시스코 자이언츠 출신 선수들은 20년 만의 재회 자리에 참석했을 때에도 팀 케미스트리의 원리를 더 잘 이해하지는 못했다.

2010년 12월에 나는 플로리다주 올랜도에서 열린 MLB 윈터 미팅Winter Meetings에 참석했다. 윈터 미팅이란 감독과 단장, 임원, 언론 등이 매년 모이는 자리다. 실직한 야구인이 일자리를 다시 찾기 위한 장이기도 하다. 그곳에서 선수들이 클럽하우스에서 보이는 행동과 선수들 간의 관계, 야구인들이 생각하는 팀 케미스트리에 대해 많이 배웠다. 그래도 수많은 질문이 여전히 남았다.

팀 케미스트리가 실존한다는 것을 어떻게 알 수 있을까? 실존한다면 그 정체가 도대체 무엇일까? 서로에게 이끌리는 마법의 연결고리나 호감, 궁합과 비슷한 개념일까? 경기력에는 어떤 영향을 미칠까? 경기력에 결국 영향을 주지 않는다면, 굳이 팀 케미스트리를 논할 이유가 있을까?

해답을 구하기 위한 연구 활동은 두 가닥으로 나뉘었고, DNA의 이중 나선 구조처럼 서로 얽혔다. 한 가닥은 클럽하우스에서 일어나는 우정과 원한, 유머와 충돌, 자아도취와 겸손을 기준으로 돌아갔다. 그리고 다른 한 가닥은 이것들이 경기력에 어떻게 그리고 얼마나 영향을 주는지 과학적인 원리로 설명하는 내용을 기준으로 돌아갔다.

그러나 두 가닥은 오직 한 군데에서 시작한다. 그곳은 바로 인간의 두뇌다.

네가 있으니까
내가 있는 거야

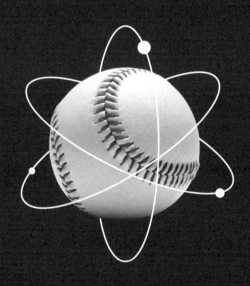

누구나 타인이 채워줘야 하는 공간이 존재한다

캘리포니아주 소실리토^{Sausalito}에 위치한 UC샌프란시스코의 정신과 의사이자 정신 요법 의사인 토머스 루이스^{Thomas Lewis} 박사의 사무실을 찾았다. 지역 명소라는 노 네임 바^{The No Name Bar}로부터 두 건물 옆에 있다고 들었는데, 기념품 상점들 사이에 숨어 있는 바람에 지나쳐버릴 뻔했다. 루이스 박사는 《사랑을 위한 과학^{A General Theory of Love}》의 저자다. 책에는 다음과 같은 글이 있다.

"스스로 자신의 역할을 완성하는 사람은 아무도 없다. 누구나 타인이 채워줘야 하는 공간들을 두고 있다."

프롤로그에서 언급한 고아원 사례나 내 아버지 사례를 보면, 인간의 두뇌는 아무리 복잡하고 가능성이 무한하다고 해도 처음부터 인

■ 공동 저자인 파리 아미니(Fari Amini) 박사와 리처드 래넌(Richard Lannon) 박사 모두 정신과 의사이고, 루이스 박사가 UC샌프란시스코에서 전공의로 일했을 당시 교수였다.

생을 사는 데 필요한 기능을 장착한 것은 아니다. 그런데 루이스 박사가 자신의 책에 언급한 개방형 공간은 이와 좀 차이가 있다.

포유류가 '성장'하려면 다른 포유류가 필요하다. 그중에서도 인간이 가장 그렇다. 고등학교 과학 시간에 배웠던 내용을 떠올려보자. 인류는 거대한 매머드를 상대로 홀로 싸울 만큼 강하거나 빠르지 않았다. 그렇기에 초기 인류는 생존을 위해 가장 사회적이고 협동적인 포유류로 진화했다. 이렇게 서로 협력하려면 소통이 필요하다. 인류가 소규모 부족 사회를 이루며 언어를 사용하기 전에도 먹을 것이 어디에 있는지, 어떤 열매에 독이 있는지, 열 배나 큰 들소를 어떻게 사냥해야 하는지 등을 알 수 있었다.

직립보행을 하고 나서부터 인류는 성대가 길어지고 목소리의 폭도 넓어져서 섬세한 소리도 다양하게 내게 되었다. 머리털이 더 이상 얼굴을 덮지 않으면서 안면 근육이 드러났다. 이와 함께 걱정이나 기쁨, 두려움, 혼란, 놀람 등 여러 안면 근육, 특히 눈 주위 근육들이 나타내는 감정의 표현을 '해독'하는 능력이 생겼다. 부끄러워서 혹은 사랑에 빠져서 얼굴이 붉어지는 모습을 볼 수 있게 되었다. 1.6제곱미터의 맨살을 가진 털이 없는 우리의 몸은 스킨십을 유도하기 위한 부드러운 키보드로 변했다. '나는 너를 믿는다.' '괜찮아!' '그만 해!' 우리 눈동자도 유인원처럼 전부 갈색이 아니라 각막 주변에 흰색 공막이 생겼다. 따라서 우리가 어디를 바라보는지('저기 뱀이 있으니 조심해!') 바로 전달하고, 타인의 선의나 악의, 속임수 같은 의도를 눈치 챌 수 있게 되었다. 유인원은 눈썹 부위가 크게 돌출되었는데, 인간은 그런 특징마저도 없어서 눈을 쉽게 관찰할 수 있다. 우리 뇌의 크기는 300만 년이라는 시간 사이에 네 배나 커졌다. 상당히 이례적인 발달 과정이다.

일반적으로 뇌 크기는 신체 크기에 비례한다. 코끼리의 뇌는 엄청나게 크고, 다람쥐의 뇌는 작다. 그러나 인간의 뇌는 신체 비율에 비해 훨씬 크다. 인류학자 로빈 던바Robin Dunbar는 "우리 뇌가 커진 이유는 지식을 담기보다는 엄청난 인간관계를 수용하기 위한 것"이라고 말한 바 있다.

현대 인간의 뇌는 약 1,000억 개의 뉴런을 보유하고 있다. 컴퓨터로 치면 이들은 뇌의 마더보드 역할을 하며 우리 주변에서 얻는 모든 정보를 끊임없이 내려 받고, 정보 처리를 위해 해당 부서로 전달한다. 따라서 우리 뇌는 어조나 몸짓, 채취, 행동 등 주변 사람이 내보내는 신호를 수집한다. 생물학자 에드워드 윌슨Edward O. Wilson은 이런 신호들을 "모든 분위기와 의도를 진실하게 설명하는 사전"이라고 표현했다. 우리 얼굴은 계속해서 무의식적으로 신호를 보낸다. 턱과 콧대, 이마에는 우리가 억지로 움직이지 못하는 근육들이 있다. 턱 근육을 움직이지 않고 입 꼬리 근육을 한 번 내려보라. 이것이 가능한 사람은 10퍼센트 내외밖에 되지 않는다. 그런데 크게 슬퍼하면 입 꼬리 근육은 저절로 내려간다. 이런 내장된 표정은 대개 순간적으로 나타나며, 우리가 타인에게 보여주고 싶은 표정이 이를 덮어버린다.[1]

우리는 이런 신호를 읽을 때마다 분위기와 몸짓은 물론 심박수와 호르몬, 신진대사까지 바뀌는 식으로 반응한다. 수천 가지의 미세한 재조정이 매 순간 일어난다. 이는 인류가 추는 춤이라고 할 수 있다. 우리는 서로에게 눈치 채지 못할 만큼 **빠르고** 미세하게 영향을 준다.

궁극적으로 인간을 지배하는 것은 관계다

토머스 루이스 박사의 책은 팀 케미스트리를 언급하지 않았지만, 내용 자체는 이미 팀 케미스트리에 관한 것이었다.

그는 검정색 팔걸이가 있는 쿠션 의자에 파묻혀 다리를 꼬고 이렇게 말했다. "저는 스포츠에 대해 전혀 몰라요. 환자들이 찾아와서 스포츠 이야기를 하니까 '그렇구나' 하는 정도죠. 스포츠에는 재능이 없습니다."

박사의 의자 주변에는 종이들이 반원 모양으로 아무렇게나 흩어져 있다. 천장까지 닿는 책꽂이에 책이 많지만, 창문으로 보이는 소실리토 유람선과 리처드슨만^{Richardson Bay}이 한 폭의 그림 같아서 눈에 들어오지도 않았다.

루이스 박사의 목소리는 여느 정신과 교수처럼 부드럽고 침착했다. 하지만 듬직한 풍채와 토요일 오후에 코스트코^{Costco}에 갈 때나 입는 넉넉한 상의를 봤을 때 영락없는 유소년 아이스하키부 선수의 학부모 같은 느낌이었다. 박사 우측에 작은 사이드 탁자 위에는 탄산음료 세 캔과 커피가 담겼던 구겨진 종이컵, 반쯤 마신 생수병이 어질러져 있었다.

박사는 한 강연에서 어떤 여성이 천국에 대해 물어봤던 일을 소개했다. 구체적인 내용은 잊었지만, 사람들이 천국이라고 하면 보통 사랑하는 사람들과 재회하는 것을 생각한다는 점은 기억난다고 했다. 반면 지옥은 추방으로 여긴다. 영화 〈캐스트 어웨이Cast Away〉에서 배우 톰 행크스Tom Hanks의 배역이 떠올랐다. 그는 윌슨Wilson(배구공에 찍힌 제조사 명칭—옮긴이)이라는 이름을 붙인 배구공을 친구 삼아 무인도에서 살아남을 수 있었다. 이 영화는 관객이 '주인공이 배구공에 가지는 정서적 유대감'을 얼마나 느끼느냐에 성패가 달렸다. 결과적으로 많은 사람들이 그 유대감을 느끼는 데는 성공했지만, 그 이유는 잘 몰랐을 것이다.

루이스 박사는 "궁극적으로 인간을 '지배'하는 것은 관계"라고 말했다. 그래서 인간은 자신의 가장 가까운 사람을 그대로 모방하기도 한다. 예를 들어 "산모와 아기의 심장 리듬(심박수와는 다르므로 혼동하지 말 것)은 1초 이상 차이나지 않으며, 모자 또는 모녀마다 고유한 리듬을 가진다"고 말했다. 산모는 타인의 아기와 심장 리듬을 일치시키지 않는다. 이와 비슷한 사례로 관계가 가까운 사람들끼리는 대화할 때 호흡수도 일치한다.

그렇다면 일상생활을 살아가는 우리에게는 이 '관계'가 어떻게 적용되는 걸까? 스스로 만들어내지 못해서 타인이 채워줘야 하는 부분에는 무엇이 있을까?

이에 대해서 루이스 박사는 미소를 지으며 다음과 같이 말했다. "아마 정신과 의사가 아니라면 일반적으로 눈치 채기 힘든 것들이 많을 거예요. 게다가 저도, 사람은 서로 어떻게 친해질까 궁금할 때가 있어요."

그는 환자의 모든 것에 매우 주의를 기울여서, 환자가 시시각각 어떻게 변하는지 알아챘다.

"타인의 모든 것은 전염됩니다. 매 순간 '자신'의 일부가 '타인'으로부터 형성된다는 걸 알 수 있죠. 자신도 매 순간 다른 사람입니다. 근본적으로 달라지는 건 아니지만, 그 차이는 구별되죠."

나는 그가 어떤 것들에 대해 주목하는지 궁금해졌다.

"내가 주목하는 것들은 사람들이 느끼는 특별한 감정들이에요. '이 사람과 함께 있으면 재미있어', 또는 '내가 좀 더 똑똑해진 것 같아', '아이디어가 더 떠올라', '뭐라고 말해야 할지 생각나지 않아' 등의 생각이 드는 감정들이죠. 그리고 그런 각기 다른 생각이 드는 이유는 당신을 형성하는 일부가 다른 사람들에 의해 결정되기 때문입니다."

나는 그의 말이 무슨 의미인지 정확하게 이해했다. 나 또한 몇몇 특정 사람들과 함께 있으면 특히 재미있다고 느낀다. 나는 루이스에게 내가 내 친구들의 재미를 따라하고 있는지 아니면 그들이 내 안에 이미 가지고 있는 무언가를 건드린 것인지 물었다.

그는 이렇게 답변했다. "내가 생각하는 '나'는 실제의 나와는 조금 다릅니다. 변하지 않는 나는 분명 있죠. 하지만 나의 일부는 항상 타인이 채웁니다."

관념적이고 난해한 답변이었다. 그런데 생각할수록 그 의미가 또렷해지는 것 같았다. 플로리다에서 가족과 함께 있는 나는 샌프란시스코에서 친구들과 함께 있는 나와 다르다. 남편과 함께 있는 나는 전에 사귀었던 남자친구들과 함께 있던 나와 다르다. 아들과 함께 있는 나는 긍정적이든 부정적이든 이 세상 누구와 함께 있을 때와 다르다.

관광객의 목소리들이 거리로부터 들렸다. 루이스 박사에게 스포츠계에서 재능과 훈련, 준비 외에는 경기력에 영향을 주는 것이 없다고 믿는 사람들이 있다고 전했다. 박사는 눈썹을 반원 모양으로 추켜세웠다. 이는 박사의 수많은 감정 중에 황당함에 해당한다.

박사는 침착하게 대답했다. "그건 상당히 놀라운데요."

2017년 초에 나는 베이 에어리어^Bay Area(샌프란시스코를 중심으로 이루어진 광역 도시권을 일컫는 명칭—옮긴이) 강연 시리즈에서 마이클 루이스의 인터뷰를 무대에서 진행해달라는 부탁을 받은 적이 있다. 그의 저서《머니볼》은 '숫자를 세거나 잴 수 없는 것은 경기력에 아무런 영향도 주지 못한다'는 생각을 대중화시켰다. 다시 말해, 그에게 팀 케미스트리는 복이 달아난다고 속옷을 갈아입지 않는 행위나 마찬가지였다. 당시 마이클 루이스는《생각에 관한 프로젝트^The Undoing Project》를 막 출간했었다. 이스라엘 심리학자 대니얼 카너먼^Daniel Kahneman과 에이머스 트버스키^Amos Tversky의 각별했던 사이에 대한 내용이다. 둘은 행동경제학에 대한 연구 활동을 깊이 있게 할 수 있도록 서로 끌어주었다. 그 결과 카너먼은 노벨상까지 받았다(그 당시 트버스키는 사망했고, 아쉽게도 노벨상은 생존자에게만 수여한다). 두 사람은 각자의 분야에서 뛰어난 모습을 보였다. 결국 둘이 힘을 합치자, 우리가 아는 '생각'이라는 것을 바꾸어버렸다. 마이클 루이스의 저서는 두 학자가 서로에게 새로운 성격을 심어준 부분을 소개한다. 둘은 정반대의 성격을 가졌다. 트버스키는 유머 감각이 있고, 자신감 있으며, 비판이 날카로웠다. 카너먼은 조용하고, 마이클 루이스의 표현에 따르면 '의심투성이'였다. 그렇지만 카너먼은 트버스키와 함께 있으면 평생 느끼지 못했던 유머 감각과 자신감을 느꼈다. 트버스키도 카너먼과 함께 있으면 비판을 자중하고 타인에게 맞추는 성격이 되었다. 함께 있으면서 서로를 어떤 사람으로 바꾸었는지가 두 사람의 관계에서 가장 중요한 점이었다.

무대로 나가기 전에 분장실에서, 두 사람이 어떻게 그 정도로 영향을 줄 수 있었는지 루이스에게 물어봐야겠다고 결심했다. 《생각에 관한 프로젝트》는 《머니볼》을 쓴 지 14년이 지나서 썼다. 나는 그가 그 사이에 팀 케미스트리에 대한 생각이 바뀌었는지 알고 싶었다. 우선 루이스와 안면을 트기 위해 그의 절친한 친구인 UC버클리의 사회심리학자 대커 켈트너Dacher Keltner 박사에 관해 이야기했다. 켈트너 박사는 나와도 인연이 있는 사이였기 때문이다. 루이스가 《생각에 관한 프로젝트》의 헌정사에 언급한 인물이 바로 켈트너 박사다. 내가 집필할 저서를 켈트너 박사가 도와줄 수도 있다고 말했다.

그러자 루이스는 "책 주제가 어떻게 되죠?"라고 물었다.

"팀 케미스트리입니다."

그는 바로 "그런 건 존재하지 않습니다"라고 대답했다.

대화가 그렇게 끝나버렸다. 혼란스러웠다. 만일 트버스키와 카너먼이 함께 있을 때마다 서로를 변화시키고 서로의 연구 활동을 질적으로 향상시켰다면 그 질적 향상이 다른 사람들 사이에서도 일어나지 말라는 법은 없지 않은가. 특히 운동선수에게서도. 어쩌면 루이스에게는 그런 현상을 집단에 적용하는 것이 걸림돌이었을지도 모른다. 그러나 인류의 역사를 보면 이와 유사한 수많은 사례가 존재한다.

어니스트 헤밍웨이Ernest Hemingway와 스콧 피츠제럴드F. Scott Fitzgerald, 거트루드 스타인Gertrude Stein, 에즈라 파운드Ezra Pound, 만 레이Man Ray, 파블로 피카소Pablo Picasso 등 제1차 세계 대전 이후에 파리에서 활동했던 '잃어버린 세대' 작가와 화가들은 서로에게 영감을 주며 더 대담하고, 모험적이고, 적극적인 작품 활동을 벌였다. 그 결과 문학과 미술의 새로운 경지를 개척했다. 그 전에 프랑스 화가들이 모여서 아이디어와 활력을 서로 결합해서 인상주의를 낳았던 일도 마찬가지다. 지크문트 프로이트Sigmund Freud와 비엔나의 정신 분석 연구진도 그런 사례다. 그리고 찰스 다윈Charles Darwin이 런던과 케임브리지의 생물학자와 지질학자, 조류학자 네트워크를 이끌고 서로가 가진 장점을 극대화해서 자연선택설이라는 이론을 세웠던 경우도 그러하다.

과학자나 작가들은 지식과 활력, 원동력 등을 공유할 때, 혼자서 연구할 때보다 더 흥미로운 결과물을 만들어왔다.

나도 2010년도 샌프란시스코 자이언츠를 통해 이런 모습을 봤다. 그때 샌프란시스코의 미디어 컨설턴트로 일한 지 3년차였다. 그런데 사실 '봤다'고 할 수는 없다. 목소리나 신체 접촉, 얼굴 표정, 언어, 유머, 별명, 시선 등에 깃든 수천 가지 신호들이 클럽하우스라는 거대한 두뇌에서 뉴런처럼 오가는데, 당시에는 그것을 알아차리지 못할 정도로 아는 것이 없었기 때문이다. 이런 거대한 연결망에서는 연결과 재조정이 일어나고, 대인 관계가 복잡하게 상호 작용하는 일이 문화라는 개념으로 수렴한다. 그리고 문화는 중력처럼 선수들이 서로에게 끌리고 공동 목표에 끌리도록 작용한다. 하지만 그 당시에는 이런 점을 이해하지 못했다.

배리 본즈Barry Bonds는 15년 동안 샌프란시스코 자이언츠의 빛나는 태양이었고, 모든 구단 업무는 그를 중심으로 돌아갔다. 본즈가 떠난 지 3년이 지나자, 새로운 원동력이 그 자리를 대신했다. 상상도 못 했던 두 선수가 팀 리더로 성장했고, 소위 허당과 낙오자, 애송이로 이루어진 오합지졸 무리가 샌프란시스코를 월드 시리즈 우승팀으로 변신시켰다.

싱고니움,
환경에 맞춰 변화하다

"믿음이란 상대가 망치지 않을 것이라고 믿는 것이 아니다.
상대가 망쳐도 믿어주는 것이다."

에드 캐트멀Ed Catmull, 전 픽사Pixar 및 월트디즈니 애니메이션 스튜디오 사장

허프대디, 샌프란시스코에 입성하다

간혹 가다 클럽하우스가 불안감에 싸인 팀들이 있다. 그런데 이런 상황을 감지하는 사람들이 있다. 오브리 허프Aubrey Huff가 그런 분위기를 바로 느낄 수 있었던 사람이다. 그의 과거사와 성격 덕분에 그런 분위기를 감지할 수 있도록 단련된 것이다. 그는 동료들이 말 한 마디를 하면 반사적으로 귀를 기울여서, 조롱이 교묘하게 섞였는지, 숨겨진 의미가 있는지를 파악한다. 물론 텍사스주 미네랄웰스Mineral Wells에서의 어린 시절처럼 모든 것에 불안하고 어색한 모습도 여전히 보인다. 허프의 아버지는 전기공이었다. 아버지는 자신이 근무했던 아파트 단지 안에서 총에 맞아 숨졌다. 허프가 불과 여섯 살 때 일어난 일이다. 고등학생이 되자 지뢰밭 같은 10대 학교 생활보다는 그가 살던 이동 주택 뒤에 있던 타격 연습장에서 더 많은 시간을 보냈다. 어머니와 할머니, 여동생이 깊게 잠든 이후에도 조명을 켜고 야구 방망이를 휘둘렀다. 그 결과

학생 수 3,000명밖에 되지 않는 텍사스주 북부의 버넌대학^{Vernon} College(2년제)으로 진학해서 최우수 선수상을 받았다. 이후에는 야구부 경쟁이 치열하기로 소문난 마이애미대학교^{University of Miami}로 전학했다. 그곳 동료들은 거칠고 투박하게 친목을 나누었고, 자기 혼자 세상물정 모르는 촌놈처럼 느껴졌다. 그래서 일명 '허프대디 Huffdaddy'라는 거만하고, 파티를 즐기고, 냉소적인 또 하나의 자아를 취했다.

2010년 1월에 샌프란시스코 자이언츠 전지훈련장에 도착했을 때 내가 만난 그의 자아는 허프대디였다.

그는 1998년 MLB 신인 드래프트에서 탬파베이 레이스의 5라운드 지명을 받았고, 2년 만에 메이저리그 무대를 밟았다. 허프는 5년 반 동안 탬파베이에서 뛰었고, 팀은 지구 최하위를 다섯 번이나 차지했다. 심지어 한 시즌 동안 100패 이상을 한 시즌도 세 번이나 있었다. 그는 2006년에 휴스턴 애스트로스로 트레이드되었고, 반 시즌만큼은 이기는 야구를 간신히(82승 80패) 경험할 수 있었다. 당시 허프는 29살이었다. 다음 행선지는 야구를 정말 못했던 볼티모어 오리올스였다. 지구 최하위를 2년 반 동안 더 겪었다.

이렇게 몇 년을 보내자 허프는 이기는 야구라는 개념에 무관심해졌다. 웨이트장에 잘 안 나오기 시작했으며, 팀 스트레칭을 진행하는 도중에 야구장에 출근하고, 경기 후 관중이 전부 빠져나가기도 전에 이미 차에 타고 있었다. '경기장에 가서, 호되게 털리고, 집으로 돌아온다'가 일과였다. 시즌이 시작할 때마다 집에 새 달력을 걸고 비시즌이 시작하는 날을 셌다. 그렇다고 건성으로 뛴 것은 아니다. 열심히 뛰었다. 2002년에는 전 경기(162경기)에 출전했고, 거의 매년 팀 내 홈런왕을 차지했다. 야구 선수라면 알겠지만, 좋은 성적은 좋은 계약을 보장한다. 그런데 2010년부터는 기량이 떨어져서 더 이상 그러지도 못했다. 나이도 33살이었다. 포스트시즌은 단 한 경기도 출전한 적이 없었다. 팀의 운명이 걸려 있는 의미 있는 경기를 뛴 적이 없다고 말할 수 있다. 결론적으로 그는 그라운드 안팎에서 이기는 야구를 할 줄 몰랐다. 한 번은 볼티모어와 3년, 2,000만 달러 계약이 만료되기도 전에 버드와이저 맥주 아홉 캔을 들이마시고, 지역 라디오 방송에 출연해 볼티모어를 '거지 같은 도시'라고 발언한 적도 있었다. 결국 이듬해 중반에 트레이드되었고, 디트로이트 타이거즈 소속으로 2009년 시즌을 마감했다. 시즌 도중에 성적이 좋지 않아 주전 자리에서 빠지게 되자, 더그아웃에서 핏대를 세웠다.

몇 년 뒤에 그와 전화 통화를 할 기회가 있었는데, 당시 상황을 이렇게 전했다. "그때 솔직히 비시즌에 들어가면서, 연락이 아예 안 오면 오히려 좋겠다 싶었어요. 그만두자고 생각했죠. 석양을 향해 달리면 내 존재를 금방 잊어버리겠지 싶었습니다." 그는 2010년 시즌 직전에 방망이를 휘두르지 않았고, 웨이트도 거의 하지 않았다. 스트립쇼 바와 카지노에 들락거렸고, 기복에 따라 술과 각성제에 절어 있는 채로 귀가했다. 결혼 생활도 위기였다.

그 당시 샌프란시스코는 장타력 있는 좌타 1루수를 영입하는 데 두 번이나 실패했고, 전지훈련 시기는 점점 다가오고 있었다. 그들에게 남은 가장 좋은 선택권은 허프였다. 결국 허프에게 1년 계약에 연봉 300만 달러를 제시했다. 우리에게야 많은 돈이지만, 10년차 노장 선수에게는 달갑지 않은 제안이었다. 그래도 허프는 그 제안을 받아들였다.

ESPN 소속 해설 위원 36명 중에 여섯 명만 샌프란시스코 자이언츠가 2010년 포스트시즌에 진출한다고 예측했다. 야구 전문 분석 웹사이트인 베이스볼프로스펙터스Baseball Prospectus는 단 한 명도 그렇게 예상하지 않았다. 과거에 샌프란시스코에는 윌리 메이스Willie Mays나 윌리 매커비Willie McCovey, 윌 클라크, 배리 본즈 같이 팀을 대표하는 강타자들이 있었다. 하지만 이제 그런 타자는 더 이상 없었다. 대신에 선발진에는 매디슨 범가너Madison Bumgarner라는 스물한 살짜리 시골 청년이 있었다. 에이스는 팀 린스컴Tim Lincecum이라는 방랑자 같은 내향형 장발 떨쟁이(대마초 사용자를 일컫는 은어—옮긴이)였다. 린스컴은 생긴 것은 배트 보이인데, 던지는 것은 샌디 코팩스Sandy Koufax였다. 당시 메이저리그 3년차였는데 최우수 투수에게 수여하는 사이영Cy Young 상을 벌써 두 번(개인 통산 최다 수상 기록은 7회—옮긴이)이나 받은 상태였다. 조지아주 출신 유망주 포수는 머리를 짧게 깎고, 이름도 옛 서부 시대를 연상시키는 버스터 포지였다.

배리 본즈가 은퇴하자 팀의 서열 구조가 무너졌다. 황제가 없다는 것은 그를 두려워하는 무리도 없다는 뜻이다. 슈퍼스타에게 한소리 듣는 것이 두려워서 모두가 가시 방석에 앉아 있던 시대는 끝났다. 심판하는 사람은 더 이상 없었다. 린스컴은 샌프란시스코에서는 록스타였다. 팬들은 떼를 지어 찾았고, 기자들은 그의 행방을 추적했

팀 케미스트리

으며, 스폰서들은 줄을 서서 간청했다. 어쩌면 디바급 선수가 될 수도 있었다. 그러나 린스컴은 그저 인생을 즐기는 선수였다. 다른 젊은 선수나 나이가 들어가는 일부 노장 선수나 마찬가지였다. 선수 생활은 한순간이라는 사실을 잘 알았다. 이기는 야구도 원했지만, 동시에 인생도 즐기고 싶었다.

자이언츠의 2010년 시즌은 에드워드 윌슨 박사가 소개한 싱고니움(연두색, 흰색, 빨강, 분홍색 등의 잎색과 줄무늬, 점무늬 등 다양한 잎 모양을 지닌 대표적인 잎보기 식물―옮긴이)이 생각났던 시즌이었다. 싱고니움은 토양에서 자라면 화살촉 같은 잎을 가진다. 그러나 얕은 물에서 자라면 연잎처럼 변하고, 물 안에서 자라면 잎이 해초처럼 긴 리본이 된다. 싱고니움은 주변 환경으로부터 자극을 받고 그곳에 맞는 형태로 성장한다.

2010년 초 허프가 전지훈련 첫날 애리조나주 스코츠데일Scottsdale에 위치한 샌프란시스코 자이언츠 훈련지에 도착했다. 그때 나는 우연히 복도에 서 있었다. 그는 마치 〈토요일 밤의 열기Saturday Night Fever〉의 존 트라볼타John Travolta처럼 거리의 인파를 가르듯이 어깨를 펴고, 고개를 들며, 뽐내면서 클럽하우스를 활보했다. 이 자아가 바로 허프대다. 그는 5년 사이에 네 번째 팀을 맞이할 마음의 준비를 하며 사람들이 보이는 방으로 입장했다. 코치들이 회의실 탁자에 모여 앉아 커피를 마시고 있었다. 허브는 영업 사원처럼 탁자 주위를 돌면서 악수를 한 번씩 청하며 자신을 소개했다. "오브리 허프라고 합니다."

일찍 도착한 선수들이 클럽하우스에서 사복을 갈아입고 있었다.

허프는 자기가 형편없는 동료라는 평판이 이미 퍼졌을 것이라고 확신했다. 그는 장비 가방을 로커 앞에 놓고, 환영받지 못하더라도 자신을 소개해야겠다고 결심했다. 그런데 탈취제와 면도 크림을 챙기는 순간, 투수 맷 케인^Matt Cain이 환영의 악수를 내밀었다. 린스컴이 그 뒤를 이었다. 그때부터 선수들이 하나둘씩 인사했다. "서로 대화하는 방식이나, 서로 바라보는 느낌이 색달랐어요. 과거에 뛰었던 팀들과 너무 달랐습니다"라고 허프는 설명했다.

그 후에 다양한 배경을 가진 선수들이 클럽하우스 한 가운데에 있는 탁자 주위에 비좁게 모여 앉아 판돈을 크게 걸고 카드를 격렬하게 내려치는 모습을 구경했다. 허프는 마무리 투수 브라이언 윌슨^Brian Wilson이 마음에 들었다. 굉장히 별났다. 24라운드에서 지명받았던 윌슨은 모히칸 스타일 머리를 하고, 검정색 매니큐어를 손톱에 바르고 다녔다. 사람들은 그의 검정색 턱수염을 의인화해서 트위터^Twitter 계정도 여러 개 생성했다. 또 마음에 들었던 선수는 도미니카공화국 출신 후안 우리베^Juan Uribe(로스앤젤레스 다저스 시절 류현진과 장난치는 모습이 종종 언론에 소개되었던 선수—옮긴이)였다. 샌프란시스코가 1년 전에 자유 계약 시장에서 저렴하게 영입했다. 우리베는 늘 해맑았고, 모든 사람을 '파피^Papí(중앙아메리카 스페인어로 아버지라는 뜻이며 친한 남성을 부르는 말로도 사용—옮긴이)'라고 불렀다.

한 번은 시즌 말미에 허프가 우리베에게 이렇게 물었다. "우리베, 내 이름이 뭐야?"

"파피, 내가 아는 거 알잖아." 우리베는 대답했다.

"그러니까 내 이름이 뭐냐고?"

"아이, 그만해. 그래도 내가 파피 챙겨주잖아."

허프는 이 이야기를 들려주면서 크게 웃었다. "제 이름을 전혀 몰랐던 거예요. 그런데 그게 전혀 신경 쓰이지 않더라고요." 허프의 기발함도 만만치 않았다. 한 번은 클럽하우스 화장실에 나체로 엉금엉금 나타나서 자기 칫솔을 본 사람이 있는지 물었다. 사실 칫솔을 자기 엉덩이에 사이에 꽂아 놓았다. 의도대로 동료들은 이것을 보고 낄낄 웃어댔다. "분명히 말씀 드립니다. 손잡이 부분을 꽂았던 거예요." 또한 팀을 연패의 늪에서 탈출시켜보겠다고 바지 안에 빨간색 티 팬티를 입은 적도 있었다.

전지훈련이 끝날 즈음에는 허프도 카드 게임을 같이 하고, 허프대로 빙의해서 여기저기 빈정대기도 했다. 하지만 어느 정도 거리는 두었다. 자기는 대체 선수에 불과하다는 점을 인지하고, 항상 자기 자신만 믿으며, 계약직 사원처럼 독립적으로 움직였다.

그런데 시즌 초에 태세가 바뀌었다. 샌프란시스코가 홈에서 피츠버그 파이리츠와 붙었을 때였다. 허프가 친 타구가 우중간 담장에 맞고 수비수가 없는 쪽으로 튕겨나갔다. 허프는 1루를 돌아 2루로 향했다. 숨은 헐떡거리는데, 2루를 밟고 3루를 노렸다. 그런데 3루 코치가 펄쩍펄쩍 뛰면서 홈까지 가라는 신호를 보냈다. 허프는 홈을 향해 기관차처럼 달리고, 유려한 슬라이딩으로 홈을 밟으며, 역사상 가장 흥미진진하고 의외였던 그라운드 홈런을 완성했다.

허프가 더그아웃에 들어가자 팀 동료들은 그를 덮치고, 웃음을 터뜨리며, 서로 하이파이브를 나누었다. 허프는 벤치에 몸을 널어놓았다. 얼굴이 빨개진 채 숨을 골랐지만, 웃음이 나왔다. 누군가가 이

온음료 한 잔을 건넸다. 당시 어린 3루수였던 파블로 산도발^{Pablo} ^{Sandoval}은 수건으로 부채질을 해줬다. 경기가 끝나고 클럽하우스 텔레비전에 허프의 플레이가 나왔다. 거대한 트럭 한 대가 도주하는 모습이었다. 동료들은 그가 베이스를 도는 모습이 나올 때마다 울부짖었다. 허프는 그 장면을 가장 재미있게 비꼬기도 했다.

"제가 이 팀의 일원이라는 걸 확실히 느꼈던 순간이었어요. 동료들과 하나가 됐다는 걸 드디어 느꼈죠." 허프는 이렇게 회상했다.

심리학적인 관점에서 보면, 허프는 동료들의 따뜻한 환대와 기뻐 날뛰는 모습을 보고, 두뇌에서 옥시토신을 생성하도록 자극받았다고 볼 수 있다. 그는 타인에게 인정받을 때 느끼는 신체적 감동을 경험한 것이다. 심장 박동은 느려지고, 옥시토신이 치솟아서 기분과 활력이 높아진다.

시간이 더 지나자, 허프는 지금까지 느껴보지 못한 안정감을 가지기 시작했다. 날마다 믿음을 알리는 신호를 감지할 때마다 받아들였다. 자신도 믿음을 주는 행동을 더 자주 보이고, 자기중심적인 행동을 덜 하는 것으로 보답했다. 그라운드 밖의 삶은 여전히 엉망이었다. 계속해서 술과 각성제에 의존했고, 결혼 생활은 무너지고 있었다. 그렇지만 동료들과 함께 있으면, 무언가 기대감이 생겼다. 더 일찍 출근하고 더 늦게 퇴근하기 시작했다. 장타력을 되찾아서 팀 내 2루타와 3루타, 홈런 1위를 차지했다. 그리고 놀랍게도 동료들이 조언을 구하거나 재미있는 이야기를 듣고 싶을 때 찾는 사람이 되었다. 그는 팀의 리더나 마찬가지였다.

허프는 "동료들이 이것저것 물어보곤 했는데, 살면서 처음 일어난

일"이라고 설명했다.

옥시토신과 신뢰 게임 실험

2016년 8월에 캘리포니아주 온타리오Ontario에서 묵었던 적이 있다. 폴 잭Paul Zak 교수가 오전에 나를 태워주러 숙소를 찾았다. 검정색 벤츠를 몰고 왔는데, 'OXYTOSN'이라고 적힌 커스텀 번호판을 달고 있었다. 구릿빛 피부를 한 잭 교수는 머리를 잘 다듬었고 관자놀이 주변에는 흰 머리가 멋들어지게 났다. 그는 푸른색 와이셔츠를 입고 소매는 손목 부위에서 접었다. 그리고 가죽을 꼬아 만든 팔찌를 차고 플리츠 바지를 입었다. 신세대 정치인 같았다. 이전에 잭 교수의 TED 강연을 본 적이 있어서 그가 만나자마자 포옹을 할 것이라고 예상했다. 잭 교수는 만나는 모든 사람에게 포옹한다. 옥시토신은 포옹할 때 분비되는 것으로 알려져 있다.

폴 잭은 경제학 교수이자 클레어몬트대학원대학교Claremont Graduate University 신경경제학센터의 설립자이자 센터장이다. 그는 경제학을 공부하면서 믿음의 본질에 대한 관심이 생겼다. 선진국들은 신뢰의 문화가 강했다. 국민이 은행과 정부, 기업이 공정하고 정직하게 운영된다는 믿음을 가져야만 국가 경제력이 번창할 수 있다. 그는 무엇 때문에 인간이 타인을 신뢰하게 되는지 궁금했다. 생물학적인 원리가 있는 것일까?

잭 교수는 2000년에 네바다주에서 공항 셔틀버스를 타다가 우연히 인류학자 헬렌 피셔Helen Fisher 박사 옆에 앉았다. 피셔 박사는 사랑의 생물학적 원리를 연구한 것으로 유명하다. 각자 연구 분야에 대해 이야기를 나누다가, 피셔 박사는 잭 교수에게 믿음과 옥시토신 사이의 연관성을 알아본 적이 있는지 물었다. 당시 잭 교수는 사랑 호르몬으로 알려진 옥시토신을 들어본 적도 없었다.

그는 헬렌 피셔에게 옥시토신이 뇌 깊숙한 곳, 시상 하부의 호르몬을 통제하는 부분에서 생성된다는 것을 배웠다. 옥시토신은 설치류에게 양육을, 초원에 사는 들쥐류에게 일자일웅^{一雌一雄}의 습성을, 지금까지 연구한 모든 종에게는 사회성을 길러준다. A라는 동물이 B라는 동물에게 안전하게 접근해도 된다며 신체를 비벼대거나, 함께 놀거나, 어떤 방식으로 신호를 보내면, B라는 동물의 뇌는 옥시토신을 분비해서 친근하게 응답하도록 만든다.

잭 교수는 이런 현상이 믿음으로 보였다. 자신이 그토록 찾던 생물학적 근거였을까? 그는 클레어몬트 동료 두 명과 함께 모두가 잘 아는 '신뢰 게임$^{The Trust Game}$'에 참가할 학생들을 모집했다.[■]

칸막이로 여러 개의 방을 나누고, 각 방마다 학생을 한 명씩만 앉힌 후, 서로 본 적이 없거나 직접 소통한 적이 없는 학생을 짝으로 배정했다. 각 방에 설치한 화면에는 각자 계좌에 10달러씩 있다고 적혀 있었다. 참가만 해도 받는 돈이었다. 그런데 금액을 늘릴 수 있는 기회가 주어졌다.

첫 번째 학생에게는 익명의 짝에게 돈을 줄 의향이 있는지 물었

■ 동료 두 명은 펜실베이니아대학교(University of Pennsylvania) 로버트 커즈번(Robert Kurzban) 교수와 대학원생 윌리엄 매츠너(William Matzner)였다.

다. 그리고 돈을 송금하면, 짝은 송금한 금액의 세 배를 받게 된다고 설명했다. 즉, 5달러를 송금하면 짝의 계좌에는 15달러 증가한 25달러의 잔액이 생기는 것이다. 그러고 나서 짝에게도 첫 번째 학생에게 보답할 선택권을 준다. 예를 들어, 짝이 10달러로 보답하면 둘 다 잔액이 15달러가 되고, 원금보다 5달러씩 버는 셈이 된다. 물론 송금하지 않고 25달러를 다 가져갈 수도 있다. 어차피 첫 번째 학생은 짝이 누군지 모른다. 즉, 아무런 탈이 일어나지 않는다.

잭 교수는 이 실험에서 참가자의 98퍼센트가 보답해줬다는 결과를 얻었다. 그렇다면 이유는 무엇일까?

교수는 학생들이 송금하기 직전과 직후에 혈액을 채취해서 그 안에 열 가지 화학물의 수치를 측정했는데, 그중에서 옥시토신만 송금 전후 수치가 달라졌다. 그것도 송금받은 학생들의 수치만 변하고, 최초에 송금을 한 학생들의 수치는 변하지 않았다. 다시 말해, 돈을 받음으로써 학생들의 옥시토신 수치가 높아진 것이다. 잭 교수의 연구진은 상대가 보인 믿음의 표현이 옥시토신 분비를 유발한다는 것을 어느 정도 확신했다. 하지만 완전히 확신하지는 못했다. 단순히 돈을 받았다는 사실에 살짝 흥분되어서 분비된 것이고, 믿음과 전혀 상관없을 수도 있기 때문이다.

신뢰 게임을 더 진행하기 위해 더 많은 학생을 모집했다. 이번에는 익명의 짝에게 송금할 금액을 미리 정했다. 1부터 10까지 적은 탁구공들을 양동이 안에 넣고, 무작위로 고르게 했다. 탁구공에 적힌 숫자가 곧 송금할 금액이었다. 송금을 받는 학생들은 금액이 무작위로 정해진다는 사실을 미리 알았다. 놀라운 결과가 나왔다. 송금을 받은 학생들의 옥시토신 수치는 앞서 진행했을 때보다 현저히 낮았고, 그들이 보답한 금액도 전혀 후하지 않았다.

잭 교수는 불신에 대해서도 연구했는데, 믿음만큼이나 영향이 크다는 것을 알았다. 단, 남성에게만 국한되었다. 보통 남학생들은 3달러 이하로 송금을 받으면 분노하고, 거의 보답을 하지 않았다. 당연하게도, 혈액에는 고농축 테스토스테론testosterone으로 알려진 디하이드로테스토스테론DHT: dehydrotestosterone이 큰 폭으로 증가했다. 남학생들은 불신을 느낄수록 타인에 대한 불신도 늘고, DHT 수치도 이에 따라 급증했다. 반면 여학생들은 3달러 이하로 송금을 받아도 테스토스테론 수치가 급격하게 오르지 않는 현상을 보였다. 상처받고, 실망하며, 때로는 화가 났지만, 최초 송금액이 아무리 적더라도 항상 비슷한 금액으로 답례했다.

잭 교수는 신뢰 게임을 통해서 학생들이 더 관대해지는 것이 옥시토신의 영향인지, 다른 요인 때문인지 확신하지 못했다. 그래서 학생 절반에게 인공 옥시토신을 비강 스프레이로 코에 뿌리고, 나머지 절반에게 플라시보를 제공했다. 옥시토신을 뿌린 집단은 플라시보 집단보다 두 배 이상의 금액으로 보답했다.

그 결과 상대방이 우리를 믿어주면 우리 두뇌는 옥시토신을 분비해서 상대를 신뢰하고 관대하게 보답할 있는 상태를 만든다는 확신을 얻었다. 즉, 믿음은 믿음을 낳는다.

옥시토신은 조직의 응집력에도 영향을 줄까?

옥시토신이 결속력과 신뢰감에 영향을 준다는 증거는 비록 확정적이지는 않지만, 미국 국방부의 관심을 끌기에는 충분했다.

미군은 오랫동안 결속력과 신뢰감이 전투력을 높인다는 전제하에 운영해왔다. 신병 훈련소를 운영하는 가장 큰 이유이기도 하다. 함께 고생하면 그만큼 결속력이 생기기 때문이다. 오늘날까지 훈련할 때 행군을 하는 것도 그런 이유 때문이다. 현대전에서 전장으로 행군하는 일은 말도 안 되는 전술이고, 총검술만큼이나 시대에 뒤떨어진다. 그럼에도 불구하고 전 세계 군대가 지금까지도 시킨다. 그 이유는 발맞춰 행군하는 일은 종교 의식 때 다 함께 낭독하고 노래를 부르는 일처럼 결속력과 협동심을 키우기 때문이다.[1] 이와 마찬가지로 스포츠팀은 의식처럼 연습이나 경기 전에 다 함께 스트레칭을 하면서 몸을 푼다. 근육을 이완시키면서 결속력을 강화시키기 위해서다.

팀 케미스트리의 핵심은 서로에게 주는 깊은 심리학적·생리학적 영향이다. 군대를 대상으로 진행된 연구들을 통해 그 증거는 더욱더 축적되고 있다. 연구 결과, 서로 감정적으로 연결되면 전쟁터에서 이타심과 희생정신을 발휘할 뿐만 아니라 외상 후 스트레스 장애PTSD: post-traumatic stress disorder 증상을 완화하는 데도 도움이 된다.

UCLA가 남북전쟁 참전 용사 보조금 명부를 가지고 놀라운 연구를 진행했다.[2] 당시 3만 5,000명의 북군 병사가 보조금을 받았는데, 대다수 병사의 진료 기록이 상세하게 기록되어 있었다. 보물 같은 귀중한 자료였다. 덕분에 연구진은 이례적으로 병사가 어느 부대에서 근무했고, 노년기와 사망 직전까지 어떻게 살았는지 들여다볼 수 있었다.

북군에는 동향 사람들끼리 구성된 부대가 많았다. 명부에는 모든 병사의 출신지가 기록되어 있었기에 연구진은 이웃이나 친구와 함께 싸운 병사와 그렇지 못한 병사를 알 수 있었다. 지인과 함께 싸운 병사들은 말년에 심혈관 장애처럼 정신질환을 암시하는 신체 이상이 생길 확률이 비교적 낮았다. 다시 말해, 유대감이 끈끈한 조직에 있으면 요즘 말하는 PTSD를 겪을 확률이 줄어든다.

인공 옥시토신이 개발되자, 미 국방부는 이를 통해 유대감 형성을 촉진시켜서 전투력이 높은 부대를 빠르게 조직하고 병사들을 전장 스트레스로부터 효과적으로 보호할 수 있는지 궁금했다. 그래서 2016년에 UC샌프란시스코 연구원 조시 울리^{Josh Woolley} 박사를 섭외했다.

울리 박사는 신경정신질환 내 유착 및 조현에 관한 연구소^{BAND Lab:} ^{Bonding and Attunement in Neuropsychiatric Disorders Laboratory}를 운영하는데, 이 연구소는 샌프란시스코 보훈병원^{San Francisco VA Medical Center}에 있는 조그만 조립식 건물 안에 자리 잡고 있다. 병원 주차장 아래를 지나 좁은 차도를 달리면 그 끝에 보이는데, 마치 대형 농장의 공구 창고처럼 눈에 들어오지도 않았다. 한 번은 비가 내리는 날 오후에 그곳을 방문했다. 서류함과 'C14 THRIVE 연구소'나 'C15 BAND 연구소(의사/박사 후 연구원)'라고 적힌 회색 칸막이들이 쭉 뻗어 있었다. 먼지 쌓인 조화 나무 한 그루가 입구에 설치되어 있는데 그나마 유일하게 인간다운 편안함을 느낄 수 있는 존재였다. 그 와중에 젊은 이들의 목소리와 웃음소리가 들렸고, 흰 가운 안에 청바지와 운동화를 신은 연구원들이 살짝 보였다.

울리 박사는 자신의 사무실이 너무 엉망이라며, 행동 실험을 진행하는 작은 방에 자리를 마련했다. 그래서인지 모퉁이마다 고화질 카메라가 설치되었고, 탁자 위에는 땀과 심박수, 심박동, 기타 신체 자율 반응 등을 측정하는 '바이오팩BIOPAC' 장비들이 있었다. 울리 박사는 정신과 의사 면허를 취득하고, 신경과학 박사 학위를 받았다. 그는 마흔 살이었는데도 대학원생처럼 보였다. 안경을 끼고, 짧은 머리를 하고, 격자무늬 셔츠와 검정색 청바지를 입고, 밝은 줄무늬가 있는 양말과 운동화를 신었다. 그는 사회적 관계의 심리학적·생리학적 영향을 이해하려고 오랫동안 노력했다. 그에게 연구 활동은 단순한 학업이 아니었다. 지금도 일주일에 하루는 환자들을 만나는 데 보낸다. 환자는 대부분 재향군인인데, 전우를 위해 희생하겠다는 마음이 정말 놀라울 정도로 컸다.

울리 박사는 베트남전 무전병이 포격 속에서 전투 중인 전우들을 위해 지원군을 요청하겠다며 혼자 목숨을 걸고 무전기를 지켰던 사례를 소개해줄 때 울컥했다.

그는 "사람들이 죽는 상황에서 남았던 거죠. 본인이 위험에 처해 있고, 사람들은 죽고 있는데 혼자 무전을 날렸던 것입니다"라고 설명했다. "굉장히 감동적이었습니다. 그분께 정말 대단하다고 말씀드렸더니, 그분은 아니라는 거예요. 오히려 부끄럽다고 말씀하셨습니다. 영웅적인 행동을 하거나 명예 훈장을 받은 사람들과 이야기하면, 대개 본인의 행동이 절대 영웅적이지 않았다고 합니다. 그렇게 생각해본 적도 없다고 말하죠."

울리 박사는 미 국방부로부터 3년 간 지원금을 받으며 옥시토신이 학생군사교육단 생도들의 팀 응집력에 주는 영향을 연구했다. 연구 목적은 응집력의 정신 생물학적 원리를 이해하고, 조직의 응집력을 측정할 수 있는 방법을 개발하고, 인공 옥시토신이 응집력에 주는 효과와 그 원인을 알아보며, 임무 수행과 어떤 관계가 있는지 파악하는 것이었다.

목적을 달성하지 못할 수 있다는 점도 경고했다. 그는 《뉴욕타임스》 신문 과학면에 사람들의 시선을 끄는 무시무시한 제목들과 그런 결론을 성급하게 도출하는 과학자를 비판한다. 그런 결론을 재현하지 못하는 경우가 많기 때문이다. 그래서인지 박사는 '아직은 알수 없지만', '일단 지금 생각은', '시작에 불과할 뿐'이라는 표현을 써가며 자신의 가설을 설명했다.

박사의 연구 목적은 내가 팀 케미스트리에 대해 이해하고 싶은 부분과 정확히 일치했다. 바로 관계 형성이 경기력에 영향을 준다는 과학적인 근거였다. 이중 맹검(편향의 작용을 막기 위해 실험자나 실험 대상에게 아무런 정보도 공개하지 않는 방법—옮긴이)으로 진행한 초기 실험들은 서로 낯선 세 명에게 과제를 주는 방식이었다. 이를 UC버클리에서 진행했는데, 처음에는 학생들이 자원했고 나중에는 생도들을 대상으로 실시했다. 실험은 굉장히 힘들었다. 연구진은 매 실험을 촬영한 영상을 보면서 참가자들이 고개를 끄덕이거나, 미소를 짓거나, 눈썹을 치켜올리거나, 시선을 마주치거나 피하는 행동 등 모든 몸짓과 얼굴 표정에 코드를 부여해야 했다. 또한 누가 모임을 주

팀 케미스트리

도했고, 누가 어려움에 처한 상대를 알아보고 도움을 줬으며, 누가 상대에게 어떤 간식을 먹을지 물어봤는지 등도 기록했다. 자잘한 대화까지 전부 언어 분석 프로그램을 돌렸다. 그리고 신체 상태를 측정하고 거기서 얻은 생리학적 자료를 분석해서 심박수나 호흡, 기타 자율 반응이 동시에 일어났는지, 사회적 상호 작용이나 과제 수행 시 신체가 어떻게 반응했는지 등을 파악했다.

어느 정도 표본이 쌓이자, 울리 박사는 옥시토신과 응집력 그리고 응집력과 임무 수행 사이에 상당한 연관성이 나타났다고 말했다. 그런데 나타나지 않았던 것일 수도 있다고 했다. 최종 결과는 2년 후에 나온다는 것이다. 그러면서 또 나오지 않을 수 있다고도 했다.

2년이 지난 후에 진행 상황을 살폈다. 결과는 나오지 않았다. 연구원 한 명이 반복하면서 말했다. "기자님, 과학을 너무 성급하게 대하시면 안 됩니다." 물론 논문이나 '팀 케미스트리란 이런 것'이라는 해석이 하루아침에 튀어나올 것이라고 기대하지는 않았다. 하지만 내가 스스로 조사한 자료와 인터뷰 내용이 급격히 늘자, 갑자기 산더미처럼 쌓인 퍼즐 조각을 힘겹게 맞추고 있는 느낌이 들었다.

오브리 허프, 패트 버럴, 그리고 팀 린스컴

패트 버럴Pat Burrell은 마이애미대학교 시절 오브리 허프의 동기였지만 그가 범접할 수 없는 존재였다. 고등학교 시절에는 미식축구부 쿼터백이었고, 야구부의 간판 타자였다. 그는 대학교 2학년 때 미국 최고의 대학 야구 선수로 꼽혔다. 그리고 그해 6월, MLB 신인 드래프트에서 필라델피아 필리스가 전체 1번으로 그를 지명했다. 필리스 팬들은 버럴이 제2의 마이크 슈미트^{Mike Schmidt}(1972~1989년에 뛰었던 필라델피아의 3루수. 리그 MVP 3회 수상, 골드글러브 10회 수상, 통산 548홈런—옮긴이)로 성장하기를 기대했다. 하지만 안타깝게도 그는 성적이 좋았던 시즌도 있었지만, 대부분의 경우 팬들의 기대에 미치지 못했다. 2008년도 월드 시리즈에서 탬파베이 레이스와 붙었을 때, 버럴은 단 1안타에 그쳤다. 하지만 특별한 안타였다. 5차전에서 우승을 결정짓는 2루타였다. 그 안타 하나로 버럴의 주가는 치솟았고, 탬파베이는 그를 2010년까지 2년 간 보유하기 위해 1,600만 달러 이상 투자했다.

그런데 버럴의 성적은 곧바로 곤두박질쳤다. 게다가 당시 존 매든^{Joe Maddon} 감독과 마찰이 심해지자, 탬파베이는 2010년 시즌이 시작한 지 24경기 만에 버럴을 방출했다. 심지어 계약상 지급해야 할 잔여 연봉이 800만 달러에 달했다. 한 탬파베이 지역지 기자는 당시 상황을 다음과 같이 적었다. "성적이 얼마나 나빴으면 스크루지보다 더 짠돌이 같은 팀이 방출했을까?"³

버럴은 당시 33살이었고, 하락세에 접어들었다. 그는 애리조나주에 있는 자택으로 돌아가서 전화를 기다렸다. 몇 주가 지나도록 어느 곳에서도 영입 제안은 없었다.

한편 허프는 옛 대학 동기인 버럴을 영입하자고 샌프란시스코 임원들에게 로비했다. 그의 말에 관심을 갖는 사람이 생기면, 허프는 버럴이 이기는 야구를 할 줄 안다고 치켜세웠다. '우리가 필요한 강타자', '공부하는 선수', '2008년 월드 시리즈 영웅', '자이언츠에 어울리는 선수'라며 그를 추천했다. 또한 '엄격한 선수', '전통을 중시하는 선수', '홈런 타자'이며 게다가 베이 에어리어에서 자란 선수라 지역 밀착도 생각해볼 수 있었다. 어차피 탬파베이가 버럴의 연봉을 지급하고 있었기에 샌프란시스코는 거의 무상으로 영입할 수 있었다. 결국 샌프란시스코는 5월 말에 버럴과 마이너리그 계약을 맺었고, 그는 6월 초에 메이저리그에 올라왔다.

버럴은 비록 탬파베이에서 실패했지만 샌프란시스코 클럽하우스에 처음 도착했을 때 조금도 겸손해지지 않은 모습을 보였다. 그는 어깨가 넓고 턱도 각이 져서 들어가는 곳마다 시선을 사로잡았다. 잘생긴 얼굴과 호화로운 태도를 보면 〈미녀와 야수Beauty and the Beast〉에 등장하는 왕자가 떠오른다. 다만 정말 왕자다운 면모는 따로 있었다. 어쨌든 버럴은 허프와 마찬가지로 야구인이 봐도 점잖지 못한 성향이 있었다. 그래도 머리가 좋고, 최선을 다하며, 이기는 야구를 한다는 평판은 있었다.

버럴은 허프처럼 새로운 땅에서 꽃을 피웠다. 자신의 열정과 활력을 재발견했다. 늘 자신감이 넘쳤다. 그리고 초개체와도 같은 클럽하우스는 그의 열정과 활력, 자신감을 흡수하면서 새롭게 거듭났다. 급진적인 변화라기보다는, 회식 자리에 카리스마 넘치는 사람이 합류할 때 생기는 그런 변화였다. 오래된 방식이긴 하지만, 버럴은 경기 전 스트레칭 때 "얘들아, 가자! 가자!" 하면서 동료들을 집결시켰다. 팀이 지더라도 "내일 잡는다"라며 고개를 들게 만들었다. 후보 선수가 접전 상황에 대타로 나가면, 가서 팔을 걸치고 다소 사무적인 말투로 "할 수 있잖아"라고 했다. 충고라기보다는 상기시켜주는 말이었다. 그리고 서로 챙기는 일을 강조했다. 동료 투수가 이닝을 빨리 끝내지 못하고 공도 많이 던져서 고생하면, 공격 때 타자들에게 이렇게 소리 질렀다. "공을 더 많이 보라고! 우리 투수 숨 돌릴 시간은 줘야지!"

버릴도 허프처럼 클럽하우스에서 갖는 여유와 목적의식을 그라운드에서도 그대로 보여주었다. 그는 팀 내 장타율이 가장 높았고, OPS(출루율+장타율)는 허프에 이어 2위에 올랐다. 탬파베이에서 0.218이었던 타율은 샌프란시스코에서는 0.266까지 올라갔다. 홈런도 18개나 쳤다.

그리고 버릴의 존재감에 영향을 가장 많이 받았던 선수는 허프였다. 허프는 "이산가족이었던 형이 집으로 돌아온 느낌"이라고 말했다. 자신감도 더 생겼다. 그렇다고 허프대디라는 자아를 완전히 버리지는 못했다. 여전히 목소리는 크고 스왜그도 넘쳤다. 그러면서도 팀 동료들에게 마음을 쓰기 시작했다. 동료들의 시선이 중요해졌다. 혼자서는 절대 리더가 되지 못하지만, 버릴과 함께 있으면 가능했다. 앞서 다룬 개방형 체계와 동일선상에 있는 이야기인데, 버릴이 허프를 완성시켜준 셈이다. 허프와 통화했을 때, 그는 웃으면서 말했다. "답을 알려주는 사람이 되는 게 익숙하지 않았어요. 클럽하우스에서 모든 걸 가볍게 여기는 선수였는데, 갑자기 경기 끝나면 매체들이 항상 찾는 사람이 돼야 한다는 책임감이 생겼죠. '미쳐버리겠네! 이거 어떻게 해야지?' 싶었습니다."

8월 말에 버릴이 허프와 함께 팀 린스컴을 작은 사무실로 데리고 간 적이 있었다. 린스컴은 8월에 5전 5패였다. 그리고 샌프란시스코는 지구 1위와 여섯 경기나 차이가 나버렸다. 린스컴은 감독과 코치의 말을 듣지 않고, 훈련 일과를 개선하라는 조언을 따르기를 주저했다. 살면서 실패해본 적이 없어서 그런지, 이런 결과로 무력해졌다.

버럴은 의자에 앉아 린스컴의 눈을 바라보고, 앞으로 기대면서 이렇게 말했다. "티미, 잘 안 풀리고 있는 거 다 알아. 받아들이기 힘들겠지만 우리는 네가 필요해. 네가 정말 필요하다고."

허프는 뒤에서 대화 내용만 들었다. 버럴의 조언은 날카롭지만 애정이 있었다. "티미, 봐봐. 넌 우리한테 소중해. 네가 없으면 우린 죽는 거야. 우린 죽는 거라니까."

나중에 허프는 내게 이렇게 설명했다. "티미가 어떻게 하나 쳐다봤는데, 얼굴부터 들고, 턱을 들고, 가슴을 좀 더 펴더라고요. '나를 믿는 사람이 있다'는 얼굴 표정과 눈빛이었습니다. 5전 5패죠, 언론한테 두들겨 맞고 있죠, 모두 한 마디씩 던지고 있죠, 그때 자기 내면에서 무언가를 느꼈던 겁니다. 그게 보였어요. 뒤에 앉아서 듣고 있는데 눈이 휘둥그레졌죠. 그리고 다음 등판이 9월 1일 콜로라도전이었는데, 콜로라도를 보란 듯이 박살내버렸어요."

잭 교수와 울리 박사, 다른 이들이 뇌에 대해 설명한 내용이, 야구 선수들의 관계와 영향력 안에서 펼쳐지고 있었다. 허프와 버럴은 신뢰와 존중을 받는 느낌이 들자, 뇌에서 옥시토신과 도파민을 분비해서 동료를 향한 헌신과 유대감이 새롭게 생긴 것이다. 그 결과 둘은 린스컴을 신뢰했고, 린스컴도 자기 뇌 안의 화학 물질을 활성화시켜서 스스로에 대한 믿음에 변화를 주었다. 팀 케미스트리에서 가장 핵심은 생각과 감정이 전염되는 일이다. 이로 인해 2010년도 샌프란시스코 자이언츠의 앞날이 변했다. 린스컴은 콜로라도 로키스를 상대로 8이닝, 9탈삼진을 기록했고, 팀은 2 대 1로 승리했다. 이어서 9월에는 6전 5승이었다. 정규 시즌을 7일 남기고 샌프란시스코는 지구 1위로 올라섰고, 이후에 지구 우승까지 거머쥐었다.

테스토스테론과 코르티솔

그런데 계속해서 신경 쓰이는 부분이 있었다. 뇌가 기분 좋게 해주는 화합물을 분비할 때 테스토스테론은 어떤 역할을 할까? 클럽하우스는 경쟁심이 높은 젊은 선수 25명이 모였기에 테스토스테론이 넘치는 곳이다. 그 효과는 심판과 얼굴 맞대고 언쟁할 때, 홈런 치고 베이스를 도는 속도가 느리거나(무례하다!) 일명 배트플립을 심하게 하는(우리 투수를 무시해?!) 상대 타자에게 분노를 표할 때 나타난다. 테스토스테론 때문에 홈팀이 우위를 점하기도 한다. 운동선수들이 테스토스테론 수치가 원정보다 홈경기에서 더 높다는 연구 결과가 있다. 외부인으로부터 우리 땅을 지키겠다는 조상들의 자취가 아닌가 싶다. 그렇다면 여러분은 클럽하우스 안에서 악하고 거대한 테스토스테론이 선하고 관대한 옥시토신의 효력을 제한해버린다고 생각할 수 있다. 하지만 2010년도 자이언츠 팀은 옥시토신이 테스토스테론을 압도했다. 주도권을 잡는 데 지나치게 열을 올리는 선수는 없었다. 마초적이었던 허프와 버럴도 마찬가지였다. 클럽하우스 음향기기를 쟁탈해서 개인이 선호하는 음악을 강제로 듣게 하는 일도 없었다. 본인이 리더임을 각인시키려고 전원 집합시키는 일도 없었다. 이렇게 테스토스테론의 효과가 보이지 않았던 이유는 무엇일까?

왜냐하면 테스토스테론에도 사회성을 부각시키는 특성이 있기 때문이다.

낯선 사람끼리 있으면 테스토스테론 수치가 높은 사람이 인정받는다는 연구 결과가 나왔다.[4] 그런데 그 집단을 억눌러서 인정받은 것은 아니다. 테스토스테론이 마초 호르몬이라는 오해 때문에 남을 억눌러서 얻은 결과라고 생각하는 사람들이 있다. 하지만 정반대였다. 오히려 사람들 속으로 들어가서 이야기를 경청하고, 도움을 줘서 인정받았다.

연구진은 테스토스테론 수치가 높으면 '명예욕'이 강해진다는 점을 알아냈다. 즉, 이 욕구로 인해 조직이 가장 가치를 두는 것에 사고와 행동 방식을 맞춘다. 그렇게 조직을 내 편으로 끌어들일 기회를 만든다. 테스토스테론은 어떻게 보면 싱고니움이다. 사회 계층을 올라가면서 겪는 환경에 따라 발현되는 방식이 달라지기 때문이다.

그렇지만 상당히 이례적인 결과도 나타났는데, 테스토스테론 수치는 높지만 전혀 리더 역할을 하지 않는 선수도 있었다. 실제로도 팀 내 입지가 낮았다. 도대체 어떻게 된 일일까? 연구진은 이때 코르티솔cortisol이라는 또 다른 호르몬이 테스토스테론의 효과를 바꾼다는 것을 밝혔다.[5] 코르티솔은 일반적으로 스트레스 호르몬으로 알려졌는데, 실제로는 스트레스에 대항하는 것이 목적이다. 스트레스를 많이 느낄수록 신체는 평형을 유지하기 위해 그만큼 코르티솔을 더 많이 분비한다. 그래서 스트레스가 많으면 코르티솔 수치도 높아지는 것이다.

생물심리학자 캐슬린 캐스토^{Kathleen Casto}는 테스토스테론과 코르티솔이 리더십에 어떤 연관성이 있는지에 대해 연구했다. 2016년 미국 여자 하키 대표팀을 대상으로 연구할 당시 캐스토는 이렇게 말했다. "연구와 직관적인 과장 해석, 그리고 단체 구기 종목에서 직접 선수 생활을 해본 경험을 바탕으로 이 현상을 설명해볼게요. 테스토스테론 수치가 높으면, 동료들 사이에서 입지를 다지려는 욕구가 생깁니다. 만일 코르시솔 수치가 높으면 걱정이 많은 사람일 수 있어요. 스트레스를 많이 받겠죠. 자기도 모르게 동료들에게 (부정적인) 영향을 줍니다. 그러면 입지가 낮아지겠죠. 다시 말해 지위는 얻고 싶은데 어떻게 얻어야 할지 잘 모르는 상황이 돼버립니다."[6]

그렇다면 오브리 허프의 변화를 생리학적으로 설명할 방법이 떠오른다. 허프는 자신을 수용하고 소중하게 생각하는 팀을 마침내 찾았던 것이다. 따라서 자신을 증명해야 한다는 압박과 부정적인 의견에 맞서야 할 압박에서 벗어났던 것이 분명하다. 스스로에 대한 부정적인 생각으로부터도 벗어났을 것이다. 어쩌면 2010년도 자이언츠에서는 코르티솔 수치가 떨어져서 행동도 변하고 동료들로부터 리더 소리를 들었던 것이 아닐까?

변화의 바람이 찾아온 샌프란시스코 자이언츠

2007년만 해도 샌프란시스코 자이언츠의 클럽하우스는 중학생처럼 파벌이 난무하고 서로 헐뜯는 분위기였다. 성적이 하락세에 접어든 노장들이 많았는데, 이들은 말수가 적었다. 단 '언론에 자주 비친다', '음악을 시끄럽게 튼다', '홈런 세리머니가 과하다' 등의 신인들의 기를 꺾는 말은 자주 했다. 짐 릴런드 감독의 말이 떠올랐다.

"노장들이 팀을 신뢰하게 만들면, 감독으로서는 더할 나위 없이 좋습니다. 하지만 노장들이 팀을 못 믿고, 제대로 못 뛰어서 어린 선수로 대체해야 할 상황이 되면, 그건 대혼돈입니다."

2010년이 되자 노장들의 파벌은 사라지고, 클럽하우스에는 개방의 물결이 새롭게 확산되었다. 팀 린스컴은 당시 상황을 이렇게 설명했다. "어린 선수들이 모두 자기 야구를 할 수 있게 됐어요. 더 이상 로커에 앉아 벽만 쳐다보거나, 테이블 앞에 벙어리처럼 앉아 있지 않았습니다." 선수들은 소속감과 신뢰감을 느껴서인지 서로 농담도 주고받고 솔직한 대화도 나눌 수 있었다. 경기장에 나가는 일이 매일 기대되었다. 함께라면 즐겁다는 것도 알았다. 그러자 결과적으로 이기는 야구가 시작됐다.

그런데 이렇게 적으니까, 어디선가 한 톤 높은 라디오 토크쇼 진행자의 목소리가 어렴풋이 들린다. "즐기니까 이기는 게 아닙니다. 이기니까 즐거운 겁니다!"

맞는 말이다. 패배보다 승리가 즐기는 데 더 도움이 되는 것은 당연하다. 그런데 역으로 해도 사실이다. 즐기지 못하는 것보다 즐기는 것이 승리에 더 도움이 된다. 2010년도 자이언츠를 보면, 서로 모욕적인 농담도 서슴지 않았다. 나라면 쉽게 상처받았을 텐데, 그곳은 오히려 웃음바다였다. 심지어 모욕을 당한 선수도 같이 웃었다. 경계라는 것이 없었다. 상처받았다는 이도 없었다. 비록 거칠고 유치한 유머지만, 서로에 대한 신뢰감이 얼마나 큰지를 반증한다. 장난도 서로 신뢰해야 제대로 칠 수 있다. 장난의 대상이 장난 친 사람의 호의를 알아야 하고, 장난은 일종의 소속감을 의미한다는 것을 이해해야 한다.

1970년대부터 유머를 연구하고 유머에 대해 글도 쓴 사회심리학자 개리 앨런 파인Gary Alan Fine은 "농담 문화는 신뢰의 문화"라고 말했다.[7] "관심도 없는 사람과 농담을 주고받는 관계를 형성할 순 없습니다."

스포츠 팀은 대부분 직장처럼 구성원이 다양하다. 남보다 권위나 부, 경력 등이 많은 사람들이 있다. 그러나 팀이 성공하려면 모두 평등하다는 생각으로 임해야 한다. 스타 선수나 지도자는 장난과 유머를 통해 자신도 팀의 일원임을 보여줄 수 있다. 파인은 "지위가 높은 사람이 유머를 구사하는 것 외에도 유머의 대상이 기꺼이 되는 것도 유능함을 보이는 방법"이라고 설명했다. "요컨대 '나는 리더지만, 너랑 별반 다르지 않아. 나도 농담을 받아들일 수 있어'라고 말하는 겁니다."

파인은 '대상'과 '받아들이다'라는 말을 강조했다. 나를 향해 총알이 날아온다는 것을 의미한다. 지나친 모욕은 고통스럽지만, 그것을 온화하게 감내하는 것이 조직에 대한 헌신이다. 일종의 신고식이다. 그리고 모욕의 대상에게 이렇게 묻는 것이다. '우리를 믿습니까?' '우리가 당신을 믿어도 됩니까?'

그렇다면 이것이 경기력에 어떻게 도움이 될까?

진정한 신뢰의 문화에서 신뢰는 지구의 중력처럼 당연한 것이다. 우리가 중력을 의식하지 못하듯이, 신뢰가 사고방식이나 경기력에 작용하는 영향을 의식하지 않는다. 스트레스가 높은 상황을 생각해 보자. 9회, 동점 상황에서 대타로 나간다. 아니면 직장 동료들 앞에서 중요한 프레젠테이션을 해야 한다. 두뇌가 스트레스를 인식하자마자 심장은 더 빠르게 박동한다. 우리 두뇌는 다음에 어떤 일이 일어날지 파악하기 시작한다.

동료와 상사들이 나를 믿어주고 내가 실패하더라도 지지할 것이라고 확신하면, 사람은 스트레스를 위협보다는 도전으로 여긴다. 우리 두뇌는 뇌와 근육에 혈액을 추가로 공급해서 기운을 차리도록, 혈관을 확장하는 호르몬을 분비한다. 이제 우리 몸은 활동하기에 최적인 상태다. 위험을 감수해서라도 경기력을 최대한 끌어올릴 수 있도록 대담해진다. 소위 안전한 선택을 하지 않아도 된다. 왜냐하면 동료들은 결과가 어떻게 나와도 나를 지지한다는 것을 알기 때문이다.

신뢰 문화의 반대말은 집단 편집증이다. 스탠퍼드대학교 경영대학원Stanford Graduate School of Business 조직행동학 교수 로드 크레이머Rod Kramer는 이를 '생산성을 죽이는 것'으로 설명했다. "불평과 비난할 거리를 찾기 위해 사람들은 모든 일을 지나치게 고민하고, 상대가 한 말을 전부 분석하기 시작합니다."

신나서 안절부절 못하는 것이 아니라, 두려움에 안절부절 못해서 스트레스를 받게 된다. 우리 뇌는 그런 상황을 위협으로 인식한다.

이때 혈관은 수축되어서 뇌와 근육에 혈액과 산소 공급을 제한한다. 우리 몸도 실패로 발생한 타격을 감당하려고 움츠러든다. UC버클리 대커 켈트너 교수는 이렇게 설명했다. "긍정적인 감정의 생리학은 스트레스의 생리학과 대조적입니다. 스트레스는 우리를 피곤하게 만들죠. 주의를 너무 기울이게 되고, 온몸에 힘이 들어갑니다. 막판에 김이 빠지죠."

시즌 말미에 오브리 허프는 팀 내 최다 홈런(26개)과 최다 타점(86)이 기록했다. 샌프란시스코는 디비전 시리즈Division Series와 내셔널리그 챔피언십 시리즈NLCS: National League Championship Series를 거쳐 56년 만에 월드 시리즈에 진출해 우승했다. 연고를 샌프란시스코로 이전한 이후(1957년까지 연고지가 뉴욕―옮긴이) 첫 우승이었다. 팀 린스컴을 주축으로 한 젊은 투수진이 팀을 견인했지만, 공격은 허프가 이끌었다. 팬들이 사랑하고, 기자들이 가장 먼저 찾는 진정한 팀 리더가 되었다. 이름하여 오브리 허프.

그러나 이후에는 이만큼 성적을 내거나 영향력을 행사하지 못했다. 이듬해에 샌프란시스코와 새로 2년 계약을 맺었지만, 존재감이 사라질 정도로 경기력과 영향력이 쇠퇴했다. 샌프란시스코에서는 스타가 되었지만, 그에 따른 지나친 관심과 유혹도 있었다. 각성제와 알코올 중독도 심해지고, 공황 발작도 생겼다. 한 번은 발작이 심하게 와서 1주일 동안 팀을 무단으로 떠나기도 했다. 그 일이 있기 몇 달 전에는 아내가 이혼을 신청했다. 결국 다시 같이 살기로 합의했지만, 오래 가지 못하고 결국 2018년에 이혼했다.

2012년에 샌프란시스코가 월드 시리즈에 다시 진출했을 때 허프는 후보 선수였다. 그해 포스트시즌 성적은 10타석 1안타에 그쳤다. 그러고 나서 선수 생활이 끝났다.

그래도 2010년 한 시즌만큼은 그 클럽하우스 안에서, 그 선수들 속에서 리더였다. 볼품없고 우연치 않았던 변화였지만 어떤 면에서 는 싱고니움처럼 우아하고 멋있었다.

클레어몬트대학원대학교의 나무 뒤로 해가 지기 시작했다. 폴 잭 교수와 작은 캠퍼스 카페로 함께 걸어가며 팀 케미스트리의 정의에 대해 다시 이야기했다.

교수는 다음과 같이 말했다. "팀 케미스트리는 실제로 존재합니 다. 우리는 다 똑같은 화합물로 이루어졌잖습니까? 그중에 하나가 옥시토신이죠. 경기 수를 보면 야구는 참 대단한 것 같습니다. 피곤 하고 지치는데, 경기가 끝나도 끝이 아니에요. 소속팀이 기다리고 있죠. 팀원들이 여러분을 찾습니다. 그리고 여러분도 팀원들을 찾아 야 한다는 걸 알아야 하죠."

"'내가 챙겨줄게'라는 말이 그런 겁니다. 경기 도중에 안 좋은 일 이 생기면, 상대가 챙겨줄 건지 알고 싶은 거죠. 그게 진짜로 알고 싶은 거예요. 상대가 정말로 챙겨준다면, '나'도 그런 사람이 될 수 있어야 합니다. 그러지 못하면 이 팀에 있으면 안 되는 거죠."

교수는 커피를 한 모금 들이키며 생각을 정리했다.

"아마 비웃으시겠지만, 팀 동료들을 정말 사랑해야 하는 게 맞는 것 같아요. 정말 근본적으로 말이죠. 신경학적으로도 당연히 그렇고 요. 행동과 관련해서도 마찬가지입니다. 누군가 새벽 3시에 아내한테 쫓겨나서 전화하면, 무조건 받아야 하는 거죠. 선수뿐만 아니라 한 인간으로서 소속되어야 합니다. 그렇지 않으면 너무 힘드니까요."

팀 케미스트리의 결정체라고 불리는 선수들이 이따금 등장하곤 한다. 이들은 일반 선수보다 더 많은 화합력을 발휘하고, 어느 팀을 가든 팀을 이끈다. 나는 이런 사람을 슈퍼 매개자라고 부른다.

팀 케미스트리

PART
03

슈퍼 매개자Super-Carriers,
조니 곰스라는 특별한 사례

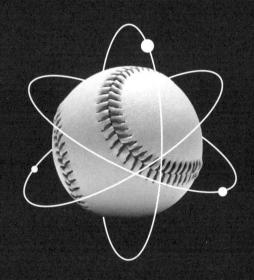

"다섯 명을 더 좋게 만드는 한 명을 데려와 달라."

돈 와카마쓰Don Wakamatsu, 전 메이저리그 감독

일곱 살의 조니 곰스

2013년 3월. 미국야구학회는 데이터 분석 콘퍼런스를 2회째 맞이했다. 애리조나주립대학교^{Arizona State University}에서 열었다. 브랜던 매카시^{Brandon McCarthy}라는 마른 체형에 사각 턱을 가진 투수가 토론자로 섭외되어 무대 위 의자에 앉았다. 매카시는 1년 전 1회 콘퍼런스에도 참가했었다. 이때만 해도 이런 선수는 메이저리그에 흔치 않았다. 그는 데이터 분석을 최대한 수용했다. 빌 제임스의 세이버메트릭스 서적을 재미로 입문했고, 거기서 알게 된 지식을 야구에 관한 SNS 논쟁에 주로 써먹었다. 머지않아 세이버^{sabr.org}나 팬그래프스^{FanGraphs.com} 같은 웹사이트에 올라오는 스탯 분석 글도 매일 읽었다. 매카시는 흑백이 분명하다는 점 때문에 데이터 분석을 좋아했다. 배운 내용을 실전에 써보면서 실력을 늘렸다. 요약하자면, 매카시는 데이터 분석을 애호하고, 실생활에 적용하며, 당시 애리조나주립대학교 강당에 모인 수학자와 야구 덕후들에게 밀리지 않고 자기주장을 펼칠 수 있는 선수였다.

그런데 사회자가 토론 도중에 데이터 분석과 상반된 개념을 언급했다. '클럽하우스를 이끄는 선수'라는 물러터진 생각, 즉 팀을 어떻게든 좋게 만든다는 존재에 대한 것이었다. 이때 매카시는 어떤 입장을 취했을까?

매카시는 잠시 침묵했다. 온갖 축약어와 알고리즘에 빠져 있는 청중이 이런 대답을 들으면 놀라고 실망하겠다 싶었는지, 얼굴만 계속 만지작거렸다. 그러다 의외의 대답을 했다.

"정말 중요하다고 생각해요. 최근 들어 더 그렇게 생각하게 됐는데, 작년에 오클랜드에서 뛰었던 경험 때문에 그렇습니다."

그 말인즉슨, 조니 곰스$^{Jonny\ Gomes}$와 한 시즌 뛰었다는 뜻이다.

나는 곰스와 인연이 전혀 없었다. 하지만 팀 케미스트리를 이해하려면, 조니 곰스라는 사람을 알아야만 했다.

떠돌이 생활을 하다 보면 둘 중에 한 가지를 생각한다. 어디도 내 집이 아니거나, 어디든지 내 집이다. 곰스는 11년 동안 메이저리그 팀들을 떠돌았다. 그는 탬파베이 레이스의 2001년도 신인 드래프트 18라운드 지명 선수였고, 그곳에서 처음 몇 년을 뛰었다. 그러다가 신시내티와 워싱턴, 오클랜드, 보스턴, 다시 오클랜드를 거쳐 마침내 캔자스시티까지 가게 되었다. 가장 길게 머물렀던 곳도 2년을 넘지 않았다. 새 팀에 갈 때마다 아는 사람은 거의 없어서 트레이너실부터 화장실까지 전부 물어가면서 찾아야 했다. 그래도 상관없었다. 그는 낯선 클럽하우스도 자기 집처럼 드나드는 사람이었다. 어디를 가도 잘 어울리지 못할 것이라는 생각이 없었다. 소속팀이 되

팀 케미스트리

었다는 이유 하나만으로, 팀은 이미 가족이나 다름없었다. 그런 면에서 곰스는 대부분의 선수와 다르게, 야구 자체를 복잡하게 생각하지 않았다. 물론 그라운드에서 직접 뛰는 일은 간단하지 않았다. 그는 저니맨journeyman(여러 팀에서 뛰어본 선수 또는 성적이 준수하나 더 우수한 수준으로 치고 올라가지 못하는 선수를 뜻하는 스포츠 용어—옮긴이) 외야수일 뿐이었다. 야구 자체를 복잡하게 생각하지 않았던 이유는 단 한 가지 원칙하에 움직였기 때문이다. 바로 팀이 그라운드 안팎에서 필요한 일이라면 무조건 한다는 것이었다. 이 생각의 배경은 캘리포니아주 페탈루마Petaluma의 한 작은 동네 야구장에서 유니폼을 처음으로 받았던 날로 거슬러 올라간다.

페탈루마는 샌프란시스코에서 북쪽으로 65킬로미터 지점에 위치한 넓게 뻗은 모양의 도시다. 빅토리아 시대 같은 분위기와 웅장한 참나무들이 자란 곳에 서민들이 모여 살고, 구불구불한 언덕에는 양계장과 유제품 공장, 목장들이 띄엄띄엄 있었다. 곰스는 중산층, 또는 그보다 조금 더 잘 사는 지역에서 생활했다. 그에게는 한 살 많은 형 조이Joey Gomes가 있었는데, 둘은 티셔츠와 바지 몇 벌로 서로 매일 번갈아 입었다. 운동화도 가장 일반적인 것으로 단 한 켤레뿐이었다. 이런 의상은 일종의 계급표처럼 조니가 그곳의 여느 풍족한 아이들과는 다르다는 것을 알렸다. 조니 곰스도 그 점을 쉽게 깨달았다. 게다가 형제는 어머니와 함께 수시로 이사를 다녀야 했다. 조니가 고등학교를 졸업할 때까지 집을 무려 20여 차례나 이사했다. 아버지는 이미 오래전에 재혼해서 새살림을 꾸렸고, 형제가 좀 더 크자 얼굴 보는 횟수가 크게 줄었다. 어머니는 미용실에서 일하면서, 카지노에서 카드 게임도 진행하고, 주유소에서 계산도 하고, 식당에서 주문도 받으며, 사무실에서 전화도 응대했다. 명절 음식은 거의 매년 푸드뱅크에서 보낸 박스로 해결했다. 그래도 그때마다 대가족이 모일 수 있도록 식탁 앞에는 의자 다섯 개를 놓았다. 조이와 조니, 어머니, 그리고 오래전에 이혼하신 할머니와 할아버지가 모였다. 이모나 삼촌, 사촌은 없었다. 크리스마스트리를 설치한 적도 몇 번 없었다. 브레이크 패드가 닳는 일처럼 일상적인 참사가 일어나면, 곧 짐을 싸야 한다는 뜻이었다. 그런 통보를 받으면, 자동으로 30일 이내에 침대를 해체하고 소지품을 커다란 봉지에 담았다. 차 안에서 밤을 지내는 날도 있었다. 학교를 마치고 귀가하면 짐과 매트리스가 같은 건물의 다른 층이나 다른 침실에 놓여 있는 것이 일상이었다. 동네 저편에 가 있기도 했고, 블록 반대편에 가 있기도 했다. 그때마다 어머니는 새로운 열쇠를 건넸다. 하지만 어느 집이든 곰스는 별 차이를 느끼지 못했다. 그에게 진정한 집이라고 부를 수 있는 곳은 없었다.

일곱 살 때, 곰스는 앞서 언급한 페탈루마의 작은 동네 야구장에서 12명의 학교 친구와 함께 발목을 꼬고 앉았다. 감독이 유니폼을 나눠주었는데, 그때 유니폼이라는 것을 처음 입어보았다. 검정색 상의에는 흰색으로 플러머스Plumbers(배관공들―옮긴이)라는 문구가 적혀 있었고, 야구모자도 거기에 어울리게 검정색이었다. 어린 곰스는 다른 친구들이 입은 모습을 쭉 훑어봤다. 전부 똑같았다. 모두 플러머스 선수들이었다. 유명 청바지를 입든, 가짜 브랜드를 입든 더 이상 상관없었다. 당시에는 제대로 표현한 적이 없지만, 그라운드에서는 다른 아이들과 똑같았기에 강한 소속감을 느꼈다. 팀원들은 서로를 응원했다. 경기가 끝나면 다 함께 매점과 간이 관중석 아래를 뛰어다녔다. 곰스는 어딘가 소속된다는 느낌이 좋았다. 그러다가 팀 동료의 기운을 북돋우면 그때부터 그 동료의 기분이 바뀌고, 그런 활력이 다른 동료들에게도 전달된다는 것을 깨달았다. '오케이, 이제 알았다.' 곰스는 야구가 "추수감사절과 성탄절을 동시에 열어서 사촌들과 다 함께 뛰어노는 느낌을 받았다"고 한다.

그리고 그 느낌은 여전히 남아 있다. 수준이 올라갈수록 곰스는 죽음의 숨결이 목에 닿는 것처럼 전력을 다해 뛰었다. 사실 죽음의 숨결을 실제로 느낀 적이 있다. 첫 번째는 16살 때의 일이다. 어느 날 친구이자 팀 동료였던 애덤 웨스트콧^{Adam Westcott}과 함께 차에 탔다. 곰스는 운전석 바로 뒤에 탔다. 내리막길을 달리는데, 차가 우측으로 미끄러지면서 전봇대를 들이받았다. 앞좌석에 앉았던 여자 둘과 곰스는 무사했지만 웨스트콧은 심한 부상을 입고 사고 이틀 뒤에 숨졌다.

두 번째는 22살 때 일어났다. 곰스는 마이너리그 시즌이 끝나고 페탈루마로 잠시 돌아왔는데, 가슴에 갑자기 통증을 느꼈다. 그는 하루 넘게 견디다가 응급실로 실려 갔다. 진찰 결과 심장마비 증상이 있었고, 판막이 협착되었다는 이유로 혈관 성형술을 받았다. 조금만 늦었다면 심장마비로 사망했을 것이라는 설명을 들었다. 다행히 그 이후로는 심장 문제가 재발하지는 않았다.

조니 곰스의 가장 큰 재능

곰스는 2005년에 메이저리그 신인이었다. 당시 소속팀인 탬파베이는 창단한 지 7년이 지났지만 그중에 6년은 지구 최하위에 머물렀다. 게다가 소속 선수는 전부 승부에 무관심하고 자기만 생각하는 것으로 알려졌다. 곰스는 리틀 야구에서부터 고교, 대학 야구를 거쳐 마이너리그까지, 개인 성적에 몰두하고 이기는 야구에 무관심한 동료들을 본 적이 없었다. 참고로 오브리 허프가 그 당시 팀의 1루수였다. 하루는 곰스가 더그아웃에서 노장 선수 옆에 앉았는데, 그 노장은 상대 투수가 던질 공을 전부 정확히 예상하고 있었다. 곰스는 그것을 어떻게 알 수 있는지 물었다. 그러자 노장은 "투수가 던질 때 특정한 습관(야구 현장에서는 주로 쿠세라고 표현하는데 일본식 표현이기에 순화했다─옮긴이)이 보인다"고 답했다. 예를 들면, 강속구를 던질 때 글러브를 특정 방향으로 기울이는 투수들이 있다. 어쨌든 곰스는 흥분하면서 "그러면 가서 우리 타자에게 알려주셔야 하지 않겠습니까?"라고 물었다. 그런데 노장은 "내년에 상대해야 할지도 모르는데?"라면서 거절했다.

곰스는 이런 이기적인 분위기에 휩쓸리지 않으려고 노력했다. 가족끼리는 항상 좋은 모습만 보일 수는 없다. 그래도 그는 가족은 언제나 가족이라고 생각했다. 게다가 곰스는 어디를 가든 자기와 비슷한 사람을 찾는 데 소질이 있었다. 탬파베이에서는 토비 홀Toby Hall을 알게 되었다. 홀은 곰스와 마찬가지로 캘리포니아주 북부 출신이다. 노장 포수였던 홀은 신인이었던 곰스를 돌봤다. 둘은 클럽하우스나 더그아웃, 식당, 바 등에서 끊임없이 대화를 나누었다. 벤치에서 홀

팀 케미스트리

은 투수와 타자를 파악하는 방법과 경기를 망쳤을 때 마음을 다스리는 방법을 가르쳤다. 팀은 또다시 100패를 기록했지만, 곰스와 홀은 서로 열렬히 응원했다. 곰스는 매일 홀을 자랑스럽게 해주고 싶은 마음으로 하루를 시작했다. 그러다가 2006년에 홀은 로스앤젤레스 다저스로 트레이드되었다. 홀을 안 지 2년이 되지 않았지만, 곰스는 그가 떠난 것을 "마치 죽음과 같았다"고 회상했다.

곰스의 반응은 아무래도 극단적이었다. 프로 야구는 비즈니스다. 선수들은 끊임없이 이동한다. 홀은 동료였지 형제가 아니었다. 물론 그 사실을 모르는 것은 아니지만, 곰스는 동료들을 친형제처럼 느낄 수밖에 없었다. 팀은 곧 가족이고, 클럽하우스는 집이었으니까. 가게 되는 팀마다 그 안에서 자기만의 가족과 집을 찾아내는 재주가 있었다.

곰스의 진정한 야구 실력은 이런 것이었다. 물론 좌익수 수비도 나쁘지 않고, 장타력도 조금 있으며, 도루도 몇 개 할 만큼 발이 느리지 않았다. 그렇지만 그의 가장 큰 재능은 사람들에게 순수하고, 철저하며, 적극적으로 마음을 쓴다는 점이었다. 시간이 지나자 곰스의 떠돌이 선수 생활에 한 가지 패턴이 생겼다. 그가 소속된 팀은 이기는 야구를 했던 것이다.

곰스의 탬파베이 레이스는 10년 동안 거의 꼴찌만 하다가 2008년에 구단 사상 처음으로 월드 시리즈에 진출했다. 곰스의 2010년도 신시내티 레즈는 15년 만에 포스트시즌에 진출했다. 곰스의 2012년도 오클랜드 애슬레틱스는 전문가들이 100패를 예상했지만, 94승을 올리고 아메리칸리그 서부 지구를 우승하며 모두를 놀라게 만들었다. 곰스의 2013년도 보스턴 레드삭스와 2015년 캔자스시티 로열스는 월드 시리즈에서 우승을 했다. 전부 우연의 일치일 수도 있다. 어쩌면 운이 너무나 좋아서 적재적소에 나타나는 야구계의 '포레스트 검프Forrest Gump'였던 것이 아닐까? 성적만 놓고 보면 반쪽짜리 외야수 아니던가. 통산 타율은 고작 0.242였다. 핵심 선수라고 부르거나 심장 뛰는 야구를 한다고 말할 사람은 많지 않을 것이다.

브랜던 매카시가 곰스를 처음 만난 곳은 메이저리거들이 비시즌에 많이 이용하는 애리조나주의 한 훈련장이었다. 둘 다 메이저리그 2년차일 때였다. 매카시는 여느 신인들처럼 아무도 모르게 조용히 다녔다. 그런데 곰스는 가자마자 사람들 속으로 들어가서 다른 선수들과 장난치고, 농담을 즐겼다. 매카시는 여태까지 그런 선수를 본 적이 없었다. 곰스는 매일 아침 훈련장에 들어서자마자 훈련조의 분위기를 바꿔버렸다. "조니 곰스 선수는 모든 사람을 휘어잡는 힘 같은 게 있었다"고 매카시는 회상했다.

둘은 그 이후로 6년 동안 교류가 없었다. 그러다가 2012년에 곰스가 매카시가 뛰고 있는 오클랜드 애슬레틱스로 갔다. 옛날에 같은 훈련조였던 곰스는 변함이 없었다. 다만 머리는 밀고, 빨간 수염과 문신을 했으며, 입담배를 한가득 물고 있었다. 목소리는 여전히 크고 유머가 넘쳤다. 최소한 팀에 활력은 불어넣겠구나 싶었다. 오클랜드는 2011년에 88패를 당했기 때문에 활력이 절실했다. 야구 전문가 대부분 오클랜드의 2012년 시즌이 2011년과 비슷하거나 더 나빠질 것이라고 예상했다. 그런데 전지훈련을 마치기도 전에 매카시는 전문가들이 틀렸다는 것을 느꼈다. 무언가 특별한 일이 일어나고 있었다. 동료들은 이기는 야구를 할 수 있다고 믿기 시작했다. 시즌 초에 9연패를 당했을 때도 선수들은 크게 동요하지 않았다. 다들 늦에 한 번씩은 빠지지 않던가. 그러고 나서 '정말로' 이기는 야구를 했다. 매카시는 통계학적인 증거도 없고 확신도 서지 않았지만, 조니 곰스가 여기에 어느 정도 기여했다는 점을 인식하기 시작했다.

슈퍼 매개자가 되다

2016년 10월의 쌀쌀한 오후였다. 조니 곰스가 문을 열어주는데, 회색 티셔츠에 농구 바지를 입고 있었다. 빨간 수염은 이전보다 짧았지만, 머리카락은 예전 그대로였다. 우람한 팔뚝에 그린 문신의 숫자는 늘었다. 그는 사막이 맥다월McDowell 산맥을 따라 이어지는 애리조나주 스코츠데일 북쪽 끝자락에 살았다. 그곳에는 거대한 저택들이 넓게 퍼져 있었다. 차고 네 개와 사랑채, 야외 취사 시설, 워터파크 같은 수영장 등은 기본이었다. 대문은 전부 풍채 있고 각종 곡물과 호박으로 장식되었다. 곰스의 집도 마찬가지였다. 그런데 곰스의 집만 유독 눈에 들어왔다. 진입로에 2.5톤짜리 국방 무늬에 몬스터 타이어를 한 M35 군용 트럭이 있었기 때문이다.

내가 곰스에 대한 자료 조사를 마쳤을 때 머릿속으로 그의 외모를 그려보았다. 조사 자료는 커다란 바인더를 꽉 채울 만큼 모았다. 이 책에 나온 등장인물 가운데 가장 많은 자료를 수집했다. 원래 이렇게 많이 수집할 의도는 없었다. 하지만 곰스에 대한 이야기나 인터뷰는 어렵지 않게 얻었다. 메이저리그 선수들에게 곰스에 대해 책을 쓴다고 문자를 남기면 무조건 답장이 왔다. 워싱턴 내셔널스의 올스타 외야수 제이슨 워스Jayson Werth는 물리치료를 받으러 가는 길에 내게 연락했다. 곰스는 2011년 중반에 워싱턴에 합류한 바 있다.

"곰스가 오니까 문화 자체가 바뀌었습니다. 그래서 제가 데이비 존슨Davey Johnson 감독님께 직접 '내년에도 조니 곰스가 꼭 있어야 합니다. 정말로 꼭 있어야 합니다'라고 말씀 드렸어요." 그러나 워싱턴은 곰스를 다시 부르지 않았다. "선수라면 좋든 나쁘든 팀 케미가 사람들에게 주는 영향을 느끼죠. 프런트 직원이나 코치, 감독들은 사실 클럽하우스 일원이라고 보기는 힘듭니다. 그래서 안타깝게도 그들에게는 항상 팀 케미라는 것이 잘 와닿지는 않을 거예요."

2013년도 월드 시리즈 우승팀 보스턴 레드삭스의 사이영 상 수상자 제이크 피비Jake Peavy는 이렇게 말한 적이 있다. "같이 뛰어본 선수 중 팀 케미스트리를 위해 가장 좋았던 선수는 조니 곰스였습니다. 저희를 동기 부여를 해주는 데 큰 역할을 했어요."

보스턴 동료였던 올스타 더스틴 페드로이아Dustin Pedroia는 이렇게 설명했다. "조니 곰스는 경기에 나가지 않아도 영향력이 있어요. 이렇게까지 얘기할 수 있는 메이저리거는 드물어요. 경기를 바라보시는 시각 자체가 다릅니다. 심지어 코치들도 조니 곰스처럼 못 봤어요. 게다가 팀에 절대 굽히지 않는다는 기조가 생기죠. 레드삭스는 그런 팀이기도 하고요. 다들 열심히 일합니다. 그리고 이기기 위해서는 전장 속으로 들어가야만 하죠. 보스턴이라는 도시와 팬들이 원하는 게 그런 거예요. 저는 조니 곰스가 레드삭스와 잘 어울릴 거라고 생각했어요. 그리고 2013년에 공교롭게도 자유 계약 선수라 영입할 수 있었고요."

나는 곰스를 거친 면이 있는 세스 로건Seth Rogen(캐나다 배우 겸 코미디언. 애니메이션 〈쿵푸 팬더〉의 맨티스 역을 맡았던 성우―옮긴이)으로 연상했다. 뭔가 사교적이고, 수다스러우며, 유머가 넘칠 것 같았다. 그런데 대문을 열어준 사람은 조용하고, 과묵하며, 다소 냉담했다. 곰스와 몇 달 동안 문자를 열 차례 이상 주고받았는데, 인터뷰에 적극적으로 응한 느낌이었다. 어떻게 보면 열렬했다고나 할까. 그런데 막상 만나 보니 인터뷰에 응한 것을 번복하지나 않을까 걱정될 정도였다. 일단 그를 따라갔다. 거실 천장은 높고 부엌은 거대했다. 부엌에 핼러윈 장식과 요리책, 싱싱한 꽃들이 따뜻하게 맞이했다. 구석에는 크레용과 물감, 색도화지가 쌓인 작은 탁자가 있었다. 우리는 간이 식탁 앞에 앉았다. 곰스는 입담배 한 모금을 꺼내 아랫입술 안쪽에 집어넣었다.

"그거 아직도 하세요?" 어색함을 달래보겠다며 놀리는 말투로 물었다.

"야구랑 가까워지고 싶어서요"가 그의 대답이었다. 그때 갑자기 생각났다. 곰스는 일곱 살 이후 처음으로 소속팀이 없는 상태였다.

그는 2015년에 캔자스시티 로열스 소속으로 월드 시리즈를 우승하고 나서, 2016년에는 유일하게 영입을 제안한 구단과 계약해버렸다. 바로 도호쿠 라쿠텐 골든이글스라는 일본 구단이었다. 곰스는 일본어를 할 줄 몰랐고, 일본 문화도 낯설었다. 결국 가서 클럽하우스나 더그아웃에서 혼자 앉아 있는 날이 많았다. 집이나 가족이라는 생각이 전혀 들지 않는 곳이었다. 결국 18경기 만에 초라한 성적만 남기고 일본을 떠났다. 곰스는 귀국한 지 5개월이 지났다. 정신과 의사 토머스 루이스 박사가 오래된 배우자를 잃는 일은 팔다리를 잃는 느낌이나 다름없다고 이야기했는데, 곰스가 클럽하우스와 팀 동료들, 그리고 야구와 멀어진 것도 같은 맥락인지 궁금했다.

어색한 잡담을 조금씩 나누고 있을 때 반짝거리는 공주 옷을 입은 조그만 여자아이가 맨발로 부엌으로 들어왔다. 그리고 곰스의 팔에 안겼다. 다른 방에서 〈마이 리틀 포니^{My Little Pony}〉라는 애니메이션을 보고, 거기에 나왔던 반전 내용을 쉬지 않고 조잘거렸다. 캐프리^{Capri Gomes}는 당시 세 살이었고, 곰스의 세 자녀 중에 막내다. 곰스는 자녀들의 이름을 자신의 오른쪽 팔뚝에 문신했는데, 고대 영어 서체로 새겼다. 그리고 그 이름들 위에는 좀 더 오래된 문신이 이렇게 적혔다. "Tough Times Go Away ······ Tough People Don't(힘든 시간은 가지만 단단한 사람은 남는다)."

딸이 등장 캐릭터들을 묘사하자 곰스는 감탄하는 시늉을 했다. "진짜?!" 임무를 완수한 딸은 온몸을 이용해 아빠의 다리를 타고 내려가려 했고, 곰스는 딸을 바닥에 조심스럽게 내려놓았다. 딸은 손을 흔들며 퇴장했다. "아빠, 안녕!"

곰스는 자녀들이 너무 풍족하고 여유 있게 자라서 자신이 친형과 겪었던 일을 경험하지 못하는 것을 걱정했다. 일은 열심히 하려나? 감사하는 마음이 우리 때와 같을까? "저는 물건을 절대 잃어버리지 않아요. 모자도, 글러브도, 상의도 절대 잃어버리지 않습니다. 제가 빨래를 직접 했기 때문에 유니폼이 어디에 있는지도 항상 알았습니다."

나는 "부족해봐야 낭비하면 안 된다는 걸 알죠"라고 맞장구쳤다. 야구 자체만 봐도, 적어도 곰스의 사례만 봐도 그렇다는 말도 덧붙였다. 곰스는 무엇이든지 당연하게 받아들이는 일이 없었다. 나는 그것이 곰스가 자신에게 주어진 시간 안에 자기가 낼 수 있는 최대한의 효과를 내려고 했던 의도였는지 궁금했다. 그는 그렇다고 답했다. 아울러 그런 효과는 측정할 수 없고, 심지어 인정하지 않는 사람도 있다는 점을 알고 있다고 말했다. 그러면서 2009년에 신시내티 레즈에서 뛸 때 그런 의도가 번뜩였다고 말을 이었다. 당시 팀의 간판 타자였던 제이 브루스Jay Bruce가 그에게 타격 전략에 대해 물었을 때였다.

"'그걸 왜 나한테 묻는 거야? 나한테 해답이 있다고 생각하는 건 아니겠지?'라고 생각했죠. 오히려 제가 다른 선수들에게 물어봐야 할 질문이었죠. 그때 중요한 걸 하나 배웠어요. 팀에서 가장 잘하는 선수도 여전히 해답을 찾고 있다는 겁니다." 그때 브루스와 대화를 나누면서, 곰스는 스타 선수와 자신 사이의 벽을 허물었다. 마치 리틀 야구 때 플러머스 유니폼이, 부자 아이들과 자신 사이의 벽을 허물었던 것과 같았다.

이후 곰스에게 조언을 구하는 선수들이 늘었다. 탬파베이 소속으로 월드 시리즈에 나갔을 때, 뭔가 특별한 지혜를 터득했다고 생각하는 것 같았다. 물론 그에게는 특별한 지혜가 있었지만, 월드 시리즈 경험으로만 얻은 것은 아니다. 그는 선수가 무엇이 필요한지 냄새를 잘 맡았다. 농담을 던져도 되는 때와 격려를 해야 할 때, 밀어붙여야 할 때와 가르쳐야 할 때를 잘 알았다. 동료에게 자신감을 주는 방법들을 스스로 터득했다. 예를 들어 어린 선수가 슬럼프에 빠졌다고 하자. 그럴 때 곰스는 인터뷰에서 어린 선수를 칭찬하는 발언을 한다. 아니면 선의의 거짓말을 하기도 한다. 감독이 어린 선수를 야단치면 그에게 다가가 "감독이 네게 화난 게 아니라 너를 중요하게 여기는 거야"라고 말한다. 이런 이야기를 접한 어린 선수의 마음이 어떨지 생각해보자. 곰스는 그러다가도 슬럼프에 빠진 동료의 영상을 찾아보고 조용히 조언해주기도 했다.

"메이저리그는 적응을 향한 질주입니다. 가장 빨리 적응하는 게 중요하죠. 적응하려면 대개 외부에서 자극을 받아야 해요." 조언을 수용하거나 거절하는 것은 받는 사람의 몫이다. 누군가에게 조언했을 때 상대가 그것을 받아들이든 거절하든 곰스는 상관하지 않는다고 밝혔다. 사실 이런 조언에는 속뜻이 따로 있었기 때문이다. 그가 동료에게 정말 하고 싶었던 말은 "우리는 한 배를 탔으니까, 서로 돌봐야 한다"는 것이다.

곰스는 그런 것이 팀 케미스트리라고 말했다. "팀 케미는 선수들이 진심으로 서로 돌보는 것입니다. 그래서 화합이 잘 되는 팀들이 야구를 잘하죠." 기대했던 곰스의 목소리가 돌아오고 있었다. 나를 정면으로 쳐다볼 수 있도록 자세를 고쳐서 앉았다.

"야구를 전쟁에 비유하고 싶진 않지만, 참호 안에 같이 들어가야 할 사람 하나를 골라야 한다면, 한 방 있는 사람을 선택하시겠어요? 아니면 기자님 앞에 기꺼이 뛰어들 수 있는 사람을 선택하시겠어요? 동네 야구를 할 때, 편 나누는 것과 똑같습니다. 제일 잘하는 선수가 아니라 제일 친한 친구를 뽑죠. 왜냐? 1점을 뒤지든 10점을 뒤지든, 최선을 다해 뛸 걸 아니까요."

"메이저리그도 크게 다르지 않습니다. 내가 외야를 보는데, 내 친구가 마운드에서 던지고 있다고 생각해보세요. 그러면 공을 절대로 놓치면 안 되죠. 전력으로 뛰게 됩니다. 제가 2루 주자인데, 친구가 타석에 들어섰어요. 저는 친구를 위해 무조건 득점합니다."

역으로 동료가 불편한 존재라면 그는 전의를 상실한다고 말했다. "그런 게 인간적인 요소인 거죠. 저희는 경주용 자동차가 아닙니다. 동료에 대한 감정은 생길 수밖에 없고, 그런 감정은 경기력에 영향을 줄 때가 있습니다."

오클랜드의 팀 케미스트리는 무엇이 달랐나?

브랜던 매카시는 2012년에 바로 이러한 활력을 지켜보고 팀 케미스트리에 대한 생각이 바뀌었다.

팀이 이기적이고 균열이 생길 때보다 팀원 간에 이기심이 없고 끈끈할 때 승리하는 것이 쉬워진다. 매카시는 이것을 상식으로 받아들였다. 그런데 이기는 야구를 하면 이기심이 없는 끈끈함이 생기지만, 역은 성립하지 않는다는 것 또한 상식으로 받아들였다. 이기면 당연히 기분이 좋으니까 이기는 야구를 '계속해서' 원할 수밖에 없다. 그러면 선수들은 팀 성적을 더 중시한다. 여기저기 번트를 대기 시작한다. 볼넷을 골라 나가고, 병살 플레이를 깨고, 직선 타구에 몸을 날리며, 조언이 나오면 바로 전달한다. 그러다 보면 승리가 쌓이고, 기분이 좋아진다. 카드 게임에 참여하는 인원도 늘어난다. 그리고 이기는 야구를 늘 염두에 두고 뛰었으면서, 결국에는 팀 케미스트리 때문에 승리하는 것이라고 말한다.

매카시는 그런 팀들을 겪어보았다. 하지만 2012년도 오클랜드 애슬레틱스는 뭔가 달랐다. 이기는 야구보다도 이기심 없는 끈끈함, 즉 팀 케미스트리가 먼저였다. 전지훈련 때부터 그런 모습이 보였다. 새로운 얼굴이 너무나도 많고, 특히 어린 선수들이 많은 시기다. 곰스는 전지훈련의 클럽하우스를 마치 오케스트라처럼 지휘했다. 정색해야 할 때 정색하고, 풀어줘야 할 때는 자연스럽게 풀어줬다. 게다가 자존감도 높여주고, 분노를 진정시키며, 노력이 부족하거나 행동이 바르지 못하면 무례하지 않는 선에서 지적했다. 특히 신인 선수를 잘 다룰 줄 알았다. 신인은 스웨그가 아무리 넘쳐도 두려움과 근심을 감추지 못한다. 그런데 곰스는 그들을 안심시켰다. 매카시는 한 시즌 내내 곰스의 영향력이 경기에서 드러나는 것을 지켜봤다. 예를 들면 크리스 카터Chris Carter라는 당시 25살짜리 신인 타자가 있었다. 그는 2011년에 메이저리그에 데뷔했지만 거의 출루하지 못했다. 하지만 2012년에는 팀 내 최상위권 출루율과 OPS를 기록하면서 전혀 다른 선수가 되었다.

매카시는 이렇게 설명했다. "마음이 더 편하고, 더 즐기고 있으면 본인의 장점이 나옵니다. 어떻게 정량화할 순 없지만, 일종의 낙수 효과를 기대할 수 있다고 생각합니다. 몸에 힘이 들어간다는 느낌이 안 들고, 사람들이 실망할 거라는 생각도 안 들죠. 그러면 좋은 플레이를 하기가 더 쉬워져요."

매카시는 언제나 분석가 같다. 그는 낙수 효과를 분위기와 정보 공유, 이렇게 두 가지로 분류했다. 분위기란 본인이 앞서 언급한 부분을 말한다. 다시 말해 선수가 재능을 최대한 발휘할 수 있도록 불안감이 없고, 여유 있으며, 포용하는 환경이다. 그리고 정보 공유란 말 그대로다. 경기력은 정보가 많을수록 좋아진다. 그러나 야구에서는 정보의 효과가 그 내용만큼이나 전달자에 대한 감정에 달려 있다. 아마 다른 종목도 마찬가지일 것이다.

"예를 들어 동료가 조언을 해줬어요. 그 동료를 믿으면, 그 동료의 조언을 받아들이게 됩니다. 그 조언 덕분에 앞으로 두 달 동안 3실점을 면했다고 칩시다. 3실점이면 별 거 아니라고 느끼겠지만, 한두 경기를 이기는 점수 차가 될 수도 있어요. 그리고 그 동료를 믿어서 나온 결과라고도 할 수 있습니다. 한 팀에서 선수들 사이에 이런 식의 교류가 한 시즌 동안 30~40번 이루어진다면, 정량화하기는 힘들겠지만 그 조언은 팀 승리에 효과가 있는 것이죠. 반대로 조언하는 동료를 싫어하면 그 동료가 무엇을 말해줘도 우리 뇌는 '관심 없음'이라며 차단해버립니다. 그러면 조언은 아무 쓸모가 없어지겠죠. 그리고 3실점을 예방하지 못하고 허용합니다. 팀은 그만큼 안 좋아지는 거죠."

매카시는 모든 선수가 곰스를 존중한다고 말했다. 그가 불편한 말을 해도 선수들은 그걸 잘 받아들인다고 한다. 대표적인 사례가 조시 도널드슨$^{\text{Josh Donaldson}}$이었다.

불같은 성격을 가진 도널드슨은 신인 드래프트 1라운드 출신인데, 그가 거만하고 자랑이 심하다고 느끼는 동료들이 많았다. 한 번은 도널드슨이 타격 연습 때 외야 전광판을 넘기는 타구를 날렸는데, 동료 몇 명이 빈정대는 일이 있었다. 곰스가 이 모습을 보며 "너희들이 저렇게 쳐 봐"라고 하자 냉소적인 반응은 사그라졌다. 곰스도 도널드슨이 상당한 재능을 가졌지만, 팀 성적에 기여하려면 많이 성숙해져야 한다는 점을 알았다. 하루는 오클랜드가 경기 후반에 8점 차로 앞섰는데, 도널드슨이 삼진을 당하고 더그아웃으로 들어가 방망이와 헬멧을 집어던졌다.

곰스는 얼굴을 들이대며 말했다. "우리 팀이 곧 이길 텐데, 왜 그렇게 화를 내는 거야?"

그러자 도널드슨은 바로 대꾸했다. "삼진 먹었는데 화 좀 내면 안 돼요?!"

그러자 곰스가 말했다. "안 돼. 그러면 안 되지. 참아. 집에 가서 커피잔을 집어던져. 그라운드에서는 안 돼."

사실 곰스는 이 말까지 하고 싶었다. "왜냐하면 이기적이거든. 가장 중요한 건 팀이 내는 성적이니까. 가장 중요한 스탯은 승리니까." 그렇지만 하지 않았다. 상대가 조언을 받아들일 준비가 되어 있을 때와 그러지 않을 때를 알았다. 나중에 도널드슨이 마음을 더 열자, 재능 하나만으로는 메이저리그의 정상에 올라갈 수 없다는 점을 수많은 방법으로 조금씩 가르쳤다. 도널드슨이 곰스의 말에 귀를 기울이면서 그는 성장하기 시작했고, 3년 뒤에 슈퍼스타 마이크 트라우

팀 케미스트리

트^{Mike Trout}를 누르고 아메리칸리그 MVP상을 받았다.

그해 오클랜드는 초반에는 기복이 심했지만, 7월에는 19승 5패를 거뒀다. 연이어 끝내기 승리를 거두면서 역전의 명수로 등극했다. 선수들은 끝내기를 치고 나서 펄쩍 뛰거나, 헬멧을 던져 올리거나, 홈플레이트에서 동네 야구처럼 서로 위에 올라가 배를 깔고 샌드위치를 만들었다. 악수나 클럽하우스 장난, 별명 만들기 같은 의식도 점차 발전했다. 영화 〈베니의 주말^{Weekend at Bernie's}〉에 나오는 랩 노래를 크게 틀어놓고 어수룩해 보이는 '버니 댄스^{Bernie Dance}'를 추기도 하고, 경기 후 인터뷰 때 면도 크림을 바른 파이를 얼굴에 묻히기도 했다. 오클랜드만큼 즐기면서 경기하는 팀은 없었다. 그리고 이런 팀에서 종종 나타나는 현상이 의외의 선수가 주목받는다는 것이다. 28살 저니맨 브랜던 모스^{Brandon Moss}가 그런 선수였다.

그는 11년 동안 마이너리그를 떠돌다가 2012년에 오클랜드와 마이너리그 계약을 맺었다. 6월 중순에 계약이 만료되기 며칠 전에, 구단은 그를 갑자기 메이저리그로 올려서 1루수를 맡겼다. 승격 소식을 듣기 전까지만 해도 일본 리그에서 뛰다가 고향 조지아주 로건빌^{Loganville}로 돌아가 소방대원으로 일할 계획이었다. 이때 곰스도 좌익수 자리를 다른 선수와 분담하고 있었다. 그래서 곰스가 탬파베이 시절에 토비 홀 옆에 앉았던 것처럼, 모스가 곰스 옆에 앉았다. 곰스는 모스의 타석을 보면서 자신이 느낀 점, 전력과 접근 방식, 시도해볼 만한 것 등에 대해 그와 이야기했다. 그러다가 유년 시절이나 가족, 두려움, 실패, 아픔 등에 대한 이야기로 빠지기도 했다. 모스는 놀랐다.

야구 선수는 타인을 상당히 경계하는 성향이 있다고 모스는 말했다. "다른 사람을 자기 테두리 안에 들이는 경우가 드물죠. 특히 경쟁이 심한 환경에서 남자가 마음을 열고 경계를 늦추면, 사람들이 약하다는 식으로 바라봅니다. 그런데 곰스는 마음을 노출시키는 상황을 두려워하지 않더라고요. 뭐든지 이야기할 수 있을 것 같아요. 방출당하면 어떤지, 성적이 안 좋으면 어떤지. 굉장히 인간다운 선수입니다. 로커룸에는 그런 선수가 생각보다 많지 않아요."

모스는 오클랜드에서 꽃을 피웠다. 첫 20경기에서 아홉 개의 홈런을 치고, 그 기세를 이어나갔다.▪

오클랜드는 8월 마지막 15경기를 13승 2패로 장식하면서 지구 2위에 올랐다. 그리고 9월 내내 1위 텍사스 레인저스의 뒤를 바짝 추격하더니, 시즌 마지막 경기만을 남겨놓고 결국 따라잡았다. 두 팀 모두 93승 68패였다. 10월 초 수요일 오후. 관중 수는 3만 6,067명. 팬들의 함성 속에서 오클랜드는 이전 해 아메리칸리그 우승팀 텍사스를 12 대 5로 꺾고 지구 우승을 차지했다. 한 《뉴욕타임스》 기자는 "언더독 오클랜드는 최근 10년간 야구계에서 가장 놀라운 일을 벌였다"고 적었다.

구단의 거의 모든 사람이 조니 곰스를 변화의 주역으로 지목했다.

▪ 모스는 2년 후 오클랜드 소속으로 올스타에 선정되었다. 이후로 클리블랜드 인디언스와 세인트루이스 카디널스, 캔자스시티 로열스에서 뛰고 2018년에 오클랜드로 복귀했다. 지금 글을 쓰는 시점에 모스는 아직 일본에서 방망이를 휘둘러보거나, 로건빌에서 화재를 진압해보지는 않았다.

오클랜드 내부 정보에 의하면 여기에 빌리 빈 당시 단장(현재 운영 부사장으로 직책이 변경—옮긴이)도 포함되었다고 한다.■ 그러나 오클랜드의 성공 신화에 중요한 역할을 했다고 믿었지만, 2013년에 다시 부를 정도로 믿었던 것은 아니었나 보다.

누가 슈퍼 매개자가 되는가?

선수들은 수백만 달러짜리 다년 계약을 원한다. 처음부터 팀 케미스트리의 슈퍼 매개자가 되겠다는 목표를 가진 선수는 없다. 슈퍼 매개자는 가령 주전 선수가 햄스트링 부상을 입어서 출전이 힘들 때, 타선에 공백을 메우는 선수 중에서 나오기 마련이다. 메이저리그에서 뛸 정도로 재능은 있지만 출중한 수준은 아니어서, 프리랜서처럼 여기저기 단기 계약을 맺으며 연명한다. 성격과 투지로 부족한 성적을 보완하기 때문에 구단들에게 매력으로 작용한다.

사실 누구나 일일 단위로, 혹은 상황에 따라 매개자가 될 수 있다. 데릭 지터^{Derek Jeter}나 트레버 호프먼^{Trevor Hoffman} 같은 슈퍼스타들이 그랬다. 올스타 강타자였던 키스 허낸데즈^{Keith Hernandez}는 피트 로스^{Pete Rose}가 매개자였다고 말했다. "지금까지 그렇게 전염력이 높은 선수를 만난 적이 없습니다. 모든 사람을 정말 기분 좋게 해줬

■ 빈 부사장이 데이터 분석을 수용하고 팀 케미스트리를 외면했던 점은 마이클 루이스의 《머니볼》에 상세하게 기록될 정도로 잘 알려져 있다. 이 책을 위해 빈 부사장에게 인터뷰를 요청했으나, 그는 정중하게 거절했다.

죠." 슈퍼스타 중에서도 슈퍼 매개자가 없는 것은 아니다. 일례로 전설적인 농구 포인트가드 수 버드Sue Bird가 있다. 버드는 키가 178센티미터밖에 되지 않았지만 어디를 가든지 이기는 농구를 보였다. 고교 여자 농구 선수권 우승 2회와 코네티컷대학교University of Connecticut 소속으로 NCAA(전미 대학 체육 협회. 미국 내 대학 스포츠를 관리하는 비영리 단체―옮긴이) 선수권 우승 2회, 올림픽 금메달 4관왕, 그리고 WNBA(미국 여자 프로 농구 리그―옮긴이) 우승 3회라는 업적을 남겼다. 그녀는 《월스트리트저널Wall Street Journal》의 샘 워커Sam Walker 기자에게 이렇게 말한 적이 있다. "팀을 먼저 생각하면 좋은 일들이 일어납니다. 팀이 제대로 돌아가야 저도 한 선수로서 제대로 뛸 수 있습니다. 그때 저만의 농구가 빛납니다. 이기심을 최대한 버리고 최대한 현명하려고 노력하는데, 그만큼 더 많은 것을 얻었습니다."[1]

스타 선수 중에 하락세에 접어들면서 슈퍼 매개자가 되는 경우도 있다. 2013년도 클리블랜드 인디언스(2022년도 시즌부터 클리블랜드 가디언스로 이름을 바꿨다―옮긴이)의 경우, 과거에 스타였던 42살의 제이슨 지암비Jason Giambi가 그런 경우였다. 테리 프랭코나Terry Francona 감독의 말을 빌자면, '분위기'를 조성하려고 지암비를 영입했다. 그 해 클리블랜드는 92승을 거두었다. 그는 시즌의 절반도 출장하지 않았고, 0.183이라는 빈약한 타율만 남겼다. 그럼에도 불구하고 팀이 포스트시즌에 진출하자, 프랭코나 감독은 지암비를 팀 MVP로 지목하고 기자들에게 "지암비 덕분에 여기까지 왔다"고 밝혔다.

전설적인 UCLA 농구부 감독 존 우든John Wooden은 팀의 '완벽한 식스맨sixth man'(농구에서 주전 선수는 아니지만, 여러 공백을 메우며 주전

팀 케미스트리

과 비슷한 성적을 올리는 선수—옮긴이) 자리에 매개자를 넣으려고 노력했다. 사실 우든 감독이 당시에 '매개자'라는 용어를 사용하지는 않았지만, 그는 "감정이 풍부하고, 이름만 불러도 아드레날린이 충만해져서 딱 알맞게 역동적인 선수를 원한다"고 말했다. "그런 선수의 진정한 가치는 '스탯'으로 나타나지 않는다"고 덧붙였다.[2]

보통 슈퍼 매개자는 전통적인 스포츠 영웅과 거리가 먼 특성들이 복잡하게 얽힌 모습을 보인다. 명예와 지위보다는 관계와 목적을 좇는다. 그들은 공감 능력이 있고, 사람을 잘 돌보며, 터놓고 이야기하기를 좋아한다. 본인이 실패한 일이나 부족한 점을 인정하고 약한 모습을 기꺼이 보여준다. 스스로를 유머 있게 비하할 줄 알고, 자신 혹은 타인의 농담 대상이 되는 것을 자처한다.

슈퍼 매개자는 카리스마 넘치지만 꼰대처럼 훈계하는 경우는 드물다. 클럽하우스 선동꾼 또는 훈계꾼(국내 현장에서는 '리더' 또는 '분위기 메이커'라는 포괄적인 용어를 사용—옮긴이)은 시간이 지나면서 신뢰도가 떨어지는 반면, 슈퍼 매개자의 영향력은 오래 간다. 슈퍼 매개자는 동료를 끌어들이는 힘이 있고, 각자 자기만의 태양계를 구축하는 일을 방지한다. 픽사의 초대 임원이었던 팸 커윈Pam Kerwin이 내게 "재능이란 팀이 필요한 일을 성취하는 능력"이라고 정의해준 적이 있다. 이렇게 보면 슈퍼 매개자는 스포츠나 비즈니스 등 어느 조직에서든 재능 있는 사람이다.

2013년도 애리조나 다이아몬드백스에서는 에릭 힌스키Eric Hinske가 그런 선수였다. 브랜던 매카시는 곰스와 함께 2012년을 보낸 뒤, 2013년을 애리조나에서 뛰었다. 힌스키도 곰스처럼 스타 선수는 아니었다. 선수 생활이 끝나가는 내야수였다. 정규 시즌 1주차에 팀이 세인트루이스에서 연장 16회까지 간 5시간 반짜리 경기를 뛴 적이 있다. 경기가 끝나고 새벽에 밀워키로 날아가서 오전 6시에 착륙했는데, 엎친 데 덮친 격으로 숙소까지 가는 길마저 막혀버렸다. 당일에 밀워키 브루어스와 경기를 치르기 전까지 조금이라도 수면을 취하고 싶은 마음에 다들 지치고 예민했다.

그런데 매카시는 그때가 가장 재미있었던 이동 시간이라고 말했다. "힌스키가 이동 시간 내내 버스 앞에서 마이크를 잡았는데, 너무 웃기고 재밌었어요. 같이 탔던 사람 모두 동감할 거예요. 정말 웃겼어요. 저렇게 끔찍한 상황에서 어떻게 저런 유머가 나올까, 정말 대단했습니다. 그때 힌스키가 했던 말이나 농담 덕분에 그 분위기가 몇 달 갔어요. 우리끼리 그걸 또 농담거리로 삼았고요."

그런데 애리조나는 6월 말에 힌스키를 방출했다. 시즌이 시작된 지 석 달도 되지 않던 시점이었다. 지구 1위였던 애리조나는 이후 5연패를 당했다. 그해 가장 길었던 연패였다. 3주 후에는 1위 자리마저 빼앗겼고, 결국 회복하지 못한 채 1위 로스앤젤레스 다저스와 11경기 차이로 시즌을 마감했다. 36살 후보 1루수가 애리조나를 좌지우지했다는 뜻이 아니다. 선수단이 힌스키의 공백을 느꼈다는 점을 나는 말하고자 하는 것이다.

매카시는 그 상황을 이렇게 회상했다. "저희가 야구를 엄청 잘한 건 아니었어요. 힌스키가 의도한 건지 본능적으로 한 건지는 모르겠지만, 어떤 분위기를 만들었습니다. 그런데 그가 그 자리에 없으니까 클럽하우스 장난도 시시해지고, 그런 작은 연결 고리들이 사라졌

팀 케미스트리

죠. 공백이 생겼는데 그걸 채울 만한 게 없었어요."

힌스키도 곰스와 마찬가지로 대권을 노렸던 팀들과 인연이 있다. 그는 월드 시리즈를 각각 다른 소속으로 세 차례 경험했다. 2007년도 보스턴 레드삭스와 2008년도 탬파베이 레이스, 2009년도 뉴욕 양키스였다. 매카시는 이를 "우연이라고 하기엔 무리"라고 말했다. "'아! 힌스키의 영향이 있었겠구나' 싶었습니다."

그러면 슈퍼 매개자의 효과를 어떻게 알 수 있을까? 측정할 수 있는 방법이 있으면 좋겠지만, 나도 아직 잘 모르겠다. 월드 시리즈 출전 횟수나 추천한 동료들의 인원수는 슈퍼 매개자가 팀을 향상시켰다는 증거가 될 수 없다. 그렇다면 과학이 조니 곰스 효과를 그럴듯하게 변론해줄 수 있을까?

플라시보 효과와 노시보 효과

인간은 타인이 보내는 신호를 끊임없이 포착하도록 설계되었다. 그런 신호는 우리 두뇌와 신체에 변화를 준다. 따라서 분위기부터 심박수까지 모든 것을 바꾼다. 그렇다면 신호를 더 강하게 내는 사람들이 있을까? 물론이다. 예를 들면 배우들이 그렇다. 화면 앞에서 일반인이 이야기하면 지루하게 느껴진다. 그런데 연기파 배우는 대사 한마디 없이도 얼굴만으로 마음을 동요시키고 때로는 눈물을 자아내기도 한다. 배우는 우리 신체와 심리에 영향을 주는 신호를 전달한다. 어쩌면 슈퍼 매개자는 배우와 같은 슈퍼 신호 전달자가 아닐까?

UC샌프란시스코 조시 울리 박사를 만났을 때 곰스가 동료들에게 영향을 주었다는 신경학적인 증거는 없는지 물었다. 박사는 손으로 의자 팔걸이를 꽉 쥐고 뒤로 기댔다.

"참 애매한 질문이네요. 저는 어떤 사람이랑은 연결돼 있다고 느껴요. 또 어떤 사람과는 연결돼 있지 '않다'고 느끼고요. 그렇기 때문에 제가 마주하는 각각의 사람마다 그 앞에서 하는 행동은 달라져요. 이거 말고 또 다른 증거가 있을까요? 근데 거기에 '과학적'인 증거가 있냐고요?"라고 대답했다.

박사가 무슨 소리를 냈는데, 나한테는 큰 한숨으로 들렸다. 그는 우리가 체험하는 진실과 우리 눈으로 보는 진실에 계속해서 의문을 갖는 것이 이해되지 않는다고 말했다. "사람들은 '정신과 치료를 받고 좋아져도 거기에 대한 어떤 생체 지표를 발견하지 못하면 실존하지 않는 것'이라고 말하죠. 학교에서 새로운 걸 배우는 아이를 생각해봅시다. 시험을 봐요. 정답을 맞혔어요. 학생의 두뇌에서 실제로 무언가가 일어났다는 걸 우리가 알잖아요? 왜냐하면 학생이 정답을 이끌어내는 걸 우리가 목격했으니까요. 이 일이 반복해서 일어나는 걸 보면, 교사와 상호 작용한 것이 시험 문제를 푸는 능력과 직접적인 연관이 있다고 조심스럽게 추론할 수 있습니다."

울리 박사는 말을 이었다. "배움, 사회적인 관계, 느낌 이 모든 것은 뇌 안에 있습니다. 마법이 아니에요."

내 앞에 곰스가 동료들에게 영향을 실제로 줬다는 것을 증명하기 위해 '과학적인' 증거가 필요 없다고 주장하는 과학자가 있는 것이다. 선수들이 체험한 것, 즉 보고, 듣고, 행동하고, 느낀 것들이 증거

팀 케미스트리

라는 것이다. 그래서 나는 되물었다. "선수들이 체험한 걸 보고서에 적으면, 사실에 입각한 건지 어떻게 확신할 수 있죠? 단지 조니 곰스가 영향을 줬다고 '믿는 게' 아닐까요?"

울리 박사는 살짝 화가 난 것처럼 보이기 시작했다. 그는 내게 〈덤보Dumbo〉라는 애니메이션을 본 적이 있는지, 깃털이 나오는 장면을 기억하는지 물었다. 덤보는 자기 귀로 하늘을 날 수 있는데, 자신은 그렇게 믿지 않는다. 그러고 나서 하늘을 날 수 있게 해준다는 '마법의 깃털'을 받고, 하늘을 난다.

울리 박사는 이렇게 말했다. "물론 깃털 때문에 나는 게 아니고, 귀로 날아다니는 거죠. 제가 말씀드리고 싶은 건, 팀이 숭배 대상이 있거나 행운의 부적이라고 생각하는 사람이 있다는 게 별로 놀랍지 않은 일이라는 거예요. 그리고 효과가 전혀 없는 것도 아닙니다."

이것을 플라시보placebo 효과라고 한다. 의학에서 환자가 자신의 통증을 완화시키는 알약이 있다고 믿고 복용하면, 알약의 실체가 무엇인지 관계없이 통증이 실제로 완화되는 효과를 말한다. 우리는 이런 현상이 순전히 심리적인 것이고, 이를 속임수의 일종으로 여긴다. 그런데 플라시보가 실제로 생리학적인 반응을 자극한다는 연구 결과들이 있다. 즉, 우리 뇌는 진통에 대한 기대감만으로 진통 체계를 각성시키고, 실제 진통 처방약을 처리한 것처럼 반응하는 것이라고 울리 박사는 설명했다.

박사는 말을 이었다. "제 멘토 한 분께서 이렇게 말씀하셨어요. '사람들이 통증 때문에 이 의사, 저 의사를 찾았다가 나한테 와. 내가 전문의고, 검증된 약을 처방하니까. 그런데 나는 여기에 영업까지

해. 왜? 사람들이 거기에 반응하거든.' 노시보^{nocebo} 효과라는 것도 있습니다. 사람들에게 부작용을 전부 설명하잖아요? 그러면 부작용이 일어날 가능성이 커져요.”

주변 환경은 전부 우리 뇌에 영향을 준다. 그렇다면 우리가 가지는 믿음도 마찬가지 아닐까? '입스^{yips}'를 떠올렸다. 이 용어는 골프 선수들이 심리적으로 뇌가 얼어붙어서 쉬운 퍼팅도 성공시키지 못하게 되는 현상을 설명하려고 처음 사용했다. 야구로 치면, 내야수가 평범한 1루 송구를 던지지 못한다거나, 투수가 포수가 앉은 위치까지 던지지 못하는 현상 등을 말한다. 일반적으로 신체에 문제가 있는 것은 아니다.▪ 정신이 어떤 믿음에 얽매이는 바람에, 몸이 마지못해 그 방향으로 따라가는 것이다.

그럼에도 불구하고 입스가 실존한다고 인정하는 사람들도 어떤 믿음이 경기력을 상승시킬 수 있다는 것은 부정한다. 어쩌면 조니 곰스 효과가 동료들의 믿음을 단순히 투사한 것일 수도 있다. 동료들은 곰스 덕분에 좋아졌다고 '생각'해서 경기력이 좋아졌던 것이다. 정신이 기대하는 바를 신체가 보여준 셈이다.

울리 박사는 “이건 실존하는 현상입니다. 뇌에서 실제로 일어나는 거죠. 실존하고, 일어나며, 경기력에 영향을 주는 것입니다”라고 말했다.

▪ 메이오클리닉(Mayo Clinic)에 의하면, 특정 근육에 영향을 주는 신경 질환 때문에 입스가 생기는 사람도 있다고 한다.

팀 케미스트리

팀에 반드시 필요한 선수

2013년도 월드 시리즈. 보스턴 레드삭스와 세인트루이스 카디널스가 붙었다. 조니 곰스는 4차전에서 벌어진 일 때문에 머쓱했다.

2013년 10월 27일, 세인트루이스 홈구장에서 경기가 시작하기 몇 시간 전에 벌어진 일이다. 세인트루이스가 2승 1패로 앞선 상황. 보스턴의 존 패럴John Farrell 감독은 4차전 선발 타순을 공개했다. 타선은 미국 전역에 있는 매체로 바로 전달되었다. 예상대로 대니얼 나바Daniel Nava가 주전 좌익수였다. 나바와 곰스는 그해 좌익수 자리를 분담했다. 좌타자인 나바는 우투수를 상대로 출전하고, 우타자인 곰스는 좌투수를 상대로 출전해왔다. 세인트루이스는 4차전에 우투수인 랜스 린Lance Lynn을 마운드 위에 올렸기에 나바가 타순에 들어가야 했다.

더스틴 페드로이아와 데이비드 오티즈David Ortiz, 존 레스터Jon Lester 등 보스턴의 클럽하우스 리더들이 모여서 자기들끼리 결정을 내리고 다 함께 감독실로 들어갔다.

오티즈가 입을 열었다. "조니 곰스를 타순에 넣어주시죠."

패럴 감독은 어처구니없는 요청에 당황했다. 선발 타순은 이미 발표하고 배포해버렸다. 이 상태에서 타순을 갑자기 바꿔버리는 감독은 없다. 특히나 월드 시리즈인데, 갑자기 부상자가 생기는 등 특별한 사유 없이는 바꾸지 않는다. 게다가 나바는 그해 성적이 좋았다. 정규 시즌 타율이 단일 시즌 개인 최고인 0.303을 쳤다. 곰스는 0.247이었다.

곰스가 월드 시리즈에서 무안타였다는 점도 중요했다. 심지어 좌

투수 상대로도 좋은 모습을 보이지 못했다. 1, 2차전에서 주전으로 출전했는데 무안타에 그쳤고, 3차전에 대타로 나가서도 안타를 치지 못했다.

그럼에도 불구하고 동료들의 마음은 확고했다. 보스턴은 2차전과 3차전을 패했다. 4차전마저 패하면 1승 3패로 벼랑 끝까지 밀리게 된다. 한 경기만 더 지면 시리즈는 끝나버린다. 팀의 리더들은 곰스와 함께 뛸 때 경기력이 더 좋았다고 믿었다.

익명을 요구한 전 보스턴 선수는 다음과 같이 말했다. 이 이야기는 어디에도 공개된 적이 없다. "곰스는 우리에게 커다란 원동력이었기 때문에 우투수가 나와도 상관없었어요. 곰스가 그라운드에 나가는 것도 그렇고, 동료들이 곰스에 대해 느꼈던 것도 그렇고, 그 존재감은 형용할 수가 없어요."

감독은 항명에 가까운 상황이 벌어지자 타순을 변경했다. 그는 곰스를 좌익수 자리에 넣고, 나바를 우익수로 옮기고, 보통 우익수로 들어가는 셰인 빅토리노^{Shane Victorino}를 뺐다. 구단은 빅토리노가 허리에 불편함을 느꼈다고 발표했다.

곰스는 그때 마지막 조에서 타격 연습을 진행하고 있었다고 회상했다. 주전 명단에 없는 타자들은 타격 연습을 가장 마지막에 진행한다. "누군가 제 어깨를 치면서 제가 나갈 거라고 얘기해주고 갔어요." 그리고 곰스는 거기에 대꾸하지 않았다.

그리고 게임이 진행되었다. 6회 말이었다. 2사에 점수는 1 대 1 동점이었다.

더스틴 페드로이아가 단타를 치고 출루했다. 다음에 보스턴의 올스타 강타자 오티즈가 타석에 들어섰다. 관중까지 모두 고의 사구가 나온다는 것을 알았다. 다음 타자가 곰스였고, 시리즈 내내 무안타였기 때문이다. 세인트루이스는 어깨가 싱싱한 투수로 곰스를 상대했다. 곰스가 여태까지 상대해본 적이 없는 신인 오른손 구원 투수 세스 메이네스Seth Maness였다. 보통 낯선 구원 투수가 몸을 풀면, 곰스는 스카우팅 보고서를 보러 더그아웃으로 잠깐 들어갔다. 그런데 이번에는 더그아웃에서 최대한 멀리 떨어졌다. 그뿐만 아니라 패럴 감독의 시선도 피했다. 곰스는 '만일 더그아웃으로 가거나 시선이 마주치면 대타를 낼 가능성이 있기 때문'이라고 설명했다.

곰스는 메이네스에 대해 한 가지는 알고 있었다. 싱커 위주로 던졌고, 우투수의 싱커는 우타자에게는 몸쪽 낮게 떨어진다는 점이다. 정말 치기 까다로운 구종이다. 초구. 슈우우욱. 몸쪽 낮은 공. 볼이었다. 곰스는 타석을 벗어나 스스로에게 물었다. 이 투수가 누구를 닮았더라? 샌디에이고 파드리스 투수 루크 그레거슨Luke Gregerson이 갑자기 떠올랐다. 2012년에 상대해봤다. 메이네스와 곰스는 2-2 카운트까지 갔다. 곰스는 그가 싱커를 던질 것으로 예상했다. 공이 떨어지기 전에 앞에 나가서 쳐야 했다.

그리고 곰스는 그렇게 해냈다. 타구는 118미터를 날아가 좌측 담장을 넘었다. 보스턴에게 확실한 리드를 가져다 준 멋진 3점 홈런이었다. 결국 보스턴은 4 대 2로 승리했고, 양팀은 2승 2패가 되었다. 보스턴은 다음 두 경기를 승리로 장식하면서 우승을 결정지었다. 두 경기 모두 곰스가 주전으로 출전했다.

홈런 한 개를 제외하면 곰스의 2013년 포스트시즌은 비참했다.

세 번의 포스트시즌 시리즈(아메리칸리그 디비전 시리즈^{ALDS: American League Division Series}와 아메리칸리그 챔피언십 시리즈^{ALCS: American League Championship Series}, 월드 시리즈)에서 그는 42타석 7안타에 그쳤고 타율은 0.143이었다. 하지만 곰스의 동료들은 조금 다른 숫자를 제시한다. 조니 곰스가 주전으로 출전한 날에 보스턴의 전적은 10승 1패였다.

페드로이아는 이렇게 말했다. "포스트시즌은 상대 투수 성적이 무의미한 시기라고 모두가 생각했습니다. 사람들과 함께 이기는 거죠. 우리 사람들과 함께 이기는 겁니다. 무슨 일을 하든 다 마찬가지입니다. 져야 한다면 우리 방식대로 지고 싶었던 거예요. 다들 그렇게 느꼈어요. 저희가 월드 시리즈에서 졌어도 저희가 원한 선수들이 다 뛰었다면 '그때 이랬어야 했어'라고 말할 사람 하나도 없습니다. 해볼 수 있는 건 전부 해보고, 원하는 선수도 다 뛸 수 있도록 하고 싶었습니다. 그냥 '우리한테 필요한 선수야'라고 느꼈던 거예요. 우승하기까지 정말 많은 선수들의 희생이 있었습니다. 그러니까 '우리 방식대로 가자'라고 했습니다."

이어서 페드로이아에게 '왜' 본인도 동료들도 곰스가 필요하다고 생각했는지 물었다.

"잘 모르겠어요. 야구는 야구니까요. 포스트시즌에서 숫자는 무의미합니다. 저는 항상 그렇게 생각해왔어요. 승패가 걸려 있는 상황에 저는 매번 조니 곰스를 내보낼 겁니다. 타율이 낮은 건 신경 안 쓰여요. 저희가 이길 수 있는 기회를 만들어주니까요. 언제나 자신감 있고, 포기하지 않을 걸 아니까요. 저라면 매번 그렇게 그에게 맡기겠습니다."

그 시즌이 끝나고 이듬해에 어떤 일이 벌어졌는지 잠시 돌아보자. 2014년 시즌 중반에 오클랜드는 전사 같았던 요에니스 세스페데스 Yoenis Cépesdes를 보스턴으로 트레이드했다. 이때 보스턴이 오클랜드로 보낸 선수는 다름 아닌 조니 곰스였다. 2년 전에 최고의 팀 케미스트리를 과시했던 오클랜드에서 활약하지 않았던가. 그는 오클랜드로 복귀한다는 생각에 신이 났다. 당시 오클랜드는 지구 1위였고, 2위와 격차도 크게 벌렸으며, 대권도 노리고 있었다.

그런데 돌아온 오클랜드의 클럽하우스 분위기가 이상했다. "클럽하우스에 들어가니 전부 고개를 처박고 있는 모습이었어요. 분위기를 다시 만들어보려고 이것저것 다 해봤는데 소용없더라고요." 당시 오클랜드 선수단은 이미 똘똘 뭉친 상태였는데, 세스페데스가 떠나자 충격을 먹고 마음의 문을 더 닫아버렸다. 외부인에게는 더욱 냉담해졌다. 곰스는 무너져가는 팀에서 그저 또 한 명의 노장으로 인식되었다는 것이 굉장히 불만스러웠다. 이를 통해 우리는 팀 케미스트리가 각 역할 원형과 함께 상황에 따른 특성을 지닌다는 점을 알 수 있다. 여기서는 슈퍼 매개자도 예외가 아니다.

조니 곰스, 야구계의 하비 코먼

곰스의 집 뒷마당에는 수영장과 아이들 놀이 기구들이 있고, 더 지나면 소박하지만 아름다운 손님용 별채가 있다. 월드 시리즈 상여금으로 지은 건물이다. 곰스는 이곳에 자신의 기념품과 소장품을 보관했다. 나무와 암석으로 만들었는데 천장이 높았다. 안에는 화강암으로 된 바 카운터가 양쪽 벽을 다 닿을 정도로 길게 뻗었고, '별채(THE OUTHOUSE)'라는 팻말이 붙어 있었다. 와인을 넣은 냉장 진열장들이 한쪽 벽면을 덮었다. 바 뒤에는 거대한 나무 미닫이문이 있다. 그것을 열면 작은 전시실의 모습이 드러났다. 그곳에 방망이와 글러브, 스파이크 등을 입체 액자 안에 담아서 걸었고, 군데군데 사진이나 잡지의 한 면을 보관한 액자들이 섞여 있었다. 그중에 2013년 4월 23일자 《스포츠 일러스트레이티드Sports Illustrated》 잡지의 표지도 있었다. 세 명이 사망하고 수백 명이 부상당한 보스턴 마라톤 대회 폭탄 테러가 일어난 지 2주 후에 발간되었다. 표지 사진은 곰스가 2루에 서서 보디빌더처럼 포즈를 취하는 모습이다. 그리고 그의 상의에 적힌 'BOSTON' 밑에는 커다란 빨간색 활자로 'STRONG'이라고 적혔다('Boston Strong', 당시 발생한 폭탄 테러에 대응해서 만든 슬로건—옮긴이). 잡지 표지 바로 옆에는 곰스가 월드 시리즈에서 신었던 스파이크가 있고, 또 그 옆에는 보스턴 동료들이 서로 위에 올라타면서 세리머니를 하는 모습의 포스터가 있다. 곰스는 전시실에 서서 잠시 감상했다. 언제나 봐도 어색하다고 말했다.

"사실 야구 역사는 잘 몰랐어요. 모든 프로 종목을 통틀어서 신시내티 레즈가 가장 오래된 구단 아닙니까? 거기서 뛸 때 1970년대 신시내티의 전성기를 대표하는 빅 레드 머신Big Red Machine 사진들이나 우승 깃발들을 보니까 갑자기 이런 생각이 들더라고요. 야구에서는 승자만 기억하는구나. 트리플 크라운(타자가 한 시즌에 타율과 홈런,

타점 1위를 달성하는 업적—옮긴이) 수상자 다섯 명을 기념하지는 않잖아요? 앤드루 존스^{Andruw Jones}가 골드글러브 상 열 개 받은 걸 기념하지도 않고, 테드 윌리엄스^{Ted Williams}가 0.406를 친 것도 기념하지 않아요. 야구에서 이름을 날리고 싶어도, 야구만 잘한다고 알아주지 않습니다. 이길 줄 알아야 합니다."

곰스는 기념품 사이에서 자기 야구 인생에 취했지만, 오히려 더 다정하고 여유 있어 보였다. 미소도 더 짓고, 눈도 더 마주쳤다. 사람들이 이야기하는 곰스를 이제야 조금 만난 느낌이 들었다. 어쩌면 그런 모습은 동료들에게만 보였을 것이다. 그리고 이 방은 동료들의 존재감이 깃들어 있다.

1년쯤 후에 더 세컨드 시티^{The Second City}라는 시카고에서 유명한 즉흥극장에서 팀 케미스트리에 대한 이야기를 나눈 적이 있는데, 곰스가 생각났다. 슈퍼 매개자에 대해 설명했을 때, 맷 호브디^{Matt Hovde}라는 감독이 갑자기 들뜨기 시작했다. 그는 즉흥극단에도 그런 사람들이 있다고 말했다.

"예를 들어 극단에 배우가 있는데 연기력이 정상급은 아니에요. 그런데 이 배우 대신에 더 웃고 재미난 배우로 대체해도 공연이 크게 재밌어지지 않는 경우가 있어요. 왜냐하면 앞서 예를 든 배우도 자기만의 역할을 하고 있는 거거든요. 그게 무대 밖에서도 다보여요. 소위 유틸리티 즉흥극 배우들이 있는데, 이 사람이 내린 결정 때문에 다른 연기자들의 결정이 항상 돋보입니다. 판을 잘 깔아주고요. 모두가 멜 브룩스^{Mel Brooks}(패러디 영화의 귀재로 알려진 미국 배우 겸 감독—옮긴이)나 팀 콘웨이^{Tim Conway}(미국 배우 겸 코미디언, 극작

가. 〈네모바지 스폰지밥〉에 등장하는 조개 소년의 목소리를 맡기도 했다ㅡ옮긴이)일 순 없잖아요? 하비 코먼^{Harvey Korman} 같은 배우도 있어야죠."

조니 곰스. 야구계의 하비 코먼. 참 마음에 드는 비유다.

팀 케미스트리의 슈퍼 매개자들이 있다면, 슈퍼 교란자도 당연히 존재한다. 스포츠에서는 이런 선수를 보통 '암적인 존재'로 부른다. 한 개인이 팀을 끌어올리는 것만큼이나 팀을 망칠 수 있다는 점은 당연한 것 아닐까. 아울러 슈퍼 교란자 중에서도 가장 슈퍼한 선수, 즉 팀에서 가장 암적인 존재가 누구였을지도 당연히 안다고 생각했다.

하지만 머지않아 내 생각이 틀렸다는 것을 알았다.

슈퍼 교란자 Super-Disruptors,
배리 본즈라는 더 이상한 사례

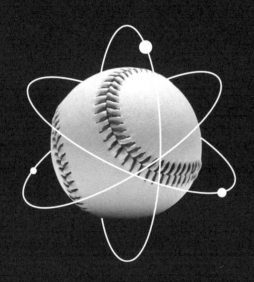

"팀 케미스트리가 아름답고 뭔가 상쾌한 것이라고 다들 생각해요.
다 같이 어울리고, 어깨동무 하면서 노래 부르고, 밥 먹으러 가고…….
팀 케미스트리는 사람들이 보통 생각하는 것과 다를 때가 있습니다."

랜디 윈 Randy Winn, 전 메이저리그 외야수

썩은 사과 이론

미국 전략사무국^{OSS: Office of Strategic Services}은 제2차 세계대전이 한창
이었던 1944년에, 적군 점령지에서 활동하는 요원을 위한 대외비
훈련 교범을 발간했다.[■] OSS는 오늘날 미국 중앙정보국<sup>CIA: Central
Intelligence Agency</sup>의 전신이다. 공장 노동자들 속에 숨어든 '시민 방
해 공작원'들은 일명 《손쉬운 방해 공작 야전 교범<sup>Simple Sabotage Field
Manual</sup>》을 통해 적을 붕괴시키기 위한 '효과적인 무기'를 사용하도
록 지시받았다. 그런 무기 중에 하나가 부정적인 태도였다.

노동자들은 '동료들 사이에 불편한 상황'을 조성하도록 지시받
았다. 곤경에 빠지지 않는 선에서 최대한 다혈질이고 언쟁을 즐기
는 모습을 보여야 했다. 이러면 동료들이 따라하게 되면서 적의

■ 이 지침서는 2008년에 일반인에게 공개되었다.

생산력이 저하되어서 전쟁 지원 속도를 늦추는 결과를 가져올 수 있었다.[1]

상당히 놀랍다. 미국 정보 요원들은 한 사람의 부정적인 태도가 공장 전체의 생산력에 영향을 줄 만큼 전염력이 있다고 믿었다. 이는 '썩은 사과' 이론을 말한다. 사과를 비유해서 설명하면 이해가 쉽다. 사과가 익으면 에틸렌ethylene이라는 기체 호르몬을 배출한다. 에틸렌은 주변에 있는 사과가 익는 것을 촉진한다. 그러면 사과마다 에틸렌을 배출하며 통 안에 있는 사과가 모두 썩어버린다. OSS의 이론은 한 사람이 불만을 품으면 그가 속한 그룹의 좋은 인력을, 생산력 낮은 역기능 집단으로 만들 수 있다는 것이다.

위 이론을 증명하는 연구 결과는 많다. 인간은 긍정적인 영향보다 부정적인 영향에 더 민감하고 취약하다.[2] 모든 사회는 슬픔과 분노, 공포, 혐오, 기쁨, 놀람이라는 여섯 가지 기본 감정을 공통적으로 가진다. 이 중에 부정적인 감정이 네 가지고, 한 가지는 중립적이며, 긍정적인 감정은 한 가지뿐이다.[3] 인간이 이렇게 진화한 이유는 꽤 논리적이다. 우리 두뇌는 주변 환경에 아름다운 요소보다는 위협 요소가 보일 때 경보를 크게 울려야 했다. 여기서 경보란 즉각적으로 나타나는 강한 감정을 말한다. 부정적인 경험은 우리를 동요시킨다. 긍정적인 경험으로 인해 동요된 마음과 다르다. 마음 깊숙이 잠복해 있기도 한다. 예를 들어 '정신적 외상trauma'을 보완하며 쌍을 이루는 긍정적인 개념이 없다. '오염contaminate'도 긍정적인 대응어가 없다.

다시 말해 접촉만으로 불쾌한 것을 유쾌하게 변화시키는 행위를

팀 케미스트리

표현하는 단어가 없다. 우리는 음식 근처에 바퀴벌레 한 마리만 지나가도 비위가 상한다. 식사 자체에 손을 대지 못하기도 한다. 하지만 곰팡이가 핀 빵에 포동포동하고 맛있는 딸기를 얹는다고 빵이 먹음직스럽게 변하지는 않는다. 혹시라도 '신선한 사과' 이론을 들어본 적이 있는가?

러시아에도 썩은 사과에 대한 자기들만의 속담이 있다. "타르 한 숟갈은 꿀 한 통을 더럽히지만, 꿀 한 숟갈은 타르 한 통에 아무것도 하지 못한다." 슈퍼 매개자 조니 곰스가 아무리 카리스마 넘치고 감성 지수가 높아도, 주변 환경이 어느 정도 따라줘야 힘을 쓸 수 있는 것이다. 그러나 선수단에 악영향을 주는 사람은 한 명만으로도, 공장의 시민 방해 공작원처럼 팀 전체를 교란시킬 수 있다.

배리 본즈와 제프 켄트

야구 기자 12명에게 물어본 결과, 대부분 최악의 슈퍼 교란자로 배리 본즈를 꼽았다. 내 생각도 그랬다. 스포츠 칼럼니스트로 활동할 때 배리 본즈를 취재한 적이 있는데, 본즈가 기자나 직원, 때로는 동료에게 큰소리쳐서 난처하게 만드는 행동을 자주 하곤 해서, 이를 경계하면서 클럽하우스를 조심스럽게 출입했다. 그는 너무나도 거만하고 무례해서 스포츠 웹사이트 블리처리포트^{Bleacher Report}는 2010년에 작성한 '스포츠 사상 최악의 팀 동료' 순위에 본즈를 공동 3위로 올렸다.[■]

본즈는 1993년부터 2007년까지 15년 간 샌프란시스코 자이언츠

타선을 이끌며 압도적인 성적을 냈다. 이 기간 동안 올스타는 12번 선정되고, 골드글러브 상(포지션별 최우수 수비 상)을 다섯 차례, 실버 슬러거 상(포지션별 최우수 타격 상)을 아홉 차례 수상했다. 37살이었던 2001년에는 스테로이드 복용 의혹 속에서도 홈런 73개를 쳐서 단일 시즌 최다 홈런 기록을 깼다. 43살이었던 2007년에는 미국 연방 검찰로부터 위증죄 조사를 받고 있던 와중에도 행크 애런Hank Aaron의 통산 755홈런을 제치고, 개인 통산 홈런왕의 자리에 앉았다. 그리고 통산 763홈런으로 선수 생활을 마쳤다.

본즈의 스윙은 위력이 대단했다. 4만 5,000명의 관중과 수백만 명의 텔레비전 시청자가 하던 일을 멈추고 그에게 집중했다. 타석에 들어서는 순간부터 눈을 떼기가 힘들었다. 방망이를 쥘 때부터 그의 몸은 매끄러운 음악 한 곡이 되었다. 처음에는 잔잔하다가, 이후에 크게 울려 퍼지면서 날아올랐다. 그는 정말 야구를 하기 위해 태어났다. 그의 아버지는 지금은 세상을 떠난 올스타 외야수 보비 본즈 Bobby Bonds다. 야구 전설 윌리 메이스는 그의 대부였다. 야구계에 이런 명문가가 없었다. 다른 종목에도 몇 없었다. 그래서인지 본즈는 한없이 오만하고 고압적이었는데, 마치 왕족에게 감히 접근하지 말라는 신호 같았다.

2000년에 새 구장이 개장하자 본즈에게는 사물함 네 개가 주어

■ 미식축구 선수 테럴 오언스(Terrell Owens)가 본즈와 함께 공동 3위였다. 피겨스케이팅 선수 토냐 하딩(Tonya Harding)이 2위, 농구 선수 딜론테 웨스트(Delonte West)가 1위였다.

졌다. 아들 니콜라이^{Nicolai Bonds}가 여름 방학 때 볼보이로 활동하면서 그중 하나를 썼다. 나머지는 개인 보관함으로 썼다. 본즈는 그 안에 여분의 방망이를 두었다. 그리고 얼마 뒤에 브룩스톤^{Brookstone} 안마 의자가 설치되었으며, 본즈가 바라보는 벽면에는 벽걸이 텔레비전이 설치되었다. 개인 마사지사도 두었는데, 바운서 역할까지 맡아서 본즈가 쉬거나 바쁠 때 언론이나 직원의 접근을 막았다. 게다가 구단에서 따로 채용한 개인 트레이너도 있었다. 허리와 하체 쪽에 문제가 있어서 개인 마사지사를 고용했고, 안마 의자는 사비로 샀으며, 본즈의 시야에 텔레비전이 없어서 설치했다는 사연을 알아도, 사람들은 늘 본즈가 거만하고 남들과 잘 어울리지 못한다고 생각했다. 사실 본즈는 슈퍼스타 기준으로도 도가 지나치게 자신을 고립시켰다. 그는 독립 계약자처럼 움직였다. 경기를 준비할 때 자기만의 루틴이 확실했다. 타격 연습 전에 동료들과 스트레칭도 하지 않았다. 팀 스트레칭은 뿌리박힌 야구 전통이다 보니, 은퇴하는 날까지도 기자들의 이목을 끌었다. 말년에는 휴식일일 때 접전 상황이 아니라면 대타 출전도 거부했다.

다양한 홈런 기록을 쫓고 있던 상황에 스테로이드 복용 의혹에 대한 증거들이 점점 확실해지자, 본즈는 자신을 더 고립시켰다. 미국 전역에서 날아온 기자들이 인터뷰를 요청해도 대부분 거절했다. 결국 팀 동료들이 자신들의 활약을 제쳐 놓고 항상 본즈를 대신해서 답하느라 로커에서 빠져나오지 못했다. 이제는 캐스터로 활동하는 마이크 크루코는 "저런 상황에서 동료들이 화가 안 나겠어요?"라고 말했다.

그런데 샌프란시스코는 본즈 하나로는 선수단에 일으키는 교란이 부족하다고 느꼈는지, 1997년에 블리처리포트의 '스포츠 사상 최악의 팀 동료' 순위에 오른 선수를 한 명 더 영입했다. 바로 날카로운 고집불통 2루수 제프 켄트$^{Jeff Kent}$였다.

켄트는 본즈와 정말 다른 유형이었다. 캘리포니아주 남부 해변에서 자라고, UC버클리에서 공부했지만, 본인이 키우는 황소들만큼이나 완고하고 고집이 셌다. 그는 사람 만나는 것을 좋아하지 않았다. 그래서 캘리포니아를 떠나 텍사스로 이사했다. 공간이 넉넉한 곳이 아니던가. 켄트에게는 친구도 별로 없었다. 한 번은 동료에게 친구 하나 없이 야구계를 떠날 수 있다고 말한 적도 있다. 그는 사회적·정서적 유대감이라는 것에 어리둥절해 한다. 결혼 전 상담을 받았을 때, 사랑받는 느낌이란 미래의 아내가 안아주고 키스해주는 것보다 자기를 위해 무언가를 해주는 것이라고 상담사에게 대답했다고 한다. 켄트는 유치원에 가서 자녀들을 하원시키다가 팀 동료가 보이면 인사도 건네지 않고 눈도 마주치지 않았다. 심지어 바로 옆에 서 있어도 그랬다. 2000년 시즌에 만루 홈런을 쳐서 4년 연속 100타점 고지에 올랐던 경기가 있다. 샌프란시스코 팬들은 야구장이 떠나가라 기립 박수를 보내며 커튼콜을 요구했다. 그러나 켄트는 벤치에서 꿈쩍도 하지 않았다. 환호는 악수를 응하지 않을 때처럼 공중에 붕 떠버렸고, 관중은 다시 자리에 앉아야 했다. 상당히 기이한 광경이었다. 그저 더그아웃에서 나와 모자를 벗어서 흔들어주기만 하면 되는 것이었다.

본즈와 켄트는 정반대인 부분이 많았다. 신인 드래프트 1라운더와 20라운더. 유명한 운동선수의 아들과 경찰관의 아들. 본즈는 스포츠카와 대저택으로 부를 과시했고, 켄트는 모르몬 교회에 십일조를 내고 목장 경영과 사냥을 위해 부동산에 투자했다. 본즈는 이혼했다. 켄트는 고등학교 때 인연과 결혼했다.

물론 굉장히 비슷한 부분도 있었다. 다른 인간과의 사교 행위나 타인의 의견에 관심이 없었으며, 머리 나쁜 사람을 경멸했다. 둘 다 외톨이였으며 아버지를 부끄럽지 않게 하려고 노력했다. 또한 둘 다 실력을 더 늘릴 수 있다면 소가죽으로 만든 포수 미트도 씹어 먹을 기세였다. 둘은 서로 충돌하거나 언성을 높이는 일이 잦았고, 주먹다짐까지 간 적도 있었다. 2002년에 샌디에이고에서 텔레비전 방송 카메라들이 비추고 있는 상황에서 발생했다. 2회 말에 샌디에이고에 4실점을 허용하자, 켄트는 이닝이 끝나고 데이비드 벨David Bell(2023년 현재 신시내티 레즈 감독―옮긴이)에게 화를 냈다. 벨이 느린 땅볼을 잡아서 타자 주자가 아니라 선행 주자를 잡으려고 2루로 던졌다는 것이 이유였다. 켄트는 2루에서는 주자를 잡기 힘든 상황이라 계속해서 1루로 던지라며 소리쳤었다. 그리고 더그아웃에 들어가서 그 기세를 이었다.

본즈는 켄트에게 흥분하지 말라며 호되게 이야기했다. 그러자 켄트는 꺼지라고 말했다. 본즈는 자리에서 벌떡 일어나 켄트를 향해 돌진했다. 동료들과 더스티 베이커Dusty Baker 감독(2023년 현재 휴스턴 애스트로스 감독―옮긴이), 트레이너 스탠 콘티Stan Conte 등이 나서서 말려야 할 정도였다.

켄트와 본즈는 참호 안의 두 장군 같았다. 본즈는 소위 전속 부관 뒤에서 안마 의자에 앉아 자리 잡았고, 켄트는 클럽하우스 반대편에 동료들을 등지고 앉아 사냥 잡지를 탐독했다. 두 사람의 부정적인 분위기가 클럽하우스 전체로 퍼지며, 닿는 곳마다 동기 부여와 생산력을 서서히 빼앗는 모습을 상상해볼 수 있다. 사실 본즈는 혼자서도 팀의 활력과 경기력을 충분히 잠식시켰을 것이다. 거기에 켄트까지 합세했으니 대형 화합물 사고나 다름없었다.

그렇지만 모두의 예상과는 다르게 대형 사고는 없었다. 내가 취재한 결과 동료와 코치들의 입에서 나온 이야기는 기자들이 외부에서 바라본 것과 전혀 달랐다. 기자들은 그때까지 플라톤의 동굴 안에 있던 것이나 다름없었다. 그림자만 보고 소설을 쓰고 있었다. 클럽하우스나 선수들의 머릿속에서 어떤 일이 벌어지고 있는지를 보지 못했다. 나도 결국 예상하지 못한 결론에 다다랐다.

본즈는 슈퍼 교란자가 아니었다. 그리고 켄트도 마찬가지다. 이를 뒷받침하는 숫자도 있는데, 이것은 잠시 후에 소개하겠다. 어쨌거나 두 선수가 슈퍼 교란자가 아닌 '이유'가 더 다채롭고 흥미롭다. 해답을 찾기 위해 팀 케미스트리에 대한 이해를 180도 바꿔야 했다.

대부 윌리 메이스

배리 본즈가 과연 얼굴을 비출지 의문스러웠다. 사흘 전에 샌프란시스코 북부에 그림 같이 아름다운 해변 도시에서 커피를 같이 마시기로 약속했다. 사실 본즈와 인터뷰 한 번 하는 데 2년 가까이 걸렸다. 비서에게 이메일을 보냈지만, 본즈는 이를 무시했다. 야구장에 오고 가며 여러 차례 요청해도 그는 거절했다. 한 번은 팀 케미스트리가 야구와 아무런 관련이 없다면서 거절했고, 또 한 번은 금전적인 보상이 있는지 물으면서 거절했다. 나는 그런 보상은 없다고 답했다. 그때까지 인터뷰에 응했던 160명도 마찬가지였다.

그러다가 하루는 나를 그냥 지나치지 않았던 날이 있었다. 클럽하우스로 이어지는 복도에서 본즈와 이야기를 나눌 수 있었다. 수첩도, 녹음기도 없이 그냥 잡담을 나누었다. 이야기가 한참 진행되자 본즈는 자세가 편해지고, 얼굴이 펴지며, 목소리도 밝아졌다. 눈도 오래 마주치고, 킥킥거리며 웃기도 했다. 어렸을 때 사회성이 떨어졌던 것부터, 딸이 대학원을 생각하고 있다는 것, 그리고 피츠버그 파이리츠 시절 짐 릴런드 감독에 대한 애정까지 많은 이야기를 쏟아냈다. 배리 본즈가 아니라 그냥 이웃집 배리 아저씨였다.

45분이 지났다. 경기가 곧 시작할 때가 되자, 그는 커피 데이트를 약속하고 비서에게 문자를 보내서 확정했다. 그런데 나중에 약속을 취소해버렸다. 일정을 다시 잡으려고 비서와 이메일을 주고받았다. 이런 와중에 마이크 머피Mike Murphy의 사무실에서 본즈와 몇 차례 다시 마주쳤다. 머피는 자이언츠의 전설적인 클럽하우스 관리인이다. 본즈는 아버지를 따라 클럽하우스에 들어가서 아장아장 돌아다녔던 시절부터 머피를 알았다. 머피의 사무실에서 잡담을 나누다 보면 본즈의 대부 윌리 메이스가 문간에 보일 때가 있다. 메이스는 당시 80대 중반에 앞을 거의 보지 못했지만, 여전히 벽돌처럼 튼튼

했다. 메이스는 비서와 함께 경기를 보러 위층 스위트로 이동하기 전까지 머피의 사무실에서 한 시간 가량 쉬곤 했다.

그는 이렇게 말하곤 했다. "일들 보시고 계신가? 방에들 계셔야 하지? 나오지 마. 나오지 마. 괜찮아."

조그만 사무실에는 팔걸이의자가 두 개 있었다. 나는 하나에 앉아 있다가 메이스가 들어오자 벌떡 일어났다. 본즈도 다른 하나에 앉아 있다가 덩달아 재빨리 일어났다. 나는 메이스와 마주칠 때마다 그에게 자기소개를 했다. "아이고, 누군지 알죠"라고 늘 말한다. 정말로 알고 있어서 그렇게 말하는지는 잘 모르겠다. 앨라배마주에서 온 신사의 모습은 여전하다. 그는 본즈가 앉던 의자에 자리 잡고, 본즈는 보통 머피의 책상과 벽 사이에 숨긴 접이식 탁자를 꺼내서 메이스 앞에 펼쳐 놓는다. 다른 의자에는 메이스의 비서가 앉는다. 본즈는 머피의 책상에 걸터앉아서 대부님의 안부를 묻는다. 두 남자는 오랜 친구처럼 서로 편하게 농담하듯이 대화를 나누었다. 메이스가 허기지면, 본즈는 선수 식당에서 수프 한 그릇이나 닭고기 몇 점을 가져다주었다. 하루는 메이스가 들어오고 내가 작별 인사를 하고 복도로 나가는데, 본즈가 큰 소리로 다시 불렀다. 다시 들어가니까 둘은 사무실 한 가운데에 서 있었고, 본즈는 메이스의 어깨에 팔을 걸치고 있었다.

본즈는 "대부님! 팀 케미라는 게 존재합니까?"라고 물었다.

메이스는 레몬을 씹은 것처럼 얼굴을 잔뜩 찡그렸다. "팀 케미? 팀 케미라…… 팀 케미라는 게 어디 있어!" 본즈는 크게 웃었고, 메이스는 본즈의 장난이 즐거웠는지 미소를 지었다.

팀 케미스트리

1년 내내 이렇게 즉석에서 이루어진 일상적인 대화가 대부분이었다. 그리고 마침내 본즈가 인터뷰 날짜를 정해주었다.

켄트와 본즈는 서로에게 어떤 영향을 미쳤을까?

켄트와 본즈가 함께 뛰었던 팀이 잘했다는 기억은 없다. 왜 그렇게 기억하는지는 잘 모르겠다. 그들이 은퇴한 이후에 여러 차례 우승해서 켄트와 본즈의 자이언츠가 상대적으로 못 했다는 느낌이 들었던 것일지도 모른다. 그런데 성적을 보면 자이언츠는 켄트와 본즈가 함께 뛰었던 6년 동안 나름 준수한 성적을 유지했다. 켄트를 영입하기 직전에 자이언츠는 2년 연속 서부 지구 꼴찌였다. 켄트가 들어오자마자 자이언츠는 서부 지구 우승을 했다. 기대 이상의 성적을 냈던 것이다. 이런 결과가 나오면 대개 팀 케미스트리가 좋다는 증거다. 예상 지표보다 열 경기나 더 이겼다. 1901년부터 기대 대비 최소 10승 이상 올린 팀은 전체의 1퍼센트에 불과하다.[4] 켄트와 본즈의 자이언츠는 지구 2위 아래로 떨어진 적이 없다. 2002년도 월드 시리즈에 올라간 것이 지난 40년 동안 두 번째 진출이었다. 그러나 안타깝게도 마지막 2회를 남겨 놓고 우승을 놓쳤다.■

■ 이때가 본즈가 유일하게 경험한 월드 시리즈였고, 그는 눈부신 활약을 보였다. 단일 월드 시리즈 사상 최고 출루율 (0.700)과 장타율(1.294), 최다 볼넷(13)을 기록했다. 당시 8안타 중 4개가 홈런이었다.

본즈만의 자이언츠도 그의 선수 생활 마지막 3년을 제외하면 꽤 준수한 성적을 거두었다. 15년 간 자이언츠에서 뛰면서 팀이 10년 동안 지구 2위 이상의 성적을 거두었다. 게다가 1997년부터 2004년까지는 7년 연속 2위 이내에 들었다. 1993년에 그가 샌프란시스코에 입단하자마자 팀의 운세가 바뀌었다. 직전 해에는 72승밖에 올리지 못하며 서부 지구 꼴찌를 했으나 그해 무려 103승이나 거두었다. 1913년 이후로 샌프란시스코가 100승 이상 올린 적은 이때를 포함해 두 번밖에 없다(2021년에 107승을 올려 총 세 번으로 늘었다―옮긴이).

그런데 안타깝게도 그해 애틀랜타 브레이브스가 104승을 거두었다. 당시 애틀랜타와 샌프란시스코는 둘 다 서부 지구 소속이었고, 더 안타까운 점은 지구 우승팀만 포스트시즌에 진출했던 시절이었다는 점이다. 와일드카드 체제는 이듬해부터 도입되었다.

맷 윌리엄스Matt Williams (2020~2021년 KIA 타이거즈 감독―옮긴이)는 1993년도 자이언츠를 이렇게 회상했다. "제가 뛰어본 최고의 팀이었습니다. 본즈가 와서 모두 혜택을 받았죠. 그렇게 수비를 잘하는 좌익수는 본 적이 없습니다. 그렇게 잘 치는 타자도 본 적이 없었어요. 그런데 저희랑 같이 스트레칭 하러 안 나오면 뭐 어때요."

개인 성적이 좋은 스타 선수, 특히 슈퍼스타들이 정말로 암적인 존재가 되는지 의문이 들기 시작했다. 득점을 하든, 실점을 방지하든, 어쩌면 그들이 승리에 기여하는 노력이 그들의 부정적인 태도의 영향을 무마시킬 정도로 클지도 모른다.

시카고 연방준비은행에서 분석가로 근무하는 세이버메트릭스 덕후 세 명이 본즈를 분석해서 〈성배를 찾아서 : 팀 케미스트리를 찾는 방법In Search of the Holy Grail: Team Chemistry and Where to Find It〉이라는 제목으로 논문을 쓴 적이 있다. 그들은 2017년도 MIT 슬론 스포츠 데이터 분석 회의MIT Sloan Sports Analytics Conference에 참가해서 이 논문을 발표했다.▪

논문 저자 중에 한 명과 이야기를 나누었는데, 이렇게 표현했다. "저희가 분석한 결과 본즈는 암적인 존재라고 할 수 없었어요. 개인 기량이 넘치다 못해 동료들에게까지 전파될 정도였던 거예요. 본즈의 fWAR(팬그래프스에서 산정한 대체 선수 대비 승리 기여도WAR: Wins Above Replacement의 약자)은 너무 높아서 무슨 일이 있어도 pcWAR(선수의 팀 케미스트리player chemistry WAR)이 마이너스가 되지 않습니다. 본즈 덕분에 주변 동료들이 더 좋아졌다고 할 수 있습니다."▪

본즈의 타선 앞뒤에서 쳤던 타자들의 성적도 덩달아 좋아졌다. 1997년부터 2002년까지는 켄트가 가장 혜택을 많이 받았다. 투수들이 본즈만큼 볼넷을 허용한 타자가 없었다. 그만큼 위험한 홈런 타자였다. 고의로 볼넷을 주기도 하고, 반고의로 주기도 하며,

---

▪ 논문의 공동 저자 스콧 브레이브(Scott A. Brave), 앤드루 버터스(Andrew Butters), 케빈 로버츠(Kevin A. Roberts)는 초록에 다음과 같이 적었다. "1998~2016년 시즌 동안 팬그래프스의 WAR인 fWAR과 그라운드 내에서 동료들의 상호 작용이 가지는 영향력을 구체화한 공간 요인 모델을 활용한 결과, fWAR로 본 팀 성적에서 설명되지 않은 변동의 약 44퍼센트를 팀 케미스트리로 설명할 수 있다는 것이 나타났다." 이 논문은 원래 제목은 〈데이비드 로스를 찾아서(In Search of David Ross)〉였다.

▪ 팬그래프스가 산정하는 WAR은 선수가 팀이 승리하는 데 도움을 줄 수 있는 모든 방법(타석, 수비, 투구 등)을 하나의 숫자로 압축시킨 지표다.

한 번은 만루에서 볼넷을 준 적도 있다. 본즈에게 얻어맞느니, 1루로 보내는 편이 나았다. 즉, 볼넷을 연속으로 허용하지 않기 위해서는 앞뒤 타자들에게는 가운데로 던져야 했다는 뜻이다. 따라서 켄트는 가운데로 오는 공을 더 많이 봤고, 그만큼 안타를 칠 확률이 더 커졌다. 그리고 본즈가 항상 출루를 하다 보니 켄트의 타점도 덩달아 올라갔다. 자이언츠로 이적하기 전에 단일 시즌 개인 최다 타점은 1993년에 기록한 80타점이었다. 자이언츠에서 6년을 뛰면서 시즌별로 121과 128, 101, 125, 106, 108타점을 올렸다. 그리고 개인 최고 성적도 꾸준히 찍었다. 켄트는 자이언츠로 이적하기 전에는 올스타로 선정되거나 실버슬러거 상을 받지 못했지만, 이적한 이후로 올스타로 세 번 선정되고 실버슬러거 상도 세 차례나 받았다. 통산 성적을 보면, WAR이 4.0이 넘는 특급 시즌이 다섯 차례 있었는데 전부 자이언츠 소속일 때 올린 성적이었다. 그리고 자이언츠 4년차였던 2000년도 시즌에서는 기량이 크게 늘어서 내셔널리그 MVP까

- 1998년 5월 28일 애리조나 다이아몬드백스 전에서 일어났다. 애리조나는 9회 말, 2사까지 8 대 6으로 앞섰다. 본즈 뒤에 쳤던 브렌트 메인(Brent Mayne)이 우익수 직선타로 물러나면서 경기는 8 대 7로 종료되었다. 이때까지 54년 동안 메이저리그에서 만루 상황에 고의 사구가 나온 경우는 없었다. 이때 이후로 만루에서 고의 사구가 나온 경우는 한 번 있었다. 2008년에 탬파베이 레이스가 9회 말에 텍사스 레인저스를 7 대 3으로 앞선 상황에서 투수 그랜트 밸푸어(Grant Balfour)는 텍사스의 조시 해밀턴(Josh Hamilton)에게 고의 사구를 내줬다.
- 타수 당 타점이 켄트가 본즈와 동료가 되기 전후를 비교하기에 좋은 방법이다. 켄트는 1995년과 1996년에 각각 전체 타수의 13퍼센트와 12퍼센트에서 타점을 올렸다. 자이언츠에서는 첫 네 시즌 동안 각각 전체 타수의 20퍼센트와 24퍼센트, 19퍼센트, 21퍼센트에서 타점을 올렸다.

팀 케미스트리

지 받았다. 본즈는 그해 MVP 투표에서 2위에 그쳤다.

그렇다면 켄트는 본즈의 기량에 어떤 영향을 미쳤을까? 당시 감독이었던 더스티 베이커는 두 선수를 영화 〈흑과 백The Defiant Ones〉에 출연한 시드니 포이티어Sidney Poitier와 토니 커티스Tony Curtis로 자주 비유했다. 1958년에 개봉한 〈흑과 백〉은 미국 남부에서 흑인과 백인 탈옥수가 사슬에 손목을 같이 묶인 채 경찰로부터 도주한다는 내용이다. 베이커 감독은 "서로에게 잘 맞았다"고 말했다. 그러나 본즈는 본즈였다. 해마다 비범한 성적을 보이다 보니, 외부 환경에 전혀 영향받지 않는 완전체 같았다. 2001년에는 강타자 안드레스 갈라라가Andrés Galarraga가 새로 입단했는데, 기자들이 본즈에게 갈라라가 앞에 쳐서 얻는 혜택을 물어보자 그는 "배리는 오로지 배리에게만 혜택을 받을 뿐"이라고 답했다. "배리는 유일한 존재입니다. 그 친구(갈라라가)는 켄트나 도와주면 되겠네요."

그렇지만 켄트와 함께 뛴 6년(1997~2002년)을 켄트 이전의 6년(1991~1996년)과 비교하면, 본즈의 성적도 켄트가 있을 때 더 좋았다. 해마다 162경기를 뛰었다고 환산할 때, 시즌 평균 홈런(53 대 41)과 출루율(0.471 대 0.441), 장타율(0.689 대 0.608), OPS(1.161 대 1.049)가 더 높았다. 타점(125 대 123)과 타율(0.310 대 0.309)은 비슷했다.

켄트는 본즈가 가진 승부욕의 불씨를 지필 줄 알았던 것 같다. 그럴 수 있는 동료는 매우 드물다. 본즈는 선수 생활 초반에 MVP를 세 번 받고 나서, 이후 6년 동안 MVP 투표에서 3위 이상 올랐던 적이 없었다. 그런데 2000년에 켄트에 이어 2위에 오른 뒤, 2001년과

2002년, 2003년, 2004년에 MVP 상을 내리 수상했다.[■]

켄트가 이적한 1997년 이후 6년 동안 두 선수는 합쳐서 454홈런과 1,348타점, MVP 상 3개, 월드 시리즈 진출 한 번을 기록하면서 역대 최상위권 공격력을 자랑하는 타격 콤비로 발돋움했다.

소집단은 팀을 분열시키는가?

48살이 된 제프 켄트는 여전히 훈련소 교관처럼 생겼다. 어깨가 넓고, 턱은 각지며, 밝은 갈색 머리를 짧고 단정하게 깎았다. 그래도 자녀가 누군가에게 막 협박당했다는 듯한 표정은 더 이상 없었다. 미소를 자주 짓고, 여유가 느껴졌다. 2017년 2월, 애리조나주 스콧데일에 위치한 샌프란시스코 자이언츠 전지훈련지의 보조야구장에서 그를 만났다. 그는 2주 동안 방문 코치로 일하고 있었다. 우리는 텅 빈 더그아웃에 나란히 앉았다. 청소년이 된 그의 아들 케이든Kaeden Kent은 아버지와 타격 연습을 하면서 멀리 날려버린 100여 개의 공을 줍고 있었다. 켄트는 이미 팀 케미스트리는 헛

■ 흥미롭게도 1991년에 애틀랜타 브레이브스 3루수 테리 펜들턴(Terry Pendleton)이 배리 본즈를 간소한 차이로 제치고 MVP 상을 받았던 일이 있었다. 당시 본즈의 성적이 더 좋았지만, 펜들턴이 팀에 행사한 영향력이 더 컸다. 본즈는 1992년과 1993년에 MVP상을 받으면서 여기에 응답했다. MVP 7회 수상은 이전 개인 최다 수상 기록인 3회를 압도해버렸다. 지금까지 3회 수상자는 지미 폭스(Jimmie Foxx)와 조 디마지오(Joe DiMaggio), 스탠 뮤지얼(Stan Musial), 요기 베라(Yogi Berra), 로이 캠퍼넬라(Roy Campanella), 미키 맨틀(Mickey Mantle), 마이크 슈미트, 앨릭스 로드리게스(Alex Rodriguez), 앨버트 푸홀스(Albert Pujols), 마이크 트라우트 이상 총 열 명이다.

소리라고 못을 박았던 적이 있다. 그래도 서로 의견을 나눌 의향은 있었다. 지구상에서 은퇴한 스타 선수만큼 정이 많은 존재는 드물다. 어쨌거나 그도 본즈의 동료들처럼 스타 선수가 암적인 존재라는 주장을 일축했다. 이를 뒷받침하려고 자기가 키우는 소 이야기를 해줬다.

"몇 주 전에 소 150마리를 몰았어요. 이때 (수의료를 위해) 송아지들을 어미랑 분리해야 하는데, 암소 한 마리가 울타리 문으로 안 들어오는 거예요. 다른 소들은 다 하는 걸 자기만 안 하려는 거였죠." 켄트가 물고 있던 이쑤시개가 흔들거렸다. "그 암소가 가장 힘이 세고, 사납고, 머리가 좋았어요. 그 암소도 자기가 그렇다는 걸 알죠. 그런데 저는 그 암소를 없애야 했어요. 왜 그런지 아세요? 왜냐하면 리더라서 그렇습니다. 다른 소들에게 똑같이 행동하라고 가르치면 큰일 나니까요."

켄트에 의하면 본즈는 위에서 말한 암소처럼 행동했지만, 영향력을 행사하지는 않았다고 한다. 리더가 아니었기 때문이다. 본즈를 따르는 사람이 없었다. 밑에 추종 세력을 둘 생각도 없었다. 따라서 본인의 부정적인 면을 전염시키지 않았다.

이 두 남자의 고립된 모습 때문에, 외부에서는 팀에 균열이 나고 팀 케미스트리가 붕괴된 것처럼 여겼던 것이다. 그런데 실제로는 축복이었다. 오히려 둘을 제외한 나머지 선수들끼리 화합할 수 있었다. 그들은 하나의 커다란 전우 집단이 아니라, 여러 작은 집단들끼리 이룬 연결망을 구축했다. 클럽하우스를 시계 반대 방향으로 돌면, 우선 출입구 우측 벽면을 따라 중남미 야수들의 로커가 있었다.

그리고 측면을 따라 본즈의 로커들과 안마 의자와 다른 중남미 야수들의 로커가 일부 자리 잡았다. 출입구 반대편 벽면에는 대부분 미국 흑인 야수들의 로커가 있고, 켄트를 포함한 미국 백인 야수들의 로커가 좌측 구석에 있었다. 나머지 측면과 출입구 쪽으로 이어지는 구석에는 백인 투수와 중남미 투수들의 로커가 차례로 자리 잡고 있었다.

그런데 이렇게 물리적으로 분리된 집단들도, 본즈와 켄트의 고립만큼이나 팀 케미스트리를 붕괴시키지 않을까? 그래도 프런트와 선수들이 나름 신경 써서 나누었을 것이다. 그리고 심리학 교수 카트리나 베즈루코바Katrina Bezrukova는 이렇게 나눈 집단들이 팀 케미스트리와 경기력을 촉진시킬 수 있다고 말한다.

베즈루코바 교수는 직장 내 '단층선'을 연구한다. 이때 단층선이란 인종과 성별, 소득 수준, 연령, 종교 등을 바탕으로 나타나는 분열을 말한다. 서로 비슷한 직원들끼리 뭉치면, 단층선이 갈라져서 지진을 일으키는 열개지로 발전할 수 있다. 그러면 직원들은 소속 집단만 생각하고, 회사 전체에 무관심해지기 시작한다. 불신과 갈등이 생기고, 정보 공유도 줄어들며, 생산력에 타격을 입는다. 잘 돌아가는 조직은 단층선을 잘 파악하고 극복하는 법을 터득한다고 베즈루코바 교수는 말한다.

베즈루코바는 몇 년 전 학술회의에서 럿거스대학교Rutgers University 경영학 교수 체스터 스펠Chester Spell을 만난 적이 있다. 그는 야구 광팬이다. 스펠 교수는 야구팀의 단층선을 연구하면 팀 케미스트리를 측정하고 성적을 예측할 수 있지 않을까 궁금했다. 그래서 두 교수

팀 케미스트리

는 공동 연구를 진행해보기로 했다.[5] 베즈루코바 교수가 직장을 연구할 때는 인구통계학적 데이터를 수집하기가 어려웠지만, 야구 선수의 경우 신문이나 베이스볼레퍼런스닷컴Baseball-Reference.com, 엠엘비닷컴MLB.com에 공개된 정보들이 있었다. 두 교수는 지난 5년 동안 메이저리그에서 뛴 모든 선수의 연령과 인종, 국적, 연봉, 소속 구단 연차, 프로 야구 연차 등을 살폈다.

또한 구단별로 인구학적 데이터가 겹치는 부분을 산정하는 알고리즘을 고안했다. 그리고 선수들끼리 서로 통하는 부분이 얼마나 많은지에 따라 구단별 팀 케미스트리를 평가했다. 한 팀에 젊은 베네수엘라인 선수가 세 명, 젊은 일본인 선수가 두 명 있고, 나머지는 미국인 노장 선수들이라고 가정하자. 그러면 이 팀은 세 개의 집단으로 분리할 수 있다. 그런데 베네수엘라인 선수 중 한 명이 노장이라면, 이 선수는 미국인 노장 선수들과 연결 고리를 형성할 수 있다. 만일 미국인 선수 한 명이 일본에서 뛴 경험이 있고 일본어를 조금 할 줄 안다면, 일본인 선수들과 연결 고리를 형성할 수 있다. 이런 연결 고리들이 거미줄처럼 이어지면, 여러 집단은 하나의 팀으로 묶인다.

베즈루코바와 스펠 교수는 클럽하우스가 일반 직장처럼 돌아간다는 것을 알아냈다. 집단 사이에 겹치는 부분이 많을수록 팀 성적이 좋았다. 베즈루코바 교수는 이런 집단 자체를 전부 없애는 일은 피해야 한다고 말했다. 이런 소집단은 선수들이 위안을 삼을 수 있는 휴양지 역할을 하기 때문이다. 예를 들면, 베네수엘라 출신 선수끼리는 서로를 잘 이해하지만, 다른 국적의 동료들은 그러기가 어렵다. 같은 언어를 사용하고, 같은 문화를 인용하며, 같은 농담 방식에 웃는다. 이들은 실력을 최대한 발휘하기 위한 개인 멘토링이나 정서적인 유대감을 서로에게 얻을 수 있다.

베즈루코바 교수는 이렇게 설명했다. "선수들은 소집단을 통해 상당히 건강한 지원 체계를 얻는 겁니다. 스포츠에서는 부담되는 일이 너무나도 많잖아요. 그런 지원이 필요합니다."

그런데 1인 소집단이 팀에게는 가장 좋지 않다고 스펠과 베즈루코바 교수는 입을 모았다. 이렇게 구색을 맞추려는 목적으로 영입한 사람을 토큰token이라고 부른다. 스펠 교수는 토큰들은 생각보다 치명적이라고 말했다. 집단에서 얻는 위안이 없기 때문에 불안감이나 우울증에 시달릴 가능성이 높다. 세계에서 가장 유명한 서커스단인 태양의 서커스Cirque du Soleil는 전 세계 각지에서 단원을 영입하는데, 오랫동안 한 국가에서 반드시 두 명 이상씩 채용해왔다.[6]

스펠 교수는 스포츠든 비즈니스든, 리더는 소집단의 정체성을 지속적으로 강화시켜야 한다고 말한다. "정치적으로 올바르지 않은 것처럼 들리겠지만, 싸움이라는 게 긍정적일 수 있습니다."

적어도 스포츠에서는 스펠 교수의 말이 옳다. 야구팀끼리 무력으로 싸우는 일을 벤치 클리어링bench-clearing brawl이라고 부르는데, 단층선을 이어주는 데 상당히 효과적일 수 있다. 대표적인 사례가 2013년도 로스앤젤레스 다저스다.

다저스는 서부 지구 라이벌인 자이언츠가 잘 나가는 모습을 보자, 2012년에 6개월 동안 무려 6억 달러(당시 환율로 약 6,600억 원―옮긴이)를 써서 한리 라미레스Hanley Ramírez와 에이드리언 곤잘레스Adrián

González, 칼 크로퍼드^{Carl Crawford}, 조시 베킷^{Josh Beckett}, 야시엘 푸이그^{Yasiel Puig}(2022년 키움 히어로즈 외국인 야수—옮긴이), 잭 그레인키^{Zack Greinke}, 류현진, 셰인 빅토리노 등을 영입했다. 켄 로즌솔^{Ken Rosenthal} 기자는 "엄청난 재편성이다. 어쩌면 포스트시즌을 노리는 팀으로는 유례없는 재편성"이라고 적었다.

당시 다저스 단장이었던 네드 컬레티^{Ned Colletti}는 "사람들은 우리가 유능한 선수를 너무 많이 영입해서 오히려 문제가 생길 거라고 생각했다"고 언급했다. 실제로도 문제가 '많았고', 2012년에 서부 지구 우승을 놓쳤다. 이듬해에는 부상자들이 속출한 채 시즌을 시작했다. 지구 꼴찌에 머무른 지 한 달이 되어가고 있을 무렵, 6월 11일에 애리조나 다이아몬드백스를 상대했다. 6회에 애리조나 투수가 던진 공이 푸이그의 머리로 향했는데, 코를 살짝 스쳤다. 그러자 다저스의 그레인키는 7회에 애리조나 타자의 등을 향해 바로 보복구를 던졌다. 선수들이 벤치에서 우르르 나왔지만, 주먹다짐은 없었다. 이후 7회말에 그레인키가 타석에 들어섰다(아메리칸리그는 1973년부터, 내셔널리그는 2022년부터 지명타자 제도 도입—옮긴이). 그리고 초구가 그레인키의 머리 쪽을 향했다. 공은 그레인키의 어깨를 맞고 굴절되어 헬멧을 타격했다.

다저스 선수들은 흥분했고, 그라운드로 돌진하며 주먹을 날렸다. 진짜 싸움이었다. 주먹에 두들겨 맞고, 땅에 내동댕이치는 선수들이 나왔다. 상황이 종료되자 감독 한 명과 코치 두 명, 선수 세 명이 퇴장당했다. 그리고 다저스는 2 대 0으로 뒤져 있던 상황에서 5 대 3으로 역전해서 이겼다.

한 다저스 선수는 기자들에게, 다음 날 아침 "클럽하우스 분위기가 다시 살아났다"고 언급했다. 콜레티 전 단장도 그런 변화를 느꼈다.

"(싸움이) 보기 좋은 장면은 아니죠. 오해는 없으면 좋겠어요. 그런데 공이 머리로 향하는 모습을 누가 좋아하겠습니까. 그래서 본때를 보여준 겁니다. 경기가 끝나고 클럽하우스에서는 그냥 스쳐 지나가는 사이였던 선수들이 갑자기 절친이 되어 있더라고요. 덕분에 저희는 뭉쳤죠. 저희끼리 똘똘 뭉치게 됐습니다."

다저스는 42승 12패의 7, 8월 전적에 힘입어 서부 지구 우승을 차지했다. 선수들은 연봉 수준이나 국적, 연령, 연차가 모두 다양했지만, 한 팀이라는 인식이 있었다. 다양했던 소집단도 없는 것이나 다름없었다.

함께 참호를 지키다

2000년대 초반의 자이언츠 팀들도 보면, 소집단들이 서로 겹치는 부분이 많아서 팀이 단결되고 본즈와 켄트로부터 나올 만한 분열을 막을 수 있었다. 오히려 소집단들 덕분에 선수들은 안정감을 찾았던 것이다.

"《스포츠 일러스트레이티드》 잡지사 사람이 쓴 기사가 하나 있어요. 톰 버두치Tom Verducci 말고 다른 못된 녀석이었어요." 켄트는 본즈가 암적인 존재가 아니라는 주장을 이어나갔다. 참고로 켄트가 언급한 기사는 2001년 8월 27일자에 릭 라일리Rick Reilly 기자가 썼다.

"저한테 '본즈가 안마 의자에 저렇게 누워 있는데, 괜찮냐'고 묻더라고요. 그래서 '괜찮습니다. 뭐, 어쩌라고요. 다들 본즈에 대한 불만은 언제나 가지고 있죠. 그런데 팀에 특별히 문제가 되진 않습니다'라고 말했습니다. 그런데 그 기자는 이 부분을 쓰지도 않았더라고요. 저는 매체들이 이러는 게 기분 나빴어요. 실제로 일어난 일을 많이 빼먹어요. 물론 제가 말을 지나치게 하는 건 인정합니다. 그런데 그 기자가 쓴 건 정말 도가 지나쳤어요. 제프 켄트와 배리 본즈가 전쟁 중인 것처럼 썼던데, 실제로는 그러지 않았습니다."

사실 전쟁 같은 상황이긴 했다. 하지만 각자 기량에 부정적인 영향을 주지는 않았다. 켄트는 본즈에게 도움을 받았다고 공개적으로 인정한다. 그리고 단순히 본즈 앞이나 뒤에 쳐서 받던 도움만은 아니었다. 켄트는 세상이 자신을 무례하다고 여겨도, 이기심과 거만함을 스스로 받아들이는 법을 본즈에게 배웠다. "그거 아십니까? 야구를 가장 잘한다는 선수들 중에는 정말 야비한 사람들이 있어요. 최고로 싸가지 없는 놈들이죠. 이기적이고, 욕심도 많고요. 그런데 이렇게 볼 수도 있어요. 자신감 있고, 자기주도적이고, 승부욕이 강한 겁니다. 2인자가 되는 걸 싫어해요. 동료가 자기보다 홈런 하나 더 치고, 도루 하나 더 하고, 투수라면 1승 더 올리는 걸 혐오하는 선수도 있어요. 그게 선수를 자극하고, 나아가 우승하겠다는 마음을 자극합니다."

켄트가 세상을 살아가면서 내세우는 개인주의 신조는 우리가 흔히 아는 전통적인 팀 케미스트리를 혐오한다. "저는 친절한 사람이 아니에요. 사람을 그렇게 좋아하지 않습니다. 저는 자기만족에 살고, 자기주도적이라 그렇습니다. 춤추는 것도 싫어해요. 친목 모임에도 안 나갔어요. 스포츠 경기를 보러 가도 응원하지 않습니다. 생일이나 기념일도 안 챙겨요. 물론 그럴 때마다 아내가 핀잔을 주곤 합니다. 아무튼 저는 친구들로부터 자극을 받지 않습니다. 친구들이 저를 성장시켜준다고 생각하지도 않고요. 자극 같은 건 전혀 없어요." '자기주도적이지 않거나 마음이 조금 약한 사람들'은 클럽하우스를 편하게 생각하고, 동료들과 친해지는 일이 자신의 기량에 도움이 될 수 있다고는 인정했다.

"스스로 높이지 못했던 실력을 동료들이 높여줬다"고 언급한 선수가 있다고 그에게 말했다. 그러자 켄트는 "그걸 숫자로 말할 수 있습니까?"라고 물었다.

"아니오, 하지만 숫자로 말할 수 없다고 해서 효과가 없다는 뜻일까요?" 나는 그에게 반문했다. 그러자 켄트는 굉장히 정서적인 사람에게는 실존할 수도 있겠다고 대답했다. "그런데 실존한다 하더라도 숫자로 표현할 수 없다면……."

나는 그의 말을 끊었다. "그렇다면, 아내 분을 사랑한다고 하셨잖아요? 그런데 그걸 측정할 수는 없잖아요? 그러면 그게 진짜 사랑인지 어떻게 알아요?"

"왜냐면 저는 아내 대신 총에 맞을 수 있기 때문입니다."

"그렇다면 야구에서도 여기에 해당되는 게 있겠죠?"

이쑤시개가 흔들거렸다. "그럼요. 마운드에 서 있는 투수 대신에 총에 맞을 수 있습니다. 그 투수를 제가 좋아하든 싫어하든 간에요." 그리고 그는 미소를 지으며 말했다. "알았어요. 무슨 말씀이신지 알

팀 케미스트리

겠습니다."

기꺼이 아내 대신에 총을 맞겠다는 자발성이 아내를 향한 사랑이 실존한다는 것을 의미한다면, 팀 동료에게도 그렇게 하겠다는 것은 본인과 동료들 사이에 뿌리 깊은 관계가 존재한다는 것을 의미한다. 어쩌면 본즈와 그런 관계였을지도 모른다. 켄트의 머릿속이 바쁘게 돌아가는 모습이 보였다. 그는 곰곰이 생각하고 있었다.

켄트가 다시 입을 열었다. "그런 관계는 그라운드에서 만들어집니다. 클럽하우스에서는 생기지 않아요. 팀 회식 자리에서 생기는 것도 아니고요. 상대 투수가 우리 선수의 머리를 향해 공을 던질 때, '내가 처리해 줄게'라고 하면서 생기는 겁니다. 아니면 우리 선수가 안타를 못 칠 때, '내가 투수를 두들겨줄게' 하면서 생깁니다. 제가 대신 만회해주려는 마음이죠. 그러면 동지애가 생깁니다. 신뢰감이 쌓이고요. 오랜 시간 깨지지 않는 관계가 만들어집니다. 물론 세상에 완벽한 건 없으니까 나중에는 깨질 수도 있겠지만요."

"클럽하우스에서 같은 음악을 즐겨 들을 순 있어요. '너도 딸 둘이야? 오늘 죽을 때까지 마시자' 하면서 서로 공감할 수도 있고요. 그런데 전부 표면적인 관계입니다. 오래 가지 못해요. 정말로 오래 가는 건 경기장에서 생깁니다." 그는 그라운드를 바라보면서 말하고 나서는 고개를 끄덕였다. 그리고 오렐 허샤이저Orel Hershiser라는 투수에 대해 이야기하기 시작했다.

샌프란시스코가 시애틀 매리너스와 상대했을 때였다. 당시 시애틀 소속이었던 알렉스 로드리게스가 2루로 거칠게 슬라이딩했다(켄트는 선수 생활 대부분 2루수로 활약했다—옮긴이). 다음 날 1회에 로드리게스가 타석에 나왔고, 허샤이저가 샌프란시스코 선발 투수로 등판했다. 허샤이저는 1사 주자 1, 2루 상황인데도 로드리게스를 맞혀서 만루를 만들었다. "저를 챙겨주셨던 거죠. 그럴 필요까지는 없었는데. 그때 뭔가 느낌이 왔죠." 허샤이저는 그 경기에서 1회에 2실점 했고, 샌프란시스코는 4 대 1로 패했다. 켄트는 그래도 '괜찮았다'며, "두 경기를 이기기 위해 한 경기를 희생할 때도 있다"고 말했다. 무엇이든지 철저하게 혼자 해야 하고, 친구들은 아무런 동기부여가 되지 않는다던 사람의 입에서 허샤이저처럼 충성심을 행동으로 보이면 장기적으로 선수나 팀의 경기력을 끌어올릴 정도로 강력한 효과가 있다는 말이 나오고 있었다.

좀 더 설명해달라고 하자, '숫자로 말할 수 없는 것'이라고 인정했다. "이건 스탯이 아닙니다. 자부심입니다. '함께 참호를 지킨다'라는 말을 자주 들어봤을 거예요. 어떤 정서적인 애착인 거죠. 이후 허샤이저 선배가 던지는 날에는 코치한테 하루 쉬겠다고 말하지 않았습니다. 전날 밤늦게 돌아다니지도 않았어요. 허샤이저 선배가 내일 던지는데, 얼른 가서 시합을 준비해야겠다는 생각밖에 안 났죠. 그리고 태도를 좀 더 공격적으로 가져가니까 성적이 더 잘 나올 수는 있었을 거예요."

"왜 허샤이저 선배가 던질 때 실력이 더 좋아지는지 물어본다면, 그 부분에 대해서는 저도 답을 할 수가 없습니다. 그건 불가능하니까요. 특정 선수를 위해 실력을 의도적으로 더 잘 발휘한 적은 절대 없습니다. 하지만 그 선수에게 더 많은 자부심을 가지고 뛴 적은 있어요. 그렇게 해서 실력이 더 잘 발휘됐을까요? 글쎄요."

그러다가 화제는 결국 본즈와의 관계로 돌아왔다. 켄트의 아들이 더그아웃으로 들어와 대화에 참여했다. 무례하게 보이지 않을 정도의 거리를 두고 벤치에 앉았다. 대화가 들릴 정도로 가까웠지만, 방해되지 않을 정도로 떨어져 있었다. 켄트는 선수들이 서로 영향을 준다는 개념에 머리를 싸맸다. 벤치에 앉아 대화를 시작했을 때와 전혀 다른 곳으로 빠졌다. 나도 그랬다. 인간의 대인 관계 욕구가 보복구나 집에 일찍 귀가하는 모습으로도 나타날 수 있다는 것을 알았다. 그리고 차가운 라이벌 구도처럼 보일 수도 있다.

"제 자신이 대단한 선수가 아니라는 걸 알고 있었지만, 대단한 선수가 되고 싶었어요. 최고가 되고 싶었고요. 배리 본즈보다 못 했지만 더 잘하고 싶었죠. 그리고 제가 더 잘하고 싶어 한다는 걸 배리 본즈가 알기를 바랐어요. 그러면 본즈도 더 노력할 테니까요. 그렇다면 팀 케미라는 게 이런 거냐고 묻는다면, 저는 그렇다고 대답할 겁니다. 지금까지 설명한 게 제가 생각하는 팀 케미라고 봐도 될 것 같아요. 내부 경쟁인 거죠. 그걸 이해하고, 조절하고, 놓치지 않는 거라고 봅니다."

베리 본즈의 천재성

물가에서 찬바람이 불어오기 시작했다. 그래도 야외 테이블 하나를 잡았다. 테라스 전체를 우리가 독차지할 수 있었다. 평일 오후였다. 고풍스러운 고가 부티크와 음식점들이 이어진 좁은 길이었지만 관광객은 많지 않았다. 샌프란시스코행 여객선은 이미 출발하고 없었다. 덕분에 고요해져서 파도가 부두를 계속 찰싹찰싹 때리는 소리가 전부 들렸다. 본즈가 여유 있게 걸어오는 모습이 보였다. 가슴은 펴고 있었는데 얼굴은 살짝 찡그리고 있었다. 인사치레로 재빠르게 포옹을 했는데, 머피의 사무실에서 봤던 이웃집 배리 아저씨가 아니었다. 이 자리에 나온 사람은 배리 본즈였다. 내게 철벽을 쳐놓고 있었다. 그는 오트밀 건포도 과자를 사서, 카페 창문을 등진 채 철제 의자에 옆으로 앉고 다리를 앞으로 쭉 뻗었다. 우선 잡담부터 시작했다. 하지만 본즈는 꿈쩍도 하지 않았다. 그래서 인터뷰 질문으로 바로 들어갔다. "그렇다." "팀 케미가 존재한다고 생각한다." "그렇다." "선수들이 서로에게 영향을 준다고 생각한다." 또박또박 끊는 말투였다. 나는 이것저것 알아내려고 심층 질문을 계속해서 던졌다. 마침 그때 한 여성이 자전거를 타고 왔다. 테라스 난간에 자전거를 세워놓고, 커피를 사러 가는 동안 우리에게 봐줄 수 있는지 물었다.

"여기 사람들은 물건을 훔치고 그러지 않아요"라고 본즈가 말했다.

"왜 이렇게 낯이 익죠?"

"글쎄요. 어쨌든 여기 사람들은 물건 안 훔치니까 자전거 걱정 안 하셔도 돼요."

그 여성은 웃었다. "제가 뉴욕에서 온 거 어떻게 아셨어요?"

본즈의 얼굴이 갑자기 펴졌다. 1년 전에 이 동네로 이사 와야 했는데, 자신이 이곳을 얼마나 좋아하는지에 대해 한참 입을 열었다. 모든 사람이 서로 인사하고, 식품점 주인이 뒤에 따로 보관하는 훈제 칠면조를 자기에게 챙겨주며, 길을 잃은 관광객들이 시내로 갈

팀 케미스트리

수 있도록 안내해준다는 이야기도 꺼냈다. 그는 이혼했고, 높은 언덕 위에 혼자서 산다. 샌프란시스코만과 도시가 한눈에 보이는 집이다. 평생 외톨이로 살았지만, 은퇴 후 큰딸 시카리^{Shikari Bonds}가 사회생활을 즐기는 방법을 그에게 지도해주고 있다. "딸이 이렇게 말해주더라고요. '아빠는 집 밖으로 좀 돌아다녀야 해요. 하루 종일 집에만 앉아 계시면 안 돼요.'" 본즈는 웃으면서 말했다. "그런데 그게 그냥 저예요. 평화롭잖아요."

본즈는 항상 사회적 연결의 코드를 해독할 능력이 전혀 없고, 관심조차 없는 것처럼 보였다. 그는 매우 똑똑했지만 다른 아이들과 다르게 배웠는데, 그의 자녀 중 한 명이 비슷하게 고생하는 모습을 보고 자신도 그랬다는 것을 깨달았다. 그는 학교 다니는 일이 어려웠다. 유명 야구 선수의 아들이자 스포츠 유망주라는 사실 때문에 다른 아이들로부터 더 고립되었기 때문이다. 어린 시절부터 그의 두뇌는 야구계의 국회 도서관이나 다름없었다. 그의 아버지와 윌리 메이스, 후니페로세라고등학교^{Junípero Serra High School}와 애리조나주립대학교 코치들, 마이너리그 코치들, 짐 릴런드와 더스티 베이커 감독, 그 외에 훌륭한 팀 동료들로부터 얻은 지혜로 가득했다. "저는 운이 좋았죠. 함께 뛴 모든 동료들에게 배웠어요. 여러 훌륭한 선수의 다양한 면을 가지고 제 자신을 만들어나갔습니다."

본즈의 특별하고도 구체적인 재능은 다양한 간극과 변수를 동반했다. 스포츠 외에 다른 화제가 나오면 자주 불안에 떨었다. 그에게 사회적인 관계는 스트레스 쌓이고, 지루하며, 혼란스럽기까지 했다. 그는 사람들이 별 것 아닌 일도 큰일인 것처럼 행동한다고 생각했다. "자기 다리가 베였다고 말한 사람이 있다고 합시다. 대부분 '이 렇게 하라. 저렇게 하라. 어쩌고저쩌고'라고 이야기할 거예요. 저는 그 상황에서 '반창고나 하나 붙여라'라고 말합니다. 그러면 누군가 그러겠죠? '배리, 너무 무례하다.' 무례하다고요? 나 보고 어쩌라고 요? 하루 종일 쳐다보고 있을까요? 하루 종일 징징댈까요? 저는 그 렇게는 못 합니다."

회식을 한다거나, 맥주를 마시면서 대화를 하는 등 팀 케미스트리 를 키운다는 사회적인 양상은, 본즈에게 말도 되지 않는 소리였다. "아니, 좌익수 자리에서 앞뒤, 좌우로 30미터씩이나 커버했어요. 하 루에 네다섯 번씩 타석에 나가죠. 두 번은 대개 볼넷으로 나갑니다. 나머지 타석에서 2안타를 치고 4출루를 기대하죠. 이게 얼마나 힘 든지 아세요? 그런데 앉아서 카드놀이에도 동참하라고요? 그럴 시 간이 없어요. 그래서 안 했어요. 그냥 집에 가서 잤습니다. 그래야 다음 날 동료들에게 최고의 실력을 보일 수 있으니까요."

본즈의 고등학교 감독은 《뉴욕타임스 매거진》에 이렇게 말한 적이 있다. "본즈는 사람들이 자기를 좋아하기를 바랐다. 그렇게 하려고 무척 노력했다. 그런데 그 와중에 생각에도 없는 말을 거칠게 내뱉 곤 했다. 그러면서 스스로 상처를 받았다. 사람들은 그가 상처받을 것 이라고 생각하지 않는다. 하지만 본즈도 자주 상처를 받았다."[7] 그래 서인지 본즈에 대해 물으면, 전 자이언츠 동료들은 평소와 달리 그 를 감싸는 분위기였다. 고등학교 시절의 본즈가 조금씩 보였는지도 모른다. 그들은 본즈를 대하기 어렵고, 4차원인 형제인 것처럼 이야 기했다.

한때 팀 동료였던 로스앤젤레스 다저스의 데이브 로버츠^{Dave Roberts} 감독은 "본즈 자체가 자기만의 파벌"이라고 말했다. "자기만의 섬에서 혼자 있었다는 게 좀 안타까웠죠."

동료들은 그의 자아도취적이고 거만한 태도를 좋아하지 않았다. 개인 수행원 두 명도 클럽하우스를 침범했다며, 좋아하지 않았다. 그런데 본즈가 동료에게는 무감각하고 업신여기는 태도를 보였을지 모르지만, 동료의 자녀들에게는 관대하고 붙임성 있는 모습을 보였다. 동료들은 그런 부분만큼은 고마워했다. 그들에게는 본즈가 〈셜록 홈스^{Sherlock Holmes}〉 시리즈의 모리아티^{Moriarty}보다는 셜록 홈스에 가까웠다. 잘난 체하는 천재였다.

여기서 '천재'라는 단어를 일부러 사용했다. 본즈가 암적인 존재가 아니라는 점을 이해하는 데 중요한 단서이기 때문이다. 물론 천재라는 단어는 누구에게 갖다 붙이던 과장된 느낌을 준다. 특히나 145그램짜리 공을 쳐서 먹고사는 사람에게 붙였으니 더 그렇게 보이지 않을까.

사람들은 천재를 언제나 비범한 존재로 인식해왔다. 보통 사람과 생각하는 방식이 전혀 달라서, 고대에는 신이 선택한 사람이라고 믿었다. 18세기 잉글랜드 시인 새뮤얼 존슨^{Samuel Johnson}은 천재가 "부싯돌 안의 불처럼 알맞은 대상과 충돌해야만 생성된다"고 적었다. 존슨의 정의는 천재성이 선천적이며, 특정한 촉매가 필요하다는 점을 분명히 말하고 있다. 모차르트^{Wolfgang Amadeus Mozart}에게는 그 촉매가 음악이었다. 셰익스피어^{William Shakespeare}에게는 글이었다. 스티브 잡스^{Steve Jobs}에게는 디자인과 기술이었다. 따라서 '천재'라는 단어는 음악 천재와 문학 천재, 기술 천재처럼 수식어가 붙는다. 천재는 광산의 금광맥처럼 특별하고 뚜렷하다. 그렇기 때문에 IQ 같이 진부한 관념이 아니다. 보통 사람이 보지 못하는 것을 보고, 생각하지 못하는 방식대로 생각하는 능력을 말한다. 전기 작가 월터 아이작슨Walter Isaacson은 《뉴욕타임스》에 스티브 잡스의 머릿속을 다음과 같이 묘사했다.

"스티브 잡스가 성공하면서 지능과 천재성 사이에 흥미로운 차이점이 부각되었다. 잡스의 도약적인 상상력은 본능적이고, 돌발적이며, 때로는 신비로웠다. 그의 상상력은 직감으로부터 자극받았고, 정밀한 데이터 분석에서 나온 것이 아니다. (중략) 나중에는 실증 분석보다 경험에서 나온 지혜를 중시하게 되었다. 데이터를 공부하거나 숫자를 두드린 적은 없지만, 탐험가처럼 바람 냄새만 맡고도 앞으로 무엇이 펼쳐질지 느낄 수 있었다."

아이작슨이 본즈에 대해 쓴 것이 아닐까 싶을 정도로 본즈와 닮아 있다.

본즈는 자칭 '인격이 없는 야구 덕후'라고 대화에서 언급했지만, 그는 덕후를 넘어선 대학자였다. 타석에서는 고도의 집중력으로 투구를 느린 화면처럼 보이게 만들어서 공의 회전과 움직임을 명확하게 볼 수 있었다. 그래서 스트라이크 존에서 빠진 공에는 방망이가 거의 나가지 않았다. 동료의 스윙에 미세한 오점이 있으면, 가수가 음을 틀린 것만큼이나 본즈에게는 크게 보였다(그것을 지적하기도, 지적하지 않기도 했지만, 물어보지 않으면 절대로 지적하지 않았다)' 로커에 데이터 분석이나 시각화 자료가 보이면, 바로 쓰레기통에 넣었다. 그의 두뇌는 경기 상황을 어떠한 컴퓨터보다 더 정확하게 읽고 예측했다. 그리고 사람들이 놓친 세부적인 요소들을 포착했다. 투수가 던지기도 전에 어떤 공을 던질지 알았던 적도 많았다.

한 번은 머피의 사무실 밖에서 본즈와 잡담을 나누고 있는데, 그가 갑자기 클럽하우스로 달려가더니 당시 동료였던 숀 던스턴^{Shawon} ^{Dunston}을 데리고 온 적이 있었다. 던스턴은 지금은 구단에서 선수들을 지도하는 일을 한다. 본즈는 밝은 미소를 지으며 던스턴에게 말했다. "형님, 더그아웃에서 어떤 일이 있었는지 말씀해주세요."

던스턴은 본즈와 나를 두고 두리번거렸다. 경기 시작 30분 전이었다.

"투수가 던진 거 있잖아요." 본즈가 재촉했다.

"아, 아!" 던스턴이 입을 열면서 그로부터 한 달 전에 시범 경기에서 상대 투수가 던질 공 세 개를 본즈가 정확하게 예측했던 일을 열거했다. 던스턴은 그 모습을 보고 놀라 자빠졌다고 했다. 본즈는 미소를 환하게 지었다.

독일 철학자 아르투어 쇼펜하우어^{Arthur Schopenhauer}는 "재능 있는 사람은 남들이 맞히지 못하는 과녁을 맞히고, 천재는 아무도 보지 못하는 과녁을 맞힌다"고 적었다.

그럼에도 불구하고 본즈가 자기는 너무나도 타고나서 "기념비적인 홈런은 모두 의도적으로 자이언츠 홈구장에서 쳤다"고 말했을 때 나는 웃었다. 그러나 곧 그것이 농담이 아니라는 사실을 알아차렸다.

"지구상에서 가장 운이 좋은 놈인 거죠. 저는 이 분야에서 도사였어요. 그라운드에서는 제가 원할 때 원하는 결과를 만들어낼 정도로 IQ랑 능력이 좋았어요. 제가 필요할 때도요. 마운드에서 누가 던지든지 상관없었습니다. 제 가족 앞에서만 해야겠다(기념비적인 홈런들을 쳐야겠다)고 다짐했죠. 그리고 제 가족은 샌프란시스코입니다."

나중에 찾아봤더니 통산 500호와 600호, 660호(윌리 메이스의 통산 홈런)와 661호(윌리 메이스의 통산 홈런 추월), 715호(베이브 루스Babe Ruth의 통산 홈런을 넘어 역대 2위 달성)와 756호(행크 애런을 넘어 통산 홈런 신기록 경신)를 전부 샌프란시스코에서 쳤다. 게다가 2001년에 단일 시즌 최다 홈런 신기록인 73호 홈런도 홈구장에서 쳤다.▪

본즈는 야구에서 팀이라는 측면을 다르게 받아들였다. 그는 야구를 단체 종목이라기보다는 25명(당시에는 메이저리그 등록 명단이 25명이었다. 2021년부터 26명으로 확장―옮긴이)의 개인이 단체 경기를 위해 각자 준비하는 활동이라고 생각했다. 야구에서 '팀'이라는 부분은 첫 투구로 시작해서 마지막 아웃으로 끝났다. 나머지 시간은 경

▪ 야구계에서는 다음과 같은 외침도 굉장히 많다. '본즈의 경기력 향상 약물(PED: Performance-Enhancing Drugs)에 대해서는 어떻게 볼 것인가?' '본즈의 진정한 천재성은 결국 약물이 아니었나?' 나 스스로도 같은 고민을 해봤다. 가정해야만 알 수 있는 문제였다. 만일 본즈가 다른 선수보다 홈런을 많이 친 이유가 오로지 약물 때문이라면, 약물을 복용했던 최상위권 선수 모두 본즈만큼 홈런을 쳤어야 한다. 하지만 그렇지 않았다. 본즈의 성적에 근접했던 약물 복용 선수는 아무도 없었다. 다만 염두에 둬야 할 부분은 우리는 지금 본즈의 재능을 논하는 것이지, 도덕성을 논하는 것이 아니라는 점이다. 그의 투구를 예측하고, 들어오는 공의 궤적을 정확하게 보며, 스윙하는 타이밍을 정확하게 맞추는 능력만큼은 오늘날은 물론 역사적으로도 모든 선수를 훨씬 뛰어 넘었다. 약물로 인해 그의 성적이 좀 더 과장되었을지는 모르겠지만, 그렇다고 야구공을 맞히는 천재성을 부정할 수는 없다.

기를 준비하는 데 써야 하고, 그 일은 각자 개인에게 달렸다. 경기를 뛸 수 있도록 준비하는 일은 개인이 책임져야 했다. 그래서 본즈는 타격 연습 전에 팀 스트레칭에 참여하지 않고, 경기 전에 안마 의자에서 낮잠 자고, 자기만을 위한 특별 요리를 요구하며, 마사지와 체력 관리를 위해 개인 트레이너 겸 보좌관 두 명을 두었던 일로 조롱받았던 것을 이해하지 못했다. 은퇴한 지 몇 년이 지나도 여전히 황당하다고 생각했다.

"저는 최선을 다할 수 있는 컨디션을 만들고 싶었던 거였어요. 그때 제가 해서 욕먹었던 것들을 지금은 구단이 나서서 다 마련해놨잖아요! 수면실, 안마 의자, 트레이너와 마사지사도 더 많이 늘었잖습니까? 요리사도 있고요. 게다가 온천도 생겼어요. 그러면 162경기를 최선을 다해서 뛰려면 뭐가 필요한지 제가 너무 앞서 나가서 알았던 겁니까? 아니면 누군가가 악의적인 농담의 소재로 삼기 위한 거였나요?

여기서 '누군가'는 스포츠 언론을 뜻했다.

"저는 그 사람들보다 야구 IQ가 높습니다. 그 사람들보다 제가 유일하게 더 잘 아는 게 야구고요. 가끔은 야구라는 종목에 대해 제가 가진 지능을 모욕하고 있다는 느낌도 들었어요. 야구만큼은 제가 정말 잘 알았습니다. 그런데 제대로 알지도 못하면서 글을 쓰는 사람들이 있는 게 문제였죠."

그는 가식적인 웃음을 터뜨렸다. "저희 운동선수들은요. 지식이나 기술, 저희가 숙달한 걸 다음 세대에 넘겨주고 싶은 마음뿐입니다. 제가 완성한 건 야구랑 타격 기술입니다. 제 교실은 그라운드입니다. 저는 차트 같은 건 별로 좋아하지 않아요. 인생의 절반을 살면서 OPS가 뭘 의미하는지도 몰랐어요. 그런데 그게 그렇게 중요한가요? 타구의 발사각인지 얼마인지, 그런 걸 가지고 뭘 하는지가 그렇게 중요한가요? 그냥 공을 때리세요."

"기자들이 '월드 시리즈를 우승할 것이라고 생각합니까?'라고 질문할 때가 있어요. 아직 전지훈련 중인데…… 속으로 이렇게 생각하죠. '미쳤습니까? 그런 바보 같은 질문을 왜 하세요?' 그리고 제 야구 두뇌는 거기에 대해 '××, 내가 그걸 어떻게 알아?'라고 말합니다. 계산이 당연히 안 서죠. 그레그 매덕스$^{Greg\ Maddux}$를 다음 날 상대해야 하는데, 분명히 저를 죽이려고 들 거란 말이죠. 매덕스를 어떻게 공략할지 생각하는 것만으로도 머리 아픕니다."

이 순간만큼은 명예의 전당 선수 테드 윌리엄스$^{Ted\ Williams}$의 말투처럼 들렸다. 윌리엄스가 1941년에 친 0.406의 타율은 여전히 깨지지 않았다.$^■$ 한 번은 그가 이렇게 말한 적이 있다. "야구를 X도 모르면서 야구에 대해 쓰는 자식들을 만나게 될 텐데, 그런 게 조금 신경 쓰이죠."[8]

보스턴 레드삭스에서 19년을 뛴 윌리엄스는 스포츠 매체를 본즈만큼이나, 어쩌면 본즈보다도 더 경멸했다. 적어도 본즈는 기자실에 침은 뱉지 않았다. 윌리엄스는 한 달 사이에 두 번이나 침을 뱉은 적이 있었다. 그것도 홈런을 치고 들어와서 그랬다.

잠시 이 공간을 빌어서 말하자면 '기자들이 야구를 모른다'는 생

■ 테드 윌리엄스의 통산 타율은 0.344로, 500홈런 이상 친 타자 가운데 가장 높다.

각을 장려하지 말아주기를 바란다. 기자들은 야구에 대해 많이 안다. 단지 여기서는 본즈와 윌리엄스, 그리고 스티브 잡스처럼 천부적인 재능을 가진 사람들만의 사고방식을 부각시킬 의도로 내용에 포함시킨 것이다.

《더 뉴요커The New Yorker》 기자 맬컴 글래드웰Malcolm Gladwell은 잡스의 버릇없었던 행동을 다음과 같이 적었다.

"부하 직원들에게 소리 지른다. 자기 뜻대로 되지 않으면 어린 아이처럼 운다. 시속 160킬로미터로 달리다가 경찰에게 잡히면, 과태료 고지서를 떼는 데 너무 오래 걸린다고 화를 내며 경적을 울린다. 그리고 나서 다시 시속 160킬로미터로 가던 길을 간다. 음식점에서는 주문한 음식이 마음에 들지 않아서 세 번이나 돌려보낸다. 기자 회견 때문에 뉴욕의 한 호텔의 스위트룸에서 묵는데, 갑자기 밤 10시에 피아노 배치가 잘못되고, 딸기 상태가 좋지 못하고, 준비해 놓은 꽃들이 다 틀렸다고 판단한다(꽃은 칼라 백합을 원했다고 한다. 결국 자정에 홍보실 여비서가 원하는 꽃을 가져갔는데, 여비서가 입은 옷이 '역겹다'고 말한다)."

그래도 각 조직은 이 모든 불쾌함 속에서도 본즈와 윌리엄스, 잡스를 받아들였다. 집단의 임무에 기여하는 부분이 미숙한 행동보다 더 크다면, 동료들은 함께 일하는 방법을 터득해나간다. 어디서나 '천재는 열외'된다. 팀에서 암적인 존재인지 아닌지는 오로지 팀 동료들이 결정한다. 선수를 '그 자체'로 받아들일 수 있다면, 그 선수는 팀 케미스트리를 훼손하지 못한다. 만일 그 선수가 팀 케미스트리를 훼손하지 않는다면 경기력에도 영향을 줄 수 없다. 즉, 암적인 존재가 될 수 없다.

다만, 제한 요소가 될 '가능성'은 있다. 본즈가 전략과 기술, 마음 가짐 등을 동료들과 꾸준히 논의했더라면, 팀은 더 잘하지 않았을까? 마지막 몇 년을 제외하면 그가 팀의 전체적인 능력을 떨어뜨리지는 않았다. 하지만 그가 가진 재능만큼 팀을 끌어올리지도 않았다.

누구라도 대인 관계가 어려운 사람을 쉽게 받아들이기는 어렵다. 더스티 베이커 당시 자이언츠 감독의 대인 관계 능력 덕분에, 동료들이 본즈를 어느 정도 받아들였을 뿐이다. 베이커도 과거에 훌륭한 선수였고, 보비 본즈의 친구였기 때문에 배리 본즈가 성장하는 과정을 볼 수 있었다. 그는 일찍이 슈퍼스타의 특권이 무엇인지 배웠다. 애틀랜타 브레이브스에서 신인 생활을 한 덕분에 행크 애런과 클리트 보이어Clete Boyer, 조 토리Joe Torre, 펠리페 알루Felipe Alou 같이 굵직한 선수들 사이에서 뛰었다. 베이커 감독은 "규칙을 능력에 따라 유연하게 적용해야 한다"고 말했다. 그는 본즈를 지도할 준비도 되었고, 행크 애런에게 배운 것을 선수단에게 가르치고 싶었다.

"스프링 캠프 1일차였어요. 대여섯 명의 선수가 잔뜩 화가 나 있었습니다. 본즈가 농담 몇 마디를 했는데, 선수들이 기분 나빴던 거죠. 그래서 상황을 정리하기 위해 전 선수단을 감독실로 불러 다독여야 했습니다."

때로는 제대로 만들었다고 생각한 규칙도 과감하게 버려야만 했다. 베이커 감독은 구단 공식 행사에는 모든 선수가 열외 없이 참가하도록 지시했다. 샌프란시스코 포티나이너스 미식축구단 감독이자

팀 케미스트리

자신의 소중한 멘토였던 빌 월시$^{Bill\ Walsh}$가 사용한 규칙이었다. "본즈와 켄트 때문에 그런 철학이 시험대에 올랐죠. 왜냐면 본즈가 안 가면, 켄트도 덩달아서 안 갔어요." 그리고 본즈는 선을 넘고 말았다. 팀 단체사진을 촬영하는 데 불참했다. 그러자 이듬해에는 켄트도 불참했다. 결국 구단 홍보팀은 단체사진에 두 사람을 편집해서 넣어야 했다.■ 프런트 임원들은 본즈의 영향력을 우려한 나머지, 영향을 덜 받을 것 같았던 노장 선수들을 본즈 주변에 두었다. 한 운영부 임원은 "능력 있고, 리더십 있고, 건강한 인격을 계속 주입해서 잠재된 파괴성을 무력화시키는 것"이라고 말했다.

베리 본즈와 제프 켄트의 케미스트리

언덕 넘어 해가 떨어지고 공기가 갑자기 차가워졌다. 본즈는 실내로 들어가자고 했다. 비트 주스 한 잔을 주문하고 있을 때 손님들이 고개를 한 번씩 돌렸지만, 접근하지는 않았다. 마음 편하게 대화를 나누고 있는데, 본즈는 자신이 경계를 낮춘 것을 인식했는지 대화에 제동을 걸기 시작했다.

■ 당시 단체사진은 정오에 모여서 찍었다. 그리고 타격 연습은 오후 4시가 되어야 시작했다. 본즈는 내게 이렇게 말했다. "경기장에서 두 시간 반 동안 질 떨어지는 음식 먹으면서 시간 낭비하고 싶지 않았어요." 홈구장이 캔들스틱파크(Candlestick Park)였던 시절이었다. 클럽하우스는 낡아 빠지고, 식사는 중고등학교 급식 수준이었다. "켄트도 동의했어요. 저와 의견이 일치했습니다." 구단은 2년 동안 그 일을 겪고 나서 촬영 시간을 3시 반으로 변경했다. 그 이후로 본즈와 켄트는 단체사진 촬영에 참석했다.

"배리 본즈라고 하면 대서특필감이겠죠?" 긴 의자에 등을 기대고, 내 눈을 주시하면서 말했다. "그리고 아무 대가 없이 이렇게 이야기를 하고 있네요. 저 원래 무료로 안 해주는 거 아시죠?"

"알고 있어요. 감사하게 생각해요."

"누구에게도 얻을 수 없는 정보를 무료로 얻고 계시니까, 그것만으로도 엄청난 가치일 것 같네요."

나는 "비트 주스를 제가 사도 됐었는데"라고 말하면서 미소를 지었다.

"저는 기자님 개인 성취를 위해 도와드리는 겁니다."

"큰 도움이 되고 있습니다. 정말 고맙습니다."

세 시간째 이야기를 나누고 있었다. 이제 자리에서 일어나겠구나 생각했다. 그런데 다시 말문을 열었다.

"저는 빠져나갈 수 없는 테두리가 있다 보니, 제가 악당인 겁니다."

학교에서, 언론에서, 그리고 사회에서 일어나는 인종 편견에 대해 입을 열었다. 틀린 말은 아니다. 거만하고 거침없이 말하는 흑인 선수는 거만하고 거침없이 말하는 백인 선수보다 대중적인 이미지에 입는 타격이 더 크다. 생각 없이 행동하지만 악당 취급을 받지 않았던 백인 선수들을 나열한 후에 악당 취급을 받았던 흑인 선수 여섯 명 정도를 언급했다. 그러고 나서 잠시 침묵이 흘렀다.

"제가 말을 많이 했으면 더 편했을 겁니다. 무대 체질들이 따로 있더라고요. 자연스러워 보여요. 그런데 저는 아니었어요. 저는 야구로 소통하는 능력만 좋았어요. 야구를 가르칠 수 있고, 자기 야구에 대해 기분 좋아지게 만들 수 있습니다. 그런데 일상 대화는……."

매체와의 관계 악화에 대해서도 말했다. "저는 스스로 괴물을 키웠다는 건 부정하지 않습니다. 어쩌면 그래서 야구를 더 잘한 것인지도 몰라요. 그렇게 되고 나니까 그걸 저한테 유리하게 이용했어요."

그는 2002년도 월드 시리즈 이야기를 하나 들려줬다. 애너하임 에인절스(지금은 로스앤젤레스 에인절스—옮긴이)에 2차전을 내줬던 경기에서, 본즈는 20살짜리 신인 유망주 프란시스코 로드리게스Francisco Rodríguez를 상대로 초구를 받아쳤는데 땅볼로 물러났다. 경기 후에 피터 개먼스Peter Gammons 기자가 본즈의 면전에 로드리게스가 메이저리그 최고의 젊은 구원 투수가 될 것 같다고 말했다.

"기자님, 제 실력을 비하해서 그 친구를 높게 치켜세워주고 싶은 것 같은데, 다음에 그 친구를 상대하면 기자님이 못 쫓아갈 정도로 공을 세게 때리겠습니다."

그리고 6차전에서 본즈는 로드리게스의 체인지업이 높게 들어온 것을 받아쳤다. 타구는 우측 외야 관중석 통로 안으로 사라졌다. 큼직한 홈런이었다. 공수 교대 때 본즈는 좌익수 자리로 뛰어가면서 개먼스 기자가 있는 기자실을 쳐다보고 속으로 이렇게 말했다. "자, 이제 뭐라고 말할 건가요?"

본즈는 분노를 통해 자극받았다. 앞선 대화 내용에서 그는 한 사람이 모든 동료를 단합시키고 팀을 화합하게 하는 일이 가능하다고 말했다. 동료였던 로이드 매클렌던Lloyd McClendon이 다른 동료들을 웃기거나 도발해서 동기 부여를 했다는 이야기를 해줬다. 매클렌던은 본즈에게 상대 팀 선수가 본즈를 험담했다는 이야기를 매번 알려줬다. "'야, 드와이트 구든Dwight Gooden이 신문에다가 네가 자기 밥이래.

너 가만히 있을 거야?' 이렇게 말하면 저는 온몸에 불이 붙어요. 그러다가 안타 하나 치게 되는 것이죠"라고 본즈가 말했다.

"반면에 동기 부여를 제대로 못 시키는 선수들이 있습니다. 자기가 팀을 화합시킨다고 착각하는데, 실은 더 나빠지고 있죠. 그런 선수가 '야구는 원래 이렇게 하는 거야'라는 식으로 도발하면, 그 사람을 쳐다보면서 이런 생각이 들죠. '네가 그렇게 잘났어? 우리 팀에서 야구를 제일 잘하는 것도 아니면서…….'"

혹시 켄트를 두고 한 말인지 물었다.

"제프 켄트는 달라요, 켄트는 완전 달라요!" 본즈의 목소리가 커졌다.

"사람들이 그 친구랑 저에 대해 멋대로 지껄이는데, 마음대로 하라고 하세요. 저희 둘은 성격이 유별났어요. 물론 같이 어울리지도 않았고, 그 친구가 뭘 하든 신경도 안 썼고요. 누가 로커룸에서 뭘 하는지 사사건건 신경 쓰는 선수들이 있어요. 도대체 왜 그러는 거예요? 야구를 잘하려고 준비하는 것만으로도 피곤한데, 누가 어디서 뭘 하는지 왜 신경 쓰는 거예요? 제프 켄트가 로커룸에서 사냥터를 찾기 위해 부동산 정보지를 보겠다는 거에 왜 신경 쓰는 거예요? 그가 뭘 보든 뭐가 그렇게 중요합니까?"

"경기에서 2루수 유니폼을 누가 입으면 좋으시겠어요? 저는 제프 켄트예요. 야구를 할 줄 아니까요. 제프 켄트에 대해 멋대로 지껄이라고 하세요. 배리 본즈에 대해서도 멋대로 지껄이라고 하세요. 배짱 좋은 선수가 누구인지, 자기 할 일을 하는 선수가 누구인지, 누가 좌익수를 봐주면 좋겠는지, 누가 2루수를 봐주면 좋겠는지에 대한 정답은 배리 본즈와 제프 켄트입니다."

이런 것도 팀 케미스트리다. 이것도 우리가 흔히 아는 사회적·정서적 화합처럼 신뢰감을 바탕으로 형성된다. 차이점이라고 하면 실력을 보고 신뢰한다는 점이다. 스탠퍼드대학교 경영대학원 로드 크레이머 박사는 팀 동료나, 직장 동료, 직장 상사를 개인적으로 좋아하지 않아도 그 사람의 능력과 책임감을 신뢰하는 경우가 있다고 말한다. 스티브 잡스 이야기로 다시 돌아가보자. 크레이머 박사는 그에 대해 이렇게 말했다. "잡스를 어려워하는 사람이 많았지만, 그를 믿고 그의 천재성을 믿었죠. 경기를 보다 보면 엄청나게 윽박지르고 호감이 안 가는 코치들이 있어요. 그런데 소속팀에서는 그 코치의 실력을 신뢰하는 경우가 있습니다."

명예의 전당 감독 토니 라 루사는 이렇게 설명했다. "신뢰란 매 경기 어떻게 해서든 팀이 이기기 위해 노력하는 것을 말합니다. 본인이 이기적이라도, 매일 최선을 다하고 실력을 발휘하는 선수라는 걸 인정받으면 된 거예요. 그런데 그런 신뢰를 받지 못하면, 다른 팀을 알아봐야 합니다."

회의론자들은 팀 케미스트리를 부정하기 위해 1970년대 초반의 오클랜드 애슬레틱스를 예로 많이 든다. 내부적으로 문제가 많았음에도 불구하고 성과를 냈기 때문이다. 당시 오클랜드가 원조 '25인 25택시' 팀이었다. 클럽하우스는 증오로 들끓었다. 1974년에 디트로이트에서 있었던 일이다. 경기 전에 슈퍼스타 강타자인 레지 잭슨Reggie Jackson이 빌리 노스Billy North가 한 말에 기분이 상했다며 노스를 향해 그대로 돌진했다. 잭슨과 노스는 서로 격렬하게 몸싸움을 하다 동료들이 간신히 말려 싸움이 멈췄다. 이 싸움으로 인해 잭슨은 어깨 통증이 생겼고, 포수 레이 포시$^{Ray Fosse}$는 싸움을 말리다가 목을 다쳐 몇 달 동안 출전하지 못했다. 그러나 노스와 잭슨, 포시 모두 그날 경기에는 출전했다. 그리고 오클랜드는 9 대 1로 가볍게 승리했다.

문제는 그 경기 다음부터였다. 잭슨이 싸움 후에 슬럼프에 빠졌다. 이후 48경기 동안 타율 0.228에 4홈런밖에 치지 못했다. 그러자 노스는 잭슨과 대화를 나누었다. 노스는 여전히 잭슨이 싫었지만, 팀이 그를 필요로 한다고 말했다. 잭슨은 팀의 스타 선수였고, 그가 없이는 이기는 야구를 하기 힘들었다. 이 대화가 있은 후 잭슨은 다음 27경기에서 타율 0.600에 9홈런을 쳤다. 결국 오클랜드는 서부지구를 우승하고, 볼티모어 오리올스를 누르고 아메리칸리그도 우승했으며, 이후에 로스앤젤레스 다저스 꺾고 3년 연속 월드 시리즈 우승을 달성했다.

클럽하우스에서는 서로에 대한 신뢰가 부족했지만, 그라운드에서만큼은 절대 그러지 않았다. 선수들은 목표를 향해 끈끈하게 단합했고, 모두가 매일 최선을 다할 것이라고 의심치 않았다. 게다가 노스가 잭슨에게 격려의 말을 했던 것도 효과가 있었다. 그는 동료를 믿고, 동료가 필요하다는 뜻을 전한 것이다. 팀 케미스트리는 절대 한 사람이 이루어내는 것이 아니다. 여러 상호 작용이 만들어내는 결과물이다.

서로에 대한 호감 없이도 화합이 가능하다

본즈와 켄트는 서로에 대한 신뢰가 깊었다. 하지만 그라운드 안에서만 그랬다. 두 선수 모두 이기는 야구를 연마하는 데 전념했고, 그런 부분을 서로 인정했다. 심지어 공적으로는 서로 챙기는 모습도 보였다. 그라운드 안에서 승부사다운 활약을 보이면 서로 기꺼이 축하했다. 대표적인 사례는 2002년에 더그아웃에서 주먹다짐을 했던 경기다. 그렇게 싸우고 난 지 몇 분 후에 본즈가 홈런을 쳤고, 켄트는 미소를 지으며 하이파이브를 해주려고 더그아웃에서 기다리고 있었다.

여기서 보인 것은 '업무 화합'이다. 말 그대로 업무, 오로지 업무에만 국한된다. 아리스토텔레스는 우정을 세 가지로 구분하면서 이런 개념을 암시했다. 애정에 근거한 우정과 즐거움에 근거한 우정, 유익에 근거한 우정이 그것이다. 애정에 근거한 우정은 친구 사이에 무조건적인 수용이 있어야 하므로 가장 드물다. 즐거움에 근거한 우정은 공통 관심사와 활동을 바탕으로 이루어진다. 그리고 유익에 근거한 우정은 대개 구체적이고 단기적인 목적을 달성하는 데 도움이 되는 관계를 말한다. 업무 화합은 일종의 유익에 근거한 우정이다. 전 샌프란시스코 자이언츠 외야수 랜디 윈이 이 개념을 몇 년 전에 설명해준 적이 있다. 사실 당시에는 위와 같이 구분하지는 않았다. 윈은 메이저리그에서 13년을 뛰었고, 이후에 자이언츠 단장 특별 보좌관이자 MLB 사무국 선수지원팀Baseball Assistance Team 대표로 활동하고 있다. 그는 생각이 신중하고, 팀 케미스트리를 부정하는 사람이다. 그래서 이론을 검증할 때 악마의 변론을 해주기 좋은 인물이었다. 애리조나에서 원과 함께 저녁 식사를 하면서, 본즈가 없는 것이 자이언츠에 차라리 낫지 않았는지 물었다. 그 당시만 해도 나는 본즈가 클럽하우스의 암적인 존재라고 생각했다. 그는 팀 케미스트리가 무엇이든 간에 내가 편협하게 접근하고 있다고 말했다.

"다들 팀 케미스트리가 아름답고 상쾌한 것이라고 생각해요. 다 같이 어울리고, 어깨동무하면서 노래 부르고, 밥 먹으러 가고. 그런데도 있겠죠. 하지만 자기 일을 착실하게 할 때, 특히 자기 일을 정말 잘할 때 팀이 화합하는 경우가 많습니다. 좋은 팀 동료라는 게 그런 거죠. 그래서 본즈에게 불만은 없었어요. 같이 대화를 나누거나 밥을 먹으러 간 적은 없어요. 같이 놀러 간 적도 없고요. 그런데 그런 사람이 좋은 동료였어요. 팀 케미스트리는 사람들이 보통 생각하는 것과 다를 때가 있습니다."

몇 년 전에 짐 릴런드 감독과 대화를 나누었을 때 이 부분을 지적했다. 자기 선수들이 클럽하우스에서 싸우면, 그는 그냥 내버려두었다고 한다. "제가 걱정할 게 뭐가 있나요? 선수들이 경기를 뛰었어요. 정말 죽을힘을 다해 뛰었어요. 한 선수가 '다른 선수'에게 자신이 야구를 얼마나 잘하는지 그라운드에서 보여주려고 했고, '다른 선수'도 이에 맞서 자신이 야구를 잘한다는 걸 보여주려고 한 거죠. 그렇게 서로에게 동기 부여를 해준 겁니다."

이런 것이 업무 화합이다. 항상 다투기를 좋아했던 1970년대 뉴욕 양키스와 전투적이었던 1970년대 오클랜드 애슬레틱스보다 훨씬 전에, 그리고 본즈와 켄트보다 훨씬 전에, 베이브 루스와 루 게릭

Lou Gehrig이 서로 간에 호감 없어도 같이 잘 뛸 수 있다는 것을 보여주었다. 전해지는 바로는 게릭의 어머니가 베이브 루스의 아내가 딸에게 옷 입히는 스타일을 비난하면서 불화가 시작했다고 한다. 두 선수는 평생 아무도 모르게 적으로 지냈다. 팅커Joe Tinker가 잡아서, 에버스Johnny Evers를 거쳐 챈스Frank Chance까지 이어지는 유명 병살 플레이 트리오(1910년 뉴욕 지역지에 소개된 시에도 등장했고, 병살을 당하는 입장에서 '야구계의 가장 슬픈 용어'로 알려지기도 했다—옮긴이)도 그들의 플레이만큼 관계가 유기적이지는 않았다. 조 팅커와 조니 에버스는 33년 동안 말도 섞지 않았다고 한다. 팅커는 에버스와 함께 있다가 그를 거리에 혼자 버려두고 자기만 택시를 잡아서 타고 가버린 적도 있다.[9]

《스포츠 일러스트레이티드》의 리처드 호퍼Richard Hoffer 기자는 이렇게 적었다. "모르는 것이 당연했다. 베이브 루스가 홈런을 칠 때마다 게릭이 대기 타석에서 땅만 바라봤던 모습을 이상하다고 여긴 사람이나 있었을까? 신문에서는 절대 볼 수 없는 내용이다. 두 선수의 우정이 억지였다는 것을 의심한 사람은 없었다. 그렇기 때문에 더 대단하다고 생각한다. 우리는 스포츠를 통해 정말 유용하게 배우는 것이 하나 있다. 바로 서로 잘 지내는 척하는 일이다. 에버스가 길거리에 혼자 남아 부글부글 끓었던 다음 날, 그는 팅커를 붙잡고 이렇게 말했다고 한다. '당신은 당신의 포지션을 보고, 나는 내 포지션 볼 테니, 그때 일은 잊읍시다.'"

1960년대에 업무 화합에 관해 세간에 잘 알려진 연구가 있었다. 물론, 그 당시에는 업무 화합이라고 부르지 않았다. 전 올림픽 조정 선수였던 한스 렌크Hans Lenk 연구원은 팀원끼리 잘 지내야 성적이 좋아진다는 의견에 회의적이었다. 경험에서 우러나온 회의감이었다. 그는 1960년 서독 조정 대표팀의 일원이었다. 당시 두 조정부 간의 연합팀이었는데, 서로 대놓고 싸웠다. 그럼에도 불구하고 무패 전적으로 올림픽 금메달을 땄다. 성과가 높은 팀의 경우 '격렬한 내부 갈등'은 경기력을 악화시키기보다 오히려 향상시킬 수 있다고 렌크는 가정했다.[10] 이후에 1963년 세계조정선수권대회를 우승한 서독 대표팀도 언쟁과 파벌이 심했지만, 비슷한 활력을 내뿜었다.[11] 서로에 대한 적개심이 경기력에 아무런 영향도 없었던 것이다. 일단 배 안에 들어가면 서로를 믿고 의지할 수 있다는 것을 알았다.

두 종류의 슈퍼 교란자

그렇다면 이 장의 앞부분에서 언급했던 미국 전략사무국 OSS의 방해 공작 교범은 부정적인 태도가 전염성이 있다고 적었는데, 틀렸던 것일까? 썩은 사과 이론과 슈퍼 교란자의 역할은 근거 없는 믿음이었던 것일까?

아니다. 부정적인 태도는 전염성 강하고, 경기력을 악화시키는 것이 분명하다. 그러나 범인은 거만한 슈퍼스타나 제프 켄트처럼 진지하지만 반사회적인 일꾼이 아니다. 이들은 기어를 다소 뻑뻑하게 만들 수는 있으나, 엔진을 고장 낼 정도는 아니다.

▌첫 번째 슈퍼 교란자: 클럽하우스 변호사

진정한 슈퍼 교란자는 추종 세력을 두는 불평분자다. 이들은 어느 팀에서든 가장 위험한 생명체일 수 있다. 야구에서는 이런 사람을 '클럽하우스 변호사clubhouse lawyer'라는 말로 표현한다.

키스 허낸데즈는 내게 "클럽하우스 변호사들이 선수단에 가장 많은 피해를 입힐 수 있다"고 말했다. 그는 메이저리그에서 17년을 뛰고, 뉴욕 메츠 소속으로 1986년도 월드 시리즈에서 활약한 바 있다. "보통 클럽하우스 변호사는 자기 자신에게 불만이 있는 사람이에요. 자기를 기용하는 방식이 마음에 안 드는데, 거기서 오는 감정을 억누르지 못합니다. 잡초나 독처럼 자기감정을 팀 전체에 퍼뜨려야 직성이 풀립니다. 그런 선수는 최대한 빨리 트레이드해버려야 합니다."

클럽하우스 변호사는 대개 입지가 점점 줄어들어서 벤치 신세를 지는 노장 선수로, 자신의 불평불만에 남을 끌어들인다. '맞아!' 하면서 본인도 피해를 보고 있다며 설득당하는 선수는 늘 있기 마련이다. 그래서 한 코치는 "그런 불행함에 엮이거나 빨려들지 않는 강직한 선수들이 필요하다"고 말했다.

몇 년 전 윈터미팅에서 당시 뉴욕 메츠 단장이었던 샌디 올더슨 Sandy Alderson(오클랜드 애슬레틱스로 이직했다가 2021년부터 뉴욕 메츠로 복귀해 구단 임원으로 근무 중─옮긴이)은 한 구원 투수의 영입안을 단박에 거부했다고 말했다. 그 투수는 악명 높은 불평분자였다. 당시 올더슨 단장은 '고려 자체도 안 할 것'이라고 말했다. "매사에 부정적이고, 불평하고, 비관적입니다. 그런 선수가 밤마다 다른 선수들과 불펜에 같이 있으면 걱정 안 되겠어요? 특히 어린 선수들을 자기편으로 끌어들일 텐데요."

모든 구단과 직장에는 마치 사과 통의 에틸렌처럼 타인에게 영향을 주는 불평분자들이 있다. 사람은 상대의 몸짓이나 얼굴 표정을 미러링하기 때문에 부정적인 생각은 빠르게 퍼질 수 있다. 대니얼 골먼Daniel Goleman은 2006년에 발간한 《SQ 사회지능Social Intelligence》이라는 책에서 다음과 같이 말했다. "타인과 직접 만나고 나서 오랜 시간이 지나도 그때 가졌던 분위기를 유지할 수 있다. 이것을 정서적 여운이라고 한다. 내 경우에는 정서적 여운 제공자였다. 감정이 누설되면 간접흡연처럼 타인의 해로운 상태가 지나가는 사람을 선의의 피해자로 만들 수 있다."

팀 전체가 부정적인 분위기에서 빠져나오는 일은 굉장히 소모적이고 시간도 많이 필요하다. 긍정적인 노력도 점점 줄어들고, 결국 경기력도 저하된다.

슈퍼 교란자의 영향력을 막는 데는 지혜로우면서도 때로는 무자비한 리더가 해독제가 될 수 있다. 이런 리더는 집단이 단결하고자 하는 마음을 불평분자에게 집중시킬 수 있다. 그러면 불평분자는 거기에 따르거나 자신이 소외되는 모습을 발견한다. 맨체스터 유나이티드의 전설적인 감독 앨릭스 퍼거슨Alex Ferguson은 불평분자의 해로운 영향에 치를 떨었던 나머지, 그런 선수는 명성에 상관없이 내쫓았다. 2005년에는 주장이었던 로이 킨Roy Keane이 매체를 통해 동료들을 비난하자, 킨의 계약을 해지해버렸다. 2006년에는 팀 내 득점왕이었던 뤼트 판 니스텔로이Ruud van Nistelrooy가 주전 자리에서 빠진 것을 공개적으로 불평하자, 레알 마드리드로 보내버렸다.[12]

퍼거슨 감독은 2013년에 《하버드 비즈니스 리뷰^{Harvard Business Review}》에 이렇게 설명했다. "드레싱룸(축구의 클럽하우스—옮긴이) 분위기나 팀 경기력, 선수단, 구단 직원들을 통제하는 데 악영향을 주는 선수가 있는지 스스로 생각해봐야 한다. 만일 있다면 그 선수를 잘라내야 한다. 잘라내는 것 외에는 어떠한 방법도 없다. 그 선수가 세계 최고라도 상관없다. 구단의 장기적인 목표보다 중요한 선수는 없다."

▌ 두 번째 슈퍼 교란자: 꾀병자

두 번째 교란 생명체는 '꾀병자^{Malingerer}(일명 '뺀질이')'다.

꾀병자는 상대팀 에이스가 등판할 때마다 휴식이 필요하다는 모습을 보인다. 동료들은 몸이 쑤시고 아픈 와중에도 나가서 뛰는데, 꾀병자는 자기 스탯을 관리하려고 누워버린다. 그러면 동료들은 짜증나기 시작한다. 이 선수는 단순 '피로함' 때문에 명단에서 빠지는데, 왜 다른 선수는 발목이 접질리거나 무릎이 붓는 부상에도 뛰어야 하는 걸까? 선수들은 하나둘씩 휴식을 요청하기 시작한다. 존스홉킨스대학교^{Johns Hopkins University} 행동경제학자 폴 페라로^{Paul Ferraro}는 "사람은 모든 사람이 협조한다는 생각이 들 때 본인도 협조한다"고 말했다. 만일 다른 사람들이 협조하지 않으면, 자기만 호구가 된 느낌이 든다. 그는 수돗물 절약 사업을 펼치는 한 애틀랜타 공공 설비 사업소에서 현장 실험을 진행했다. 우선 수돗물 절약 캠페인에 '벌금제'는 실효성이 없었다. 환경을 보호해야 한다는 등 동기 부여를 불러일으킬 만한 표어도 다양하게 써봤다. 이것도 크게 효과가 없었다. 가장 효과적인 것은 우편으로 다른 사용자와 수돗물 사용량을 비교한 자료를 보내는 것이었다. 사람들은 이웃이 절약한다는 것을 보자 자신도 절약하기 시작했다. 특히 과다 사용자들이 가장 많이 절약했다. 그렇게 해서 수돗물 사용량을 5퍼센트 줄일 수 있었다.[13] 우리는 타인이 조금밖에 하지 않거나 아예 하지 않는다고 생각하면, 우리가 맡은 일마저도 꺼린다.

내가 아는 선수들은 대부분 꾀병자를 한 번씩 만난 적이 있다. 전 메이저리그 구원 투수 하비에르 로페스Javier López는 이렇게 설명했다. "다들 그 선수가 뭘 하는지, 왜 그렇게 하는지, 무슨 일인지, 어떻게 해서 아무 문제없이 저럴 수 있는지 생각하느라 육체적·정신적인 에너지를 낭비하게 됩니다. 음모론도 만들어내기 시작하죠. 야구에 집중을 못 하니까 경기력도 그만큼 떨어집니다."

그나마 좋은 소식이 하나 있다면, 진정한 슈퍼 교란자는 드물다는 것이다. 인간은 늘 소속감을 갈망하기 때문이다. 신경경제학자 폴 잭 교수는 병적으로 문제가 있는 사람이 아니라면, 집단을 따르는 것은 대부분 조건과 환경에 달려 있다는 사실을 알아냈다.

2002년도 월드 시리즈에서 배리 본즈와 제프 켄트, 그리고 자이언츠 선수들은 우승까지 6아웃만 남겨 놓고 있었다. 전적은 3승 2패로 앞선 가운데, 6차전에서 8회까지 5 대 3으로 앞섰다. 이 경기를 승리하면 1958년에 뉴욕으로부터 연고지를 이전한 이후, 샌프란시스코에게 첫 월드 시리즈 우승을 안겨주는 것이다. 그러나 자이언츠는 6 대 5로 패하면서 그럴 기회를 날려버렸다.

다음 날 7차전을 위해 경기장에 도착했을 때, 팀은 6차전 패배에서 회복하지 못한 상태였다. 마이크 크루코 캐스터는 "애너하임 구장 원정 클럽하우스에 들어갔는데, 다들 초조한 모습이었다"고 회상했다. "전날 밤 이겼어야 했던 경기 때문에 다들 동요하더라고요. 부정적인 생각 때문에 생긴 작은 균열들이 알을 깨고 있었죠." 그리고 열린 7차전은 제대로 싸워보지도 못한 경기였다. 자이언츠는 4 대 1로 패했다.

크루코와 이야기를 나누다 보니, 업무 화합의 한계가 무엇일지 궁금해졌다. 어떻게 보면 업무 화합이 2002년 자이언츠의 토대를 이루었다. 회복력이 가장 중요하다는데, 전우애와 같은 화합에서만 나오는 것일까? 2014년도 자이언츠가 월드 시리즈 6차전에서 캔자스시티에 10 대 0으로 무참히 깨진 모습을 직접 봤다. 이때도 2002년도 팀처럼 다음 날 만회해서 이겨야만 하는 상황이었다. 그러나 2014년도 팀이 마지막 경기를 앞두고 가졌던 분위기는 본즈와 켄트의 팀과 크게 대조적이었다.

크루코는 "2014년도 팀은 굉장히 차분했다"고 말했다. "아드레날린이 들끓는 환경에서는 굉장히 유리한 자세죠. 7차전도 그랬고, 매 경기 그 점이 눈에 들어왔어요. 팀이 차분했습니다." 자이언츠는 마지막 5이닝 동안 로열스를 공 하나씩 맞서 나가며 3 대 2로 승리했다.

2002년도 월드 시리즈를 끝으로 켄트는 팀을 떠났고, 본즈는 5년을 더 있었다. 자이언츠는 2003년과 2004년에도 좋은 성적을 냈지만, 본즈의 마지막 3년 동안에는 하위권으로 추락했다. 본즈가 쫓고 있던 행크 애런의 통산 홈런 기록과 그것을 취재했던 대규모 기자단, 한창 진행 중이었던 스테로이드 복용 조사 등은 선수단의 분위기를 너무나도 산만하게 만들었다. 2006년에 한 선수는 "저희 목표가 이제 뭔지도 모르겠어요. 이기는 거 맞죠?"라고 묻기도 했다.

본즈는 은퇴한 지 10년이 넘었는데, 확실히 자기반성을 하는 모습을 보였다. 후회하는 일도 있었다. 그는 카페에서 시계를 흘끗 봤지만, 일어나자는 신호는 내지 않았다.

그는 다른 방식으로 대할 수 있었다고 말했다. 본즈 뒤쪽 창문을 보니 하늘이 어두워지기 시작했다. "물 흐르듯이 지내면 됐어요. 가식적으로 행동하고, (언론인이) 세상에서 가장 친절한 사람들이라고 생각하면 됐고요. (중략) 제가 이렇게 말했을 거예요. '저희가 이길 수 있다고 봅니다. 어쩌고, 저쩌고…….' 왜 로커가 혼자 네 개냐고 물으면, 그냥 이렇게 설명했겠죠. '아, 팀이 저한테 두 개 주고, 나머지 두 개는 창고입니다.' 안마 의자에 대해 물으면, 그냥 '네, 어때요? 좋죠?'라고 말할 걸 그랬어요."

"그런데 그 당시에는 경기에만 집중했고, 그런 말조차도 안 하고 싶었어요. 그래서 말하는 건데요. 이제 와서 돌이켜보니까, 그런 상황을 부드럽게 풀어나가는 방법이 떠오르더라고요."

이때부터 그의 목소리가 날카로워졌다. 절박함이었을까? 그는 앞으로 기대며 팔을 탁자 위에 얹었다.

"이제는 선수들한테 저처럼 되지 말라고 말해줍니다. (중략) 그 사람들이 상처를 줄 수 있는 상황을 만들지 말라는 것이죠. 그런 모습이 보이면 항상 가서 지적해줍니다. '그러지 마라. 그 사람들은 내 모가지를 칠 수 있었다면 쳤을 거다. 그 길을 걷지 마라. 친절하게 대하고, 기자들이 원하는 걸 줘라. 있는 그대로 받아들여라. 언론은 바뀌지 않는다. 열심히 뛰고, 축복받았다고 느껴라. 보통 사람들이 버는 돈보다 훨씬 많이 벌고 있다. 말년에 떠나고, 가족과 함께 지내라. 네가 떠나도 야구는 계속 돌아가고, 똑같은 이야기가 나올 거다. 그러면 똑같은 일을 겪는 후배가 생길 거고, 내가 지금 지적해주는 것처럼 네가 가서 지적해주길 바란다. 더 안 좋아지기 전에 막아라.'"

"본인에게 지적해줬던 선수가 있었나요?"라고 나는 물어봤다.

그는 토니 그윈Tony Gwynn이 그랬다고 말했다. 그윈은 얼마 전에 세상을 뜬 샌디에이고 파드리스의 스타 선수다. 그는 여느 야구 스타처럼 여유 있고, 접근이 어렵지 않았다. 그래서인지 본즈가 왜 그렇게 언론에 민감하게 반응하는지 이해하지 못했다. 그윈은 본즈에게 이렇게 말하곤 했다. "아니, 평소에는 잘 웃고 농담도 잘하면서 왜 기자들만 나타나면 날카로워지는 거야? 그냥 조금만 더 친절하게 얘기해주면 안 되는 거야?"

본즈에게 물었다. "그윈이 해준 조언을 받아들이기가 힘들었나요?"

"받아들였어요. 그런데 한 2~3일 갔나요? 동료들이 그러더라고요. '우리는 원래 모습을 원해.' 승부욕이 달라졌다고 하더라고요. '삼진만 당하고, 방망이를 그냥 로커에 도로 얌전히 집어넣고만 있잖아.' 한 가지 말씀 드리자면, 내가 최선을 다할 거라는 걸 동료들이 믿어야 합니다. 동료들은 야구를 할 때만큼은 원래의 제 모습을 원했던 겁니다."

일곱 가지 원형

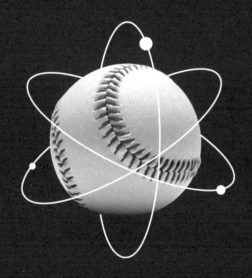

"모든 사람을 있는 그대로 수용하는 것이 진정한 팀 케미스트리입니다."

론 리베라Ron Rivera, 캐롤라이나 팬서스 미식축구단 감독

05

점화자 The Sparkplug

23살의 맷 더피Matt Duffy를 보면 피자 배달원이 연상된다. 몸은 삐삐 마르고, 얼굴은 여드름으로 얼룩졌으며, 턱수염은 턱수염이라고 간신히 부를 정도로만 털이 났다. 아무도 그가 누구인지 몰랐다. 그는 롱비치주립대학교Long Beach State University 출신으로, MLB 신인 드래프트 18라운드(전체 568번)에서 지명받았다. 마이너리그에서 2년을 보내고 나서도 여전히 샌프란시스코 자이언츠의 무명 육성 선수라 메이저리그 전지훈련에 초청받은 적이 없었다. 그리고 2014년 여름. 그는 더플백을 끌고 밝은 색상의 나무 로커들을 하나씩 지나갔다. 그곳에는 자이언츠 대스타들의 이름들이 적혀 있었다. 버스터 포지, 매디슨 범가너, 브랜던 크로퍼드Brandon Crawford.

그로부터 18시간 전. 더피는 버지니아주 리치먼드Richmond에 연고를 둔 자이언츠 산하 더블A 구단 소속이었지만, 그날따라 등록 명단에 빠져 있었다. 펜실베이니아주 앨투나Altoona로 경기를 뛰러 4시간 반짜리 여정을 막 떠날 참이었다. 하지만 호출을 받고 뉴욕으로 향하는 야간 비행기를 타러 이동했다. 뉴욕 메츠 홈구장에서 자이언츠 팀에 합류하기로 되어 있었다. 과연 무슨 일로 불렀던 것일까? 그는 트리플A 이상은 뛰어본 적도 없었다. 자이언츠 클럽하우스를 들어갔는데, 호텔 로비를 방불케 했다. 저쪽 끝에서 이쪽 끝까지 가죽 팔걸이의자들의 모둠이 길게 배치되어 있었다.

그때 구석에서 더피를 쭉 지켜보던 사람이 있었다. 자이언츠 스타 헌터 펜스Hunter Pence였다. 그는 더피가 자기 로커를 찾고, 짐을 풀며, 등번호 50번이 적힌 저지를 입는 모습을 보고 있었다. 펜스는 전설적인 선수였다. 그가 2년 전에 신시내티에서 동료들을 분발시켰던 연설은, 모든 자이언츠 산하 팀의 비좁고 케케묵은 클럽하우스에서 회자되는 설화다. 더피도 그 이야기를 익히 들었다.

그 이야기는 2012년으로 거슬러 올라간다. 자이언츠는 5전 3승제인 내셔널리그 디비전 시리즈에서 신시내티에게 첫 두 경기를 내주고 말았다. 앞으로 세 경기를 내리 이겨야 하는데, 상대는 8월 초 이후에 3연패 이상 당하지 않았던 지구 1위 팀이었다. 경기 전에 브루스 보치 감독이 열정적으로 연설하고, 마무리 짓고 있었다. 그때 갑자기 펜스가 벌떡 일어났다. 모두가 놀랐다. 그는 시즌 중에 트레이드를 통해 입단한 올스타급 우익수였다. 조금 별난 선수였다. 개조한 티가 팍팍 나는 스쿠터를 타고 출근하고, 커피와 케일에 환장하고, 방망이를 《오즈의 마법사The Wizard of Oz》에 등장하는 양철 나무꾼처럼 휘둘렀다. 그리고 어릴 때 텀블링 선수였는데, 성인이 되어서

까지도 종종 공중제비를 뽐내곤 했다. 눈은 너무 부리부리하게 움직여서 눈을 깜빡이지 않는 것처럼 보일 정도다. 태생이 조용하고 내향적이라 미야모토 무사시宮本武蔵의 《오륜서五輪書》를 읽고 있거나 월드 오브 워크래프트World of Warcraft 게임을 즐기고 있는 모습을 심심치 않게 볼 수 있다.

하지만 그날만큼은 펜스가 일어나서 말했다. "저도 할 말이 있습니다." 동료들에게 가깝게 모이라고 손짓했다. 눈에 광채가 흘렀다. "모여봐요! 다들 모여보세요!" 선수들은 무슨 영문인지 몰라 서로 바라보다가 펜스 쪽으로 모였다.

"하루만 더 같이 있고 싶어요! 이렇게 재미있고, 야구를 잘하는 팀은 없었어요. 그리고 무슨 일이 있어도 '절대 굴복하지 않기'입니다!"

목소리는 목사나 다름없었다.

"서로 눈을 바라보세요!" 본인의 눈도 부리부리해졌다. "서로 눈을 바라보세요! 서로가 있기 때문에 서로를 위해 뛸 수 있는 겁니다!"

"그렇지!"

"그래!"

"하루만 더, 같이 있자고요!" 펜스는 다시 말했다. "티리오Ryan Theriot 형님이 내일 뭐 입으시는지 봐야겠어요. 보겔송Ryan Vogelsong 형님이랑 그라운드에서 뛰고 싶어요. 포스트시즌에서 한 번은 던지셔야죠. 내가 아니라 서로를 위해 뛰자고요! 매 '순간'을 이깁시다. 매 '이닝'을 이기고요! 이제 얼마 안 남았어요!"

여기에 2루수 마르코 스쿠타로Marco Scutaro가 바로 포효하자 선수와 코치, 트레이너, 클럽하우스 관리인 모두가 따라서 포효했다. 모두 더 가까이 모여서 어깨동무를 하고 원을 만들었다. 그리고 이웃 라이벌 학교와 맞붙게 될 고등학생 선수들마냥 껑충껑충 뛰며 소리를 질렀다.

자이언츠는 결국 연장전까지 가서 2 대 1로 승리했다.

그때부터 경기 전에는 더그아웃에서 펜스 주위에 모여 "서로를 위해 뛴다!"라고 외치며 서로에게 해바라기 씨를 뿌렸다. 월드 시리즈 마지막 경기까지 그 의식은 이어졌다. 펜스는 그때부터 '목사님'으로 통하게 되었다.

다시 화려한 로커와 팔걸이의자, 텔레비전에서만 봤던 스타 선수들이 즐비한 뉴욕 메츠 홈구장의 원정팀 클럽하우스로 돌아오자. 그곳에서 맷 더피를 향해 친히 다가가는 분은 다름 아닌 '목사님'이 아니신가. 지금까지 더피가 본 선수들과는 달랐다. 직접 보니 눈은 더 부리부리하고, 머리카락도 더 헝클어져 보였다.

펜스는 더피에게 악수를 청하며 메이저리그에 입성한 것을 축하했다. 그러고 나서 말을 꺼냈는데, 더피가 놀랐다.

"지금 우리가 이기는 야구를 하려면 자네 같은 선수가 필요해."

말투가 너무나도 단호해서 더피는 그 말을 믿을 수밖에 없었다. 몸을 더 키우고, 경험도 더 쌓아야 했지만, 그 순간만큼은 그럴 필요가 없겠구나라고 생각했다. 그냥 자기 야구를 하고, 열심히 뛰면 되는구나 싶었다.

그는 정규 시즌 동안 39경기에 출전해서 0.267를 쳤다. 포스트시즌 등록 명단에 들어가기에는 충분한 성적이었다. 그렇게 해서 더피는 지난 5년 동안 자이언츠의 세 차례 우승을 함께할 수 있었다.

더피는 이후에 이렇게 회상했다. "그때 클럽하우스에 들어가자마자 헌터 선배가 그 몇 분 안에 긴장감을 다 풀어주었습니다. 제가 준비된 선수라는 걸 확신시켜줬고, 나도 준비됐다는 걸 그라운드에서 보여줬습니다."

잘 나가는 팀에는 펜스 같은 선수가 있다. 파티에 손님으로 가지만, 파티장을 돌면서 대화에 불을 붙이고, 방황하는 영혼들을 무리로 안내한다. "촛불에 불을 붙이는 사람"이라고 표현한 선수들도 있었다. 모두가 '타오르는 열정'을 갖고 경기에 임하도록 만들어주는 사람이다. 이것이 자이언츠의 화합에 펜스가 한 역할이었다. 그는 팀 동료들의 목적의식과 이타심, 불굴의 의지에 불을 지폈다. 결국 선수들의 자신감과 노력이 커지며 경기력 향상과 (위의 경우에는) 승리로 이어진다. 나는 펜스의 역할을 하는 사람을 점화자^{The Sparkplug}■ 라고 부르기로 했다.

나는 처음에 특정 원소끼리 섞여야 화학 반응이 일어나는 것처럼 특정 성격의 선수끼리 섞여야 팀 케미스트리가 이루어지는 것이라고 생각했다. 화합이 잘 이루어졌다는 팀에는 점화자와 같은 역할

■ 원래는 자극자(The Energizer)로 불렀다. 그러다가 캐나다인 심리학 교수 마크 아이스 (Mark Eys)와 대화를 나누었고, 그가 비슷한 유형의 사람을 점화자로 부른다는 것을 알게 되었다. 자극자보다는 훨씬 좋은 이름이었다. 아이스 교수의 허락을 받고 점화자라는 이름을 차용하기로 했다.

원형들이 존재했을까? 케미스트리가 좋은 팀을 볼 때마다, 나는 눈에 띄는 선수들의 성격을 적어놓기 시작했다. 그리고 이 목록을 선수나 코치들에게 주기적으로 검토받았다. 그들이 인정한 원형도 있고, 인정하지 못한 원형도 있으며, 새롭게 추천한 원형도 있었다. 그래서 최종적으로 일곱 가지 원형으로 추려냈다. 여기서 이 원형들은 과학적인 연구 결과물이 아니라는 점을 분명히 하고 싶다. 내가 개인적으로 관찰한 성격 패턴 중에 스포츠 관계자뿐만 아니라 비즈니스 종사자들이 공감했던 것들이다. 업무 능력이 좋은 집단이라면 이런 목록을 하나쯤 가지고 있지 않을까 싶다.

나머지 여섯 개의 역할 원형은 다음과 같다.

현자 The Sage

영화 〈스타워즈 Star Wars〉 시리즈에 등장하는 오비완 케노비 Obi-Wan Kenobi처럼 선하고 지혜로운 노장 선수를 말한다. 오랜 시련을 겪으며 폭풍우를 뚫고 나온 사람이다. 긴장감을 풀어주고, 굴욕의 아픔을 덜어주고, 달래주며, 조언해주는 사람이다. 이렇게 할 수 있는 것은 경험이 많은 이유도 있지만 생물학적인 이유도 작용한다. 적어도 남성의 경우에는 그렇다. 남성의 테스토스테론은 나이가 들면서 서서히 감소한다. 결혼하고 아이가 생기면 줄어들기도 한다. 포수 출신 스카우트 브라이언 존슨 Brian Johnson은 "할아버지 같은 존재가 필요하다"고 말했다. "할아버지 같은 선수가 한 명 있으면 좋죠. 산전수전 다 겪었잖아요? 할아버지의 다리 위에 앉으면, 무슨 이야기를 해도 다 들어주십니다."

현자 선수로는 2016년도 시카고 컵스의 데이비드 로스와 2014년도 샌프란시스코 자이언츠의 팀 허드슨^{Tim Hudson}, 1996년도 올림픽 여자 농구 대표팀의 테리사 에드워즈^{Teresa Edwards}가 있다. 이들은 동료를 있는 그대로 받아들인다. 상대를 함부로 판단하거나 상대의 일거수일투족까지 신경 쓰지 않는다. 다만 "한 번쯤 생각해보면 좋겠어"라며 가볍게 자극을 줄 뿐이다. 동료가 상처받을 만한 상황에서는 안전한 피난처를 제공한다. 상대가 같은 노장 선수라도 말이다.

엘리스 버크스^{Ellis Burks}는 메이저리그에서 18년 간 뛰며 올스타에 두 차례 뽑힌 선수였다. 한 번은 전지훈련 때 그와 대화를 나누었는데, 현자라는 원형이 그럴듯한지 물어보았다. 그는 현자의 특성을 가진 선수를 여러 명 봐왔고, 항상 필요한 존재라고 말했다. "자신감이 성공을 부릅니다. 그렇죠? 그런데 아무리 자신감 넘쳐도 슬럼프에 한 번 빠지면 갑자기 위축될 때가 있습니다. 열 번이나 올스타에 뽑혔다고 안 그런다는 법은 없어요. 가끔은 내가 누군지, 내 야구가 무엇인지 상기시켜줄 사람이 필요하죠."

아이|The Kid

아이의 에너지는 강아지가 물을 털어내듯이 발산된다. 식당에 막 가져다 놓은 에스프레소 기계를 보고 놀라는 맷 더피와 같다. 아이는 하이파이브를 하고 싶어서 항상 맨 앞에 있다. 아무 이유 없이 동료의 어깨에 자기 팔을 올린다. 타격 연습을 마치면, 동료들이 클럽하우스로 들어간 지 한참 지나도 더그아웃 끝에서 팬들에게 사인해주고 잡담을 나누고 있다. 주식이나 부동산, 중고차 매매에는 아직 관심이 없다. 그리고 팀 전용기가 멋있다고 생각하는 사람이다.

노장 선수들은 아이를 보면서 자신의 옛 모습을 떠올린다. 야구를 사랑했던 이유가 다시 생각난다. 그라운드에서 10층짜리 건물 높이만 한 관중의 물결을 보며, 가슴이 뛰었던 시절을 기억한다. 타격 연습 중간에 아이가 동료의 등에 올라타는 모습은 그야말로 산소와 같다.

지금은 은퇴한 투수 제러미 애펠트^{Jeremy Affeldt}는 "야구는 비즈니스처럼 변한다"고 말했다. "영화 〈사랑의 블랙홀^{Groundhog Day}〉처럼 매일 일어나서 일과를 시작하는데, 어린 선수들에게는 모든 게 새롭겠죠. 그러면 이런 생각이 듭니다. '그래, 나도 저런 자세가 필요해.'"

아이는 꿈을 안고 간다. 불가능이 무엇인지 모른다. 모든 것을 당연하게 여긴다. 워런 베니스^{Warren Bennis}와 퍼트리샤 워드 비더먼^{Patricia Ward Biederman}은 《천재들의 조직력^{Organizing Genius}》(국내 미번역)에 다음과 같이 말했다.

"시간은 참 많은 것을 가르친다. 그중에 한계라는 개념도 있다. 시간은 머리가 아무리 좋은 사람도 죽음을 강제로 체험하게 만든다. 요컨대 경험은 사람을 현실적으로 만들지만, 그것이 반드시 좋은 것만은 아니다. (중략) 훌륭한 집단은 현실적이 아니라 원기 왕성하고 아무런 근거도 없이 긍정적인 집단이다."

팀 케미스트리

노장 선수들은 아이의 근거 없는 긍정성을 보고, 스스로 세운 한계를 떨쳐버려야 하는 것인가 고민하게 된다. 앤서니 리조^Anthony Rizzo는 2016년도 시카고 컵스에서 어린 리더로 활약했다. 그는 동료들에게 당시 시오 엡스타인^Theo Epstein 단장이 "다 함께 역사를 쓰고, 만세에 영원히 전하려고 다 함께 퍼레이드를 했다"라고 한 말을 끊임없이 상기시켰다. 리조는 더그아웃에서 늘 세상을 다 가진 표정을 짓곤 했다. 그는 진정성 있고 순수했지만, 유치하다는 느낌은 없었다.

2010년에 샌프란시스코 자이언츠가 내셔널리그 챔피언십 시리즈에서 필라델피아 필리스를 꺾었을 때, 버스터 포지는 23살의 신인이었다. 우승 후에 호텔 연회장에서 즉석 파티가 열렸는데, 새벽 4시 반쯤 되어서야 파장했다. 이때 마이크 크루코 캐스터는 포지를 포함한 몇몇 선수와 함께 엘리베이터를 타게 되었다.

크루코는 "매년 있는 일이라고 생각하지 않았으면 좋겠다"고 선수들에게 말했다. 그러자 얼굴이 빨개진 포지는 크루코를 바라보며 이렇게 물었다. "왜 그렇게 생각하면 안 됩니까?"

행동대장 The Enforcer

행동대장은 팀이 세운 기준을 관리한다. 동료가 연습에 태만하거나, 정신 차리지 않거나, 사인을 놓칠 때 야단치는 사람이다. 철면피가 아니라면 힘든 역할이다. 행동대장은 쓸데없이 오지랖이 넓다거나 "자기가 그렇게 잘났어?"라는 소리를 듣게 될 것을 감수한다. 이런 원형은 유명세보다 이기는 경기가 더 중요하다고 생각한다. 동료애는 이기는 경기를 하는 데 있어 과유불급이라는 점을 본능적으로 잘 알고 있다. 상대방의 감정을 지나치게 신경 쓰는 팀에서는 날카로운 피드백이 전달되기 힘들다. 관계를 손상시킬 수 있다는 두려움 때문이다. 극단적으로는 유대감이 너무 강하면 만장일치에 집착하며 광신도스러워질 수 있다. 행동대장은 개인감정을 이기는 경기보다 우선순위에 놓지 않는다. 팀이 아무리 잘 나가고 현 상황에 아무런 불만이 나오지 않더라도, 노력이나 태도가 조금이라도 해이해지는 모습을 보이면 바로 지적한다. 팀이 덩실거리면서 재앙으로 향하는 모습을 금방 알아차리기 때문이다.

행동대장은 두 가지로 분류할 수 있다. 첫 번째는 신랄한 원형이다. 제프 켄트 같은 사람이 여기에 속한다. 나는 이런 사람을 선동가형 행동대장이라 부른다. 그가 팀이 태만하다고 말하면, 동료들은 신경을 곤두세우고 '지긋지긋한 놈'이라며 투덜대지만, '그래도 틀린 말은 아니야'라며 의도는 이해한다. 이렇게 선동가형 행동대장의 영향력이 먹히는 방법은 단 한 가지다. 그가 진심으로 팀을 위한다는 점을 동료들이 믿는 것이다. 이런 사람이 있다는 것은 팀이 스스로 자정할 수 있다는 뜻이다. 리더가 권력을 잃지 않으려면 권력 과시에 빠지지 않도록 조심해야 한다.

두 번째는 현자형 행동대장이다. 선동가형 행동대장처럼 냉정하지만 날카로운 면은 없다. 상대방이 호감을 갖고 신뢰하는 사람이다. 사교성도 있다. 외부에서 보면, 행동대장이 맞나 싶을 정도다. 구원 투수 하비에르 로페스가 사근사근했다. 버지니아대학교^{University}

of Virginia에서 심리학을 전공한 그는 미국 연방수사국^{FBI: Federal Bureau} of Investigation 요원의 아들이다. 태도가 노곤하고 침착해서 노련한 대학교 영문학과 학생회장을 연상시키는 면이 있었다. 불펜 주변을 기웃거리는 여성 팬들에게 인기가 많았다. 그리고 가장 무시무시한 좌완 스페셜리스트(일반적으로 좌타자가 좌투수에게 약하다는 통계를 바탕으로, 중요한 순간에서 좌타자 한두 명만 상대하기 위해 등판하는 투수―옮긴이) 중에 하나였다. 자이언츠에서 6년을 지내는 동안, 선수들 사이에서 가장 존경받았다.

당시 한 어린 선수가 클럽하우스를 교란시킬 위기에 놓였던 적이 있었다. 그리고 그런 어린 동료의 변덕과 불쾌한 행동들을 억제할 수 있었던 사람은 로페스였다. 사실 그는 보수적이라, 다 큰 성인에게 살갑게 대하는 것을 불편해했다. 하지만 정면으로 맞섰다가는 부작용이 일어났을 것이다. 오히려 어린 동료의 분노를 키워서 자아도취에 더 빠지게 만들었을 것이다. 따라서 로페스는 거기에 맞춰 행동했다. 그는 어린 선수와 이야기하고, 이야기를 들어주고, 상담해주며, 격려해주는 데 많은 시간을 할애했다. 그리고 항상 칭찬을 두 번 한 뒤 행동을 지적하곤 했다. 이 부분에 대해 그는 이렇게 설명했다. "그렇게 해야 완충 효과가 생긴다는 느낌을 받았습니다. 관심이 있다는 걸 보여주는 거죠. 상대를 난처하게 만들거나 의지를 꺾어버리면 안 되니까요."

어린 동료에게는 부드럽게 충고할 수 있는 행동대장이 필요하다는 것을 로페스도 잘 알았다. "세세한 것까지 하나하나 지적할 수도 있는데, 궁극적으로는 저희가 가고자 하는 방향으로 이끌어주진 않았을 겁니다."

버디 The Buddy

버디는 모두의 친구다. 팀에 버디가 있으면 밥을 혼자 먹는 사람이 없어진다. 소속 집단이 없는 사람도 없어진다. 많이 편찮으신 아버지의 안부를 묻거나, 원정 때 단체 영화 관람을 주선하거나, 새로 입단한 일본인 선수를 즐겁게 해주겠다며 가장 심한 일본어 욕을 배우는 사람이다. 버디 선수로는 농구 스타 제니퍼 에이지Jennifer Azzi가 있다. 1996년도 올림픽 여자 농구 대표팀이 합숙 훈련을 했을 때였다. 레베카 로보Rebecca Lobo가 제한 시간 안에 2마일(약 3.2킬로미터)을 달리는 데 거듭 실패하자 에이지는 성공할 때까지 매일 로보 옆에서 함께 뛰었다. 로보는 대표팀에서 가장 잘 알려졌지만, 체력은 가장 약했다. 게다가 나이가 많은 노장 선수들 사이에서 잘 어울리지 못했다. 하지만 에이지가 다가가자 서서히 경계를 풀고 그녀에게 불안함과 외로움, 대중으로부터 받는 관심의 부담감 등을 털어놓았다. 에이지는 로보에게 "다들 상황은 조금씩 달랐겠지만, 너와 비슷한 상황에 놓여봤지. 우리도 이해하니까 걱정 마"라고 말했다. 로보는 그렇게 에이지와 흉금을 터놓는 대화를 나눈 뒤, 중국에서 벌어진 국제 대회에서 대한민국을 상대로 24득점을 올리며 코네티컷대학교 시절의 모습을 다시 보였다. 그러고 나서 동료들이 즐겼던 카드게임에 참여하고, 농담에도 끼기 시작하며 소속감을 느낄 수 있었다.

팀 케미스트리

마크 더로사^{Mark DeRosa}도 버디 선수다. 그는 메이저리그에서 16년 동안 유틸리티 선수(다양한 수비 포지션을 소화할 수 있어서 상황에 따라 다양한 수비 위치에 기용되는 선수―옮긴이)로 뛰었다. 항상 웃고, 말이 많은 선수였다. 천성적으로도 사교성이 넘쳤지만, 그는 동료들끼리 서로 연결되면 개인 기량에도 도움이 된다고 생각했다. 팀이 포용하면 마음에 여유가 생긴다. 마음에 여유가 생기면 정신과 육체가 흐름을 타서 경기력이 더 좋아진다. 더로사만큼 동료들에게 점심을 많이 사준 선수는 없었다. 신인 선수와 중남미 선수, 패전조 구원 투수 등 클럽하우스 내에서 다양한 문화와 인종, 연령, 포지션을 아우르며 가교 역할을 했다. 그는 모든 선수의 이야기가 궁금했다.

더로사는 "어느 팀을 가든지 선수들의 성장 배경은 너무나도 다릅니다. 그래서 항상 공통점이나 마음을 움직이게 하는 걸 찾습니다. 후안 우리베는 유머 코드가 맞았어요. 트래비스 이시카와^{Travis Ishikawa}는 그 당시 아내가 임신해서 힘든 시기를 겪었는데, 저도 아내가 두 번 임신했을 때 비슷한 경험을 했습니다"라고 말했다.

그는 부상으로 결장했을 때도 존재감을 과시했다. 동료들의 기분을 파악하고, 농담을 즐기며 여러 가지 잡담도 풀었다. 동료들이 야구에 집중할 수 있도록 항상 야구 이야기를 꺼냈다. 그리고 자신감을 심어줘야 하는 상황도 항상 주시했다. "저는 무조건 벤치에서 일어나서 잘한 건 잘했다고 말해줍니다." 한번은 샌프란시스코가 큰 점수 차로 지고 있을 때, 하비에르 로페스가 패전 처리를 마무리하고 더그아웃으로 들어왔다. 그때 더로사가 더그아웃 계단에서 로페스를 맞이하려고 기다렸다. 패전 처리야말로 어쩌면 야구 경기에서 가장 보람 없고, 고맙다는 말도 못 듣는 역할이다. 하지만 더로사는 로페스의 등을 쳐주면서 "로페스, 고생했어. 고맙다"라고 말했다.

버디는 '언제나' 기분을 좋게 해주는 청중이다. 모든 농담에 웃고, 모든 이야기에 귀를 기울인다. 진지하지만 성격이 좋아서 기꺼이 놀림거리가 되어준다. 데이비드 로스는 2016년도 컵스에서 현자였지만 버디이기도 했다. 당시 시오 엡스타인 단장은 그에 대해 이렇게 설명했다. "로스는 항상 가장 외로워 보이는 선수에게 다가가고, 팀 회식을 주선하며, 배경이 다른 선수들이 세운 장벽을 허물었습니다."[1] 엡스타인 단장은 2019년에 로스를 감독으로 선임했다.

전사 The Warrior

전사는 워낙 뛰어나고 상대가 두려워하는 존재라, 팀 전체에 스왜그를 심어준다. 전사 선수로는 배리 본즈가 있다. 수 버드, 마이크 트라우트뿐 아니라 농구선수 르브론 제임스 LeBron James, 미식축구 선수 톰 브레이디 Tom Brady, 축구선수 메건 러피노 Megan Rapinoe 등도 전사라고 할 수 있다. 전사는 팀이 신뢰하는 핵심 인물이다. '이 선수가 있기에 우리는 승리한다', '이 선수가 있기에 우리는 특별하다'라는 믿음을 줄 수 있는 사람이다. 반드시 호감 가는 사람일 필요는 없다. 동료들과 잘 어울릴 필요도 없다. 그저 남들보다 뛰어나고 두려움이 없으면 그만이다. 더스티 베이커 감독은 이들을 캐리어 carrier라고 부르며 이렇게 설명했다. "누구나 팀을 하루이틀 정도는 끌고 갈 수 있습니다. 그런데 캐리어는 팀을 주 단위로 끌고

갑니다. 나머지는 다 도우미인 셈이죠."

2012년에 젊은 강타자 요에니스 세스페데스가 오클랜드 애슬레틱스에 입단했다. 직전 해에 74승밖에 올리지 못한 팀이었지만, 세스페데스가 입단하자마자 활기가 돌았다. 그는 외야 상단에 꽂아버리는 대형 홈런들을 날렸다. 좌측 외야 깊숙한 곳에서 홈플레이트까지 정확하게 송구하고, 근육 위에 근육을 키우며, 올림픽 육상 선수처럼 베이스를 돌았다. 주목받는 것도 좋아해서 즐겁고 여유 있게 뛰었다. 2011년에 지구 3위였던 오클랜드는 세스페데스가 입단하자 2011년보다 20승을 더 올리며 서부 지구를 우승했다. 세스페데스는 그들의 전사였고, 팀을 대표하는 전설적인 존재였다.

2014년에는 오클랜드가 전반기 승률이 가장 높은 팀이었다. 세스페데스만 있는 것은 아니었다. 오클랜드 타선은 무게감이 있었다. 오클랜드는 그해 올스타전에 세스페데스를 포함해 무려 여섯 명이나 출전시켰다. 나머지 다섯 명은 조시 도널드슨과 브랜던 모스, 데릭 노리스^{Derek Norris}, 스콧 캐즈미어^{Scott Kazmir}, 숀 둘리틀^{Sean Dolittle}이었다. 세스페데스는 올스타 홈런 더비를 우승했는데, 1999년 켄 그리피 주니어^{Ken Griffey Jr.} 이후 처음으로 2년 연속 우승이라는 업적을 달성했다.

그러나 돌발 사건이 일어났다. 오클랜드는 7월 31일에 세스페데스를 보스턴 레드삭스로 보내버렸다. 스타 강타자를 내주고, 보스턴의 스타 투수 존 레스터를 얻었다. 야구계는 오클랜드의 대담함을 칭찬하는 분위기였다. 투수가 강한 팀이 대체로 우승한다. 오클랜드는 2012년과 2013년 모두 포스트시즌 1회전에서 탈락한 경험이 있다. 다시 말해, 아무리 세스페데스가 포스트시즌 진출에 도움이 된다 한들, 포스트시즌에서 이기지 못하면 무슨 소용이랴?

따라서 상식적으로 그 트레이드는 납득이 되었다. 그러나 클럽하우스의 분위기는 달랐다.

오클랜드는 첫 네 달 동안 세스페데스와 함께 66승을 거두었다. 하지만 마지막 두 달은 세스페데스 없이 22승밖에 올리지 못하고, 최종 45경기에서는 30패를 당하는 수모를 겪었다. 양대 리그 최고 승률을 자랑했던 팀에서 지구 우승도 못하는 신세로 전락했다. 브랜던 모스는 첫 네 달 동안 타율 0.259, 23홈런, 72타점을 기록했지만, 마지막 두 달 동안에는 타율 0.162, 2홈런, 9타점에 그쳤다. 조시 도널드슨도 세스페데스가 있었을 때 23홈런 76타점을 기록했지만, 세스페데스가 떠나자 6홈런 22타점에 그쳤다.

물론 막판에 팀이 붕괴된 이유는 몇몇 선수들의 부상도 있고, 선수들이 통산 평균치로 회귀했던 부분도 있었다. 그렇지만 선수단 대다수는 세스페데스가 원인이었다고 말했다.

"아무리 생각해도 그 이유밖엔 없습니다"라고 오클랜드 투수 출신 캐스터인 댈러스 브레이든Dallas Braden이 말했다. 오클랜드는 그들의 전사를 잃었고, 다른 선수들은 그 공백을 메우기 위해 안간힘을 썼다. "이때 타자들은 제가 보통 말하는 5점 홈런을 치려고 합니다. 불가능한 걸 시도한다는 뜻이죠. 그때부터 경기력이 떨어지는 게 보이기 시작합니다."

오클랜드는 와일드카드로 포스트시즌에 간신히 진출했지만, 캔자스시티 로열스를 만나 빛의 속도로 탈락했다.

오클랜드의 한 관계자는 세스페데스에게는 '스타의 아우라'가 있었다고 말했다. "모두가 느꼈죠. 모스랑 도널드슨은 그 이후로 자체 폐업을 해버렸습니다. 다들 '세스페데스가 내 앞이나 뒤에서 치니까 괜찮을 거야. 우리는 괜찮을 거야'라고 생각했던 거죠. 팀의 정신이자 영혼이었습니다. 솔직히 그런 팀 분위기를 느낀 게 몇 년 만인지 모르겠어요."

전사는 이기는 야구를 했던 실적이 있어야 한다. 프로에서 이기는 야구를 하지 못했다면, 적어도 고등학교나 대학 시절에라도 이기는 야구를 해봤어야 한다. 훌륭한 팀이라면 이기는 야구를 할 줄 아는 선수가 필요하다. 그래서 팻 버럴이 2010년도 자이언츠에서 주된 역할을 맡았던 것이다. 그는 마이애미대학교 시절과 필라델피아 필리스에서 우승했던 경험을 바탕으로, 새로운 팀에 입단했다. 따라서 압박을 견디거나 흐름을 끊는 방법을 몸소 보여줄 수 있었다.

하지만 이기는 야구가 절대적인 기준은 아니다. 트레이드 마감일에 포스트시즌 진출로 이끌어줄 준수한 외야수를 얻을 수 있던 과정에서 '이기는 야구' 때문에 실수를 했다는 한 단장이 있었다. 트레이드를 진행하지 않았던 것이 실수였다. "그 선수를 자유 계약으로 영입했던 단장에게 '그 선수 어떻습니까?'라고 물었는데, '이기는 야구를 할 줄 모른다. 세계 최고의 선수지만, 이기는 야구를 한 적이 없다'는 대답을 받았죠. 그래서 저도 '그러네요'라고 말했습니다." 클럽하우스 교란자라는 평판 때문에 그는 매니 라미레스^{Manny Ramírez}를 영입하지 않았던 것이다. 결국 라미레스는 로스앤젤레스 다저스와 계약했고, 다저스를 포스트시즌으로 쏘아 올렸다.

광대 The Jester

광대는 팔색조의 매력을 뽐는다. 점화자처럼 동료들의 기운을 북돋울 수 있고, 행동대장처럼 교란시킬 만한 행동을 지적할 수 있으며, 버디처럼 동료와 연결 고리를 만들어나갈 수 있다. 장난을 적시에 쳐서 긴장감을 풀어주고, 농담을 주고받아서 우정을 돈독하게 하며, 말장난도 기교 있게 해서 불안감을 달래주는 사람이다. 상대가 불쾌하지 않는 선에서 장난치기 때문에 모두에게 어떤 말이든 꺼낼 수 있다. 상처 하나 입히지 않고도 가장 날카로운 화살을 쏠 줄 안다. 비난의 화살을 유머로 감싸면 타격감이 매우 부드러워지기 때문이다. 정말로 타고난 광대는 가장 강한 전사보다도 팀에 주는 효과가 클 수 있다. 철학과 신화 작가이자 편집자인 샨티 페이더 Shanti Fader 는 이렇게 적었다. "광대의 힘은 사람들이 보통 생각하는 영웅적인 이미지와 다르다. 권력과 영광을 향해 직접 돌진하기보다는 겸손함과 남을 기꺼이 돕겠다는 마음을 내세운다."[2]

팀은 절대로 평등한 사람들끼리 구성되지 않는다. 따라서 팀이 잘 화합하려면 일종의 평등 의식이 필요하다. 그리고 앞 장에서 소개했듯이 농담 문화에는 장벽을 허물어뜨리는 힘이 있다. 광대는 모두가 한 배를 탔다는 의도를 전달하기 위해 팀 리더를 노련하게 놀리기도 한다. 물론 그 리더가 놀림감이 되겠다고 자처해야 한다. 그러면 자신이 성격이 좋고 동료들과 다르지 않다는 것을 보여줘서, 더 다가가기 쉬운 리더가 될 수 있다.

어느 팀이나 자기들만의 농담과 개그를 만드는데, 이때 스타일은 광대가 정하고, 이것이 기준이 된다. 이 농담은 시즌 내내 반복하기

팀 케미스트리

때문에 팀원끼리만 이해할 수 있다. 정체성을 이루는 중요한 요소며, 내부인과 외부인을 구분 짓는다. 서로에 대한 신뢰를 재충전하고 싶을 때, 그들만의 농담을 꺼낸다. 갈굼은 하나의 시험대라고 할 수 있다. 맷집이 있는지 아니면 부루퉁해 있거나 부글부글 끓는지, 그들과 한 배를 탈 것인지 말 것인지 확인하는 작업이다. 유머 없이는 팀이 제대로 돌아갈 수 없다. 유머는 선수들의 단결력을 강화한다. 그들만의 섬에서는 오로지 그들끼리 비웃고 모욕할 수 있다. 그만큼 서로 신뢰하기 때문이다. 이것은 수용의 표시이며, 더 나아가 애정의 표시다.

광대의 재능은 사람을 웃게 만드는 것인데, 웃음만큼 사람들을 가까워지게 만드는 것은 없다. 인간은 언어를 만들기 전에 웃음으로 표현했다. 웃음소리와 말소리를 발성하는 부위는 각각 다르다. 웃음은 일차적으로 서로 긴밀한 유대 관계를 형성하는 사교의 목적을 가진다. 밴더빌트대학교Vanderbilt University 심리학 연구원 조앤 배커라우스키Jo-Anne Bachorowski는 "사람들의 웃음은 오케스트라의 다양한 악기 소리처럼 서로를 이끌어나간다"고 적었다.[3]

특히 친구처럼 가까운 사이일수록 더욱 그렇다. 서로 웃으면 그 소리들이 어느 순간부터 겹치다가 서로의 목소리를 흉내 내는 방향으로 바뀐다. 배커라우스키는 웃음이 서로에 대한 애정을 강화한다고 주장한다.

옥스퍼드대학교University of Oxford 진화심리학자 로빈 던바는 붉은털원숭이의 털 고르기를 연구한 적이 있는데, 인간과 유인원의 사회적인 웃음을 '거리를 둔 털 고르기'로 해석했다.[4] 게다가 전염성도 있다. 미러링의 궁극적인 예는 바로 웃음이다. 타인이 웃는 모습을 보거나 웃음소리를 들으면 우리도 웃고 싶어진다. 웃음이 빵 터진 사람을 보면서 웃음을 참아보아라. 우리 두뇌는 웃는 사람의 환희를 느끼게끔 만든다.

잘 웃으면 우리 몸을 정화시키는 느낌이 든다. 웃을 때 일어나는 수축 운동은 폐 안의 공기를 밀어내며 심박수와 혈압을 낮춘다. 뇌 안은 쾌락의 호르몬이라 불리는 도파민으로 찬다. 그러면 상대방과 더 잘 연결되고 좀 더 신뢰하며, 더 여유 있고 긍정적인 느낌을 가진다. 경기력을 높이는 데 도움이 되는 물리적·정서적 상태라고 할 수 있다.

팀 케미스트리는 화학에서 말하는 화합물이 아니다

역할 원형을 한참 손보고 있던 와중에 캐나다 윌프리드로리에대학교Wilfrid Laurier University 마크 아이스 교수와 인터뷰를 진행한 적이 있다. 그는 팀 경기력의 심리학적 근간을 연구하고 있다. 유대감이 경기력에 어떤 영향을 주는지도 연구했는데, 나 역시 관심 갖던 부분이었다. 하지만 역할 원형이라는 말이 나오자마자 화제가 바뀌었다. 교수는 소리 없이 웃었다. 자신도 연구 중이었던 것이다. 그는 자기만의 목록을 만들었고, 선수들의 '비공식 역할'이라고 이름 지었다.

아이스 교수는 연구진과 함께 2004년 1월부터 2005년 12월까지 발간된 《스포츠 일러스트레이티드》의 모든 호를 읽고 분석했다.[5] 연구진이 선수들의 역할을 식별한 후 코치와 선수들에게 자문을 구한 결과 11가지 원형이 나왔다. 암적인 존재, 교란자, 꾀병자, 점화자, 행동대장, 멘토, 말 없는 리더, 말 많은 리더, 팀 플레이어, 스타, 모임 주선자로 나누었다. 아이스 교수는 이것이 아직 시작점에 불과하고, 앞으로 연구가 진행되면서 수정해나가야 한다는 점을 강조했다. 그런데 서로 만든 목록이 너무나도 비슷해서 웃음이 나왔다. 교수는 이렇게 말했다. "스포츠뿐만 아니라 다른 분야 사람들에게도 이 원형을 보여주면, 눈이 휘둥그레지면서 '나도 저런 사람 안다'고 말합니다."

로스앤젤레스 다저스 데이브 로버츠 감독도 비슷한 반응을 보였다. "체이스 어틀리Chase Utley와 엘리스A. J. Ellis가 나이 많은 선수, 즉 현자"라면서 2016년도 팀을 한 명씩 분류해봤다. "코리 시거Corey Seager가 아이고, 클레이턴 커쇼Clayton Kershaw가 영웅(전사)이에요. 행동대장은 저스틴 터너Justin Turner인 것 같아요. 에이드리언 곤잘레스가 약간 선동가형 행동대장이었어요. 왜냐면 클럽하우스를 한 번씩 흔들어놓곤 했죠. 좀 애정 어린 방식으로요. 광대는 야시엘 푸이그랑 키케 에르난데스Kike Hernández였습니다. 켄리 얀선Kenley Jansen이 약간 버디였던 것 같아요. 커다란 곰 인형 같지 않아요? 모두가 좋아했어요. 마에다 겐타前田健太도 마찬가지였습니다."

로버츠 감독은 내친 김에 자기가 선수로 뛰었던 2004년도 보스턴 레드삭스도 역할 원형에 맞춰보았다. 케빈 밀라Kevin Millar를 광대, 더그 미러벨리Doug Mirabelli와 제이슨 배리테크Jason Varitek를 행동대장, 팀 웨이크필드Tim Wakefield를 현자, 데이비드 오티즈와 매니 라미레스를 전사, 브론슨 아로요^{Bronson Arroyo}를 아이, 그리고 포키 리스^{Pokey} ^{Reese}를 버디로 꼽았다.

맷 윌리엄스도 자기가 뛰었던 2001년도 월드 시리즈 우승팀 애리조나 다이아몬드백스를 동일하게 분류해줬다. 자신과 토드 스토틀마이어^{Todd Stottlemyre}가 행동대장이었다고 하면서 과거에 있었던 일을 소개했다. 레지 샌더스^{Reggie Sanders}가 막 입단했을 때, 하루는 그가 홈런을 치자마자 홈플레이트에 서서 타구의 아름다운 곡선을 감상했다. 윌리엄스는 더그아웃 입구에서 그를 맞이하면서 이렇게 말해줬다고 한다. "잘 쳤어. 하지만 다음부터는 절대 그러지 마라." 루이스 곤잘레스^{Luis Gonzalez}가 전사, 데이비드 델루치^{David Dellucci}와 대니 바우티스타^{Danny Bautista}가 아이, 스티브 핀리^{Steve Finley}가 점화자, 그리고 그레그 콜브런^{Greg Colbrunn}과 크레이그 카운셀^{Craig Counsell}(2023년 현재 밀워키 브루어스 감독―옮긴이)이 광대에 해당했다.

나는 이런 분류 작업을 반복했다. 선수와 코치들은 자기 팀을 놓고 역할 원형별로 선수를 꼽았다. 그렇다면 유능한 단장이라면 광대나 점화자를 알아볼 수 있을까? 아니면 이런 역할 원형은 그냥 우연히 발현되는 것일까?

보스턴 레드삭스의 단장이었던 벤 셰링턴^{Ben Cherington}에게 이 부분을 물어봤다. 2012년에 보스턴은 자만심과 자아도취에 빠졌던 지구 꼴지 팀이었다. 셰링턴은 그런 팀을 월드 시리즈 우승팀으로 둔갑시켰다. 팀에서 연봉이 가장 높았던 세 명의 스타 선수를 쫓아내고, 인성이 좋은 선수를 다수 영입했다. 이렇게 하면 팀이 더 좋아질 것이라고 그는 생각했다. 어차피 꼴찌보다 더 못할 수는 없는 노릇 아닌가? 그렇지만 그해 10월에 샴페인을 터뜨리고 있을 줄은 자신도 몰랐을 것이다.

2017년에 셰링턴과 통화했을 때 그는 토론토 블루제이스의 운영 부사장이었다. 2015년에 보스턴에서 퇴사하고 뉴욕에 있는 컬럼비아대학교Columbia University에서 리더십 과정 과목을 하나 가르쳤다. 그 당시 강의 계획서를 봤는데, 놀라운 강의 제목이 눈에 들어왔다.

'잘 돌아가는 팀 vs. 문제가 있는 팀, 그리고 팀 케미스트리.'

그때까지만 해도 셰링턴은 2017년을 제외하면 보스턴에서만 근무했다(2023년 현재 피츠버그 파이리츠 단장—옮긴이). 보스턴은 세이버메트릭스에 초점을 두었던 팀이다. 심지어 세이버메트릭스의 아버지 빌 제임스를 채용하기까지 했다. 제임스는 단기간에 지대한 효과를 냈다. 그가 입사한 지 2년 만에 보스턴은 월드 시리즈 우승을 맛볼 수 있었다. 86년 만의 일이었다. 그러고 나서 2007년과 2013년에 또 다시 우승을 차지했다. 그런데 셰링턴은 데이터 분석을 완전히 포용하지만, 숫자에 환장한 신세대 아이비리그 출신 관계자들과는 사뭇 달랐다. 그는 뉴햄프셔주의 작은 마을에서 작가와 사색가 사이에서 자랐다. 따라서 경제와 금융 지식보다는 문학과 인문학으로 지성을 쌓았다. 외할아버지는 시 부문에서 퓰리처 상Pulitzer Prize과 전미 도서 상National Book Awards을 받았다. 친할아버지는 하버드대학교에서 가르치고 리처드 닉슨Richard Nixon 전 대통령의 고문단에서 활동했다. 셰링턴은 애머스트대학교Amherst College에서 야구 선수로 활동한 영어영문학도였고, 세부 전공은 영국 문학이었다. 그래서 야구를 더 깊이 있고 정확하게 알기 위해 데이터 분석을 신뢰하더라도 애정과 쌀쌀함, 친절과 배신, 관대함과 이기심 등 인간만이 가지는 불확실성 또한 이해했다. 거기서 나오는 스토리가 있기 때문이다. 그러나 그런 불확실성의 힘을 측정하는 방법은 몰랐다. 그래서 컬럼비아대학교에서 진행했던 강의는 수강생에게 설명하는 시간이라기보다 팀 케미스트리를 함께 탐구하는 시간에 가까웠다.

셰링턴은 이렇게 말했다. "유대감이 굉장히 강한 집단에 있고, 집단의 결과가 각 개인이 낼 수 있는 결과를 합한 것보다 크면 뭔가 있는 거죠. 팀 케미스트리가 이루어지고 있는 모습은 쉽게 보입니다. 그걸 예측하는 부분이 어려운 거죠. 그 부분은 저도 잘 모르겠습니다."

2013년에 조니 곰스와 데이비드 로스, 셰인 빅토리노, 스티븐 드루Stephen Drew, 마이크 나폴리Mike Napoli, 라이언 뎀프스터Ryan Dempster, 마이크 카프Mike Carp, 제이크 피비, 우에하라 고지上原浩治를 계약하자, 셰링턴 단장이 팀 케미스트리의 비밀을 알아냈다고 생각한 사람도 있었다. 하지만 셰링턴은 기량이 가장 뛰어난 선수를 먼저 찾고, 그다음에 팀에 공백이 있는 수비 포지션을 뛰는지, 연봉과 계약 기간이 예산에 맞는지를 파악했다고 한다. 그다음이 인성이었다. 그렇다면 역할 원형은? 생각해본 적도 없었다고 한다. 원형이라 하면 고전 문학이나 분석 심리학에 나오는 용어라는 것밖에는 몰랐다. 그런데 전지훈련을 보러 플로리다주 포트마이어스Fort Myers에 도착하자, 재편성된 팀은 직전 해보다 확실히 달라졌다. 식사 시간에도 선수들은 그라운드에서 일어났던 일이나 다음 날 무엇을 보완해야 하는지에 대해 이야기를 나누고 있었다. 데이비드 로스는 시범 경기를 뛰면서 눈치 챈 것이 있는데, 뉴욕 양키스와의 개막전에 적용할 수 있는 것이라며 구체적으로 설명하고 있었다.

셰링턴 단장이 기억하기로는 "강의처럼 강압적이거나 생색내는 듯한 말투가 아니었다"고 한다.

팀이 힘겨운 5월을 보내고 있었을 때는, 뎀프스터가 "적시에 모두를 웃게 만들어서 긴장을 풀어주는 유머 감각이 있다"는 것을 확인했다.

로스와 뎀프스터는 각각 현자와 광대 역할을 하고 있었다. 빅토리노와 클레이 벅홀츠Clay Buchholz도 광대였다. 다른 선수들도 각자 자기의 역할을 찾아나갔다. 하지만 셰링턴이 이 모든 것을 예측했던 것은 아니다. 자신 덕분이 아니라는 것을 인정한 것이다.

"그때 성격이 강한 선수들로 팀이 구성된다는 시나리오는 내가 작성한 게 아닙니다. 그 팀 자체가 자기들만의 시나리오를 써나갔던 겁니다."

나는 처음에는 팀 케미스트리를 화학에서 말하는 화합물처럼 상상했다. 선수는 주기율표에 나오는 원소들이고, 선수마다 원소처럼 자기만의 독특한 특성으로 반응한다고 생각했다. 그러나 인간은 주기율표의 원소와는 전혀 다르다. 인간이 보이는 반응과 특성은 나이나 건강, 경험으로 인해 매년 바뀌는 것이 아니다. 주변 사람들을 대하면서 매 순간마다 바뀐다. 한 집단에 속한 나 자신은 다른 집단에 속한 나 자신과 다르다. 헌터 펜스는 2012년도 자이언츠에서는 점화자였지만, 이전 소속팀에서는 점화자였던 적이 없었다.

화합이 잘되는 팀에서는 모든 선수가 승리에 기여하려는 의욕이 높다. 그라운드에서 맡은 역할은 투수와 포수, 외야수처럼 정해져 있다. 그렇지만 클럽하우스에서 맡은 역할은 그렇지 않다. 자신이 찾아야 한다. 동료들이 생각하는 자신의 가치는 동료들이 내는 신호들을 수집하면서 알 수 있다. 한 선수가 동료들을 웃길 줄 알게 되었다고 치자. 그러면 두뇌의 보수 중추가 활성화된다. 어떻게 해서든지 동료들을 또 웃기려 한다. 사실 동료들은 무의식적으로 그가 줄 수 있는 도움이 무엇인지 알려주고 있는 것이다. 그렇게 해서 광대가 탄생한다. 이런 과정은 선수마다 자기만의 역할이 정해질 때까지 반복된다. 그런 와중에 역할을 여러 개 맡는 선수도 나온다.

그렇지만 선수들은 자기가 어떤 역할을 맡았다고 생각하지 않는다. 그냥 하는 것이다. 생리학적으로 설명하자면, 옥시토신과 도파민으로 가득한 상태가 그렇게 하도록 만든다.

우리만을 위하여

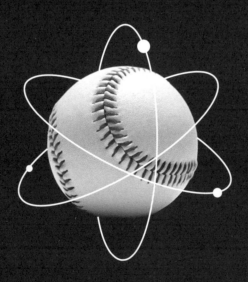

실패의 기억

타라 밴더비어^{Tara VanDerveer}는 캘리포니아주 팰로앨토^{Palo Alto}에 위치한 자택에서 짐을 풀고 있었다. 그때 상자 하나를 발견했다. 일단 상자를 들고 뒷마당 테라스로 가서 야외 탁자 위에 놓았다. 안에는 유리컵 세트가 있었다. 밴더비어는 호주에서 열린 1994년도 세계농구연맹^{FIBA: Fédération internationale de basketball} 세계선수권대회에서 미국 여자 농구 대표팀 감독으로 일하다가 집에 막 귀가했다. 상자 안의 유리컵들은 제비뽑기 행사에서 기념품으로 탄 것이었다. 그녀는 테라스에서 유리컵 한 잔을 상자에서 빼더니 콘크리트 바닥에 힘껏 내던졌다. 컵들을 차례대로 깨뜨렸고, 유리 파편들은 진달래 화분 주위에 널브러졌다.

밴더비어 감독이 이끌었던 대표팀은 준결승에서 탈락했다. 치욕이었다. 브라질에게 108득점이나 허용했다. 호주 시드니^{Sydney}에서 14시간을 날아왔지만, 분노가 사그라들지 않았다. 대표팀은 스탠퍼드대학교에서 2주간 훈련을 진행하고 대회에 참가했다. 밴더비어 감독이 과거에 스탠퍼드대학교 농구부를 대학 최정상으로 지도한 바 있다. 하지만 대표팀에서는 감독을 신뢰하지 않은 노장 선수들이 있었다. 훈련을 하루에 두 번씩 진행하고, 플레이는 압박을 가하는 형태다 보니 심신이 지쳤다. 마치 체스 위의 말처럼, 코트 위의 다섯 명을 수시로 움직여가며 빈 공간을 만들거나 트랩 수비(한 공격자를 두 명이 막거나 특정 지역으로 몰아서 실책을 유도하는 수비 전술—옮긴이)를 진행하는 방식을 고집했다. 그러나 스타 선수들은 감독의 전술을 무시하고, 자신들의 방식대로 제각각 움직였다. 감독은 사이드라인에서 얼굴을 붉히고 있었다. 미국 여자 농구는 한때 국제 대회에서 운동 능력 하나만으로 다른 나라들을 제압했던 시절이 있었다. 하지만 점차 다른 나라들이 미국을 따라잡기 시작했다. 결국 밴더비어 감독은 자제력도 없고, 집중력도 없으며, 약해빠진 미국 대표팀을 지켜보고만 있어야 했다.

준결승에서 브라질에게 패한 것 자체만으로도 좋지 않았는데, 그 과정은 더 문제였다. 대회가 끝나고, 감독은 날을 세우며 네 장짜리 편지를 써서 선수들에게 돌렸다. 편지에는 이렇게 적은 부분이 있었다. "셰익스피어는 '배고픈 사자가 사냥을 잘한다'고 말했다. (중략) 우리는 미국 대표팀이지만, 그것을 부정하고 있다. 우리는 거만하고 마음이 약하다." 대회가 끝나자 밴더비어 감독은 스탠퍼드대학교로 다시 출근했다. 매일 아침 출근 전에 러닝머신을 달렸는데, 몇 달 동안이나 브라질 전의 패배 장면을 틀어놓고 달렸다. 성급했던 슛과 부주의했던 실책, 기회를 놓친 리바운드들을 머릿속에 새겨질 정도로 반복해서 봤다.

테리사 에드워즈는 선수 경력과 수상 경력이 가장 많은 선수였다. 그녀 또한 씁쓸한 마음으로 귀국했다. 감독이 자기를 미워한다는 것은 알았지만, 그 이유는 잘 몰랐다. 화가 나야 할 사람은 '자신'이었다. 스탠퍼드대학교에서 훈련할 때, 밴더비어 감독은 에드워즈의 뛰는 모습부터 슛하는 모습, 패스하는 모습까지 끝없이 지적하면서 소리쳤다. '이 여자 왜 이래?' 에드워즈는 NCAA 선수권대회 4강 두 번, 올림픽 세 번, FIBA 세계선수권대회에 두 번 출전한 경력이 있다. 올림픽 금메달 통산 2관왕이다. 조지아주 케이로^{Cairo} 근교에서 어린 시절부터 농구밖에 모르고 자랐다. 항상 남동생들과 인근 공원에서 농구를 즐겼다. 이제 서른 살이 된 그녀는 유럽 프로 리그 8년 차였다. 그렇지만 밴더비어 감독의 농구부 출신은 아니었다. 때로는 자기가 오히려 감독에게 매섭게 대꾸하기도 했다. "왜 이렇게 많이 뛰어야 돼요?" "빈 공간이 있었는데 왜 패스해야 돼요?" 에드워즈와 동료들은 자기가 맡은 부분을 알아서 잘했고, 열심히 뛰었다. 에드워즈만큼 집중력 있고, 승부욕 있으며, 팀을 생각하면서 뛰는 선수는 없었다. 그런데 브라질에 패하자, 밴더비어 감독은 '에드워즈'만 탓하는 것 같았다. 결국 에드워즈는 감독의 네 장짜리 편지에 답하지 않았다.

새로운 여자 농구 대표팀

두 여자가 다시 만난 것은 1년 후였다.

1995년 봄날, 콜로라도주 콜로라도스프링스Colorado Springs에 위치한 올림픽종합훈련센터Olympic Training Center 체육관. 단단한 마룻바닥에 삑삑거리고 쿵쿵거리는 농구화 소리들이 들렸다. 올림픽 국가대표 선발 대회가 일주일 간 벌어졌다. 24명의 후보 중에 미국 대표팀에 승선할 11명(12번째 선수는 추후 선발)을 뽑는 대회였다. 에드워즈는 눈에 쉽게 띄었다. 코트에서 가장 현란해 보이지 않은 선수였다. 머리털이 나는 언저리부터 매듭을 꽉 묶은 콘로우들이 목선이 끝나는 부분까지 이어졌고, 거기서부터 땋아 늘인 머리가 짧고 단단하게 나 있었다. 다른 선수들의 재빠른 몸놀림과 스핀, 현란한 볼 핸들링 속에서 에드워즈의 노곤한 걸음걸이를 보고 있으면 무관심한 것처럼 비춰질 수도 있었다. 그러나 그녀의 조용한 모습에는 사나움이 있었다. 위엄 있고, 두려움을 유발하는 무언가가 있었다. 침착해 보이는 시선은 상대를 이미 간파했다는 인상을 남겼다.

누가 봐도 에드워즈는 개인 통산 네 번째 올림픽 출전이 확실했다. 미국 남녀 농구를 통틀어서 아무도 달성하지 못한 기록이다.

이번 대표팀은 과거 올림픽 대표팀과 달랐다. 1년 동안 개인사를 제쳐두어야 했다. 가족과 멀어지고, 소속 구단으로부터 받는 연봉을 포기해야 했다. 밴더비어 감독도 전국 우승을 두 번이나 이끌었던 대학교 농구부 일을 그만둬야 했다. 그들의 목표는 단 한 가지였다. 1996년도 애틀랜타 올림픽에서 여자 농구 금메달을 따는 것이다. 지금까지 농구 대표팀 훈련은 몇 주만 하고 끝났다. 미국농구협회USA

팀 케미스트리

Basketball는 어렵게 선발한 여성들이 결속력을 다져서 진정한 팀으로 거듭나는 데 충분한 시간을 주고자 했다. 어떻게 보면, 1년 동안 진행된 팀 케미스트리 실험이었다.

에드워즈는 콜로라도스프링스의 코트 위에서 긴장했다. 몸을 풀기 위해 슛을 하는데 자기도 모르게 사이드라인에 곁눈질을 했다. 밴더비어가 대표팀 감독이었다. 목에는 커다란 은색 호루라기를 걸고 서 있었는데, 눈썹을 치켜올리며 매의 눈으로 바라보는 모습이 호주에서 있었던 일을 기억한다는 표정 같았다. 에드워즈는 밴더비어가 자기를 낙방시킬까 봐 두려웠다.

감독도 에드워즈를 흘끗 쳐다봤다. 그러고 나서 바로 나머지 23명의 유망한 선수들에게 시선을 돌렸다. 그중에는 소속 대학교에서 영구 결번으로 지정한 선수도 있고, NCAA 우승을 경험한 선수도 있고, 해외 프로 구단 스타 출신 선수도 있고, 거액의 농구화 계약을 맺은 선수도 있으며, 세계선수권대회나 올림픽 메달을 딴 선수도 있었다. 밴더비어 감독은 재능이 있으면서도 자기 방식에 무조건 따를 선수를 찾고 있었다. 1년 내내 함께 이동하고, 훈련해서 금메달을 따려면 이 점이 필수였다. 실력이 아무리 좋아도 바퀴에 낀 이물질 같은 선수를 안고 가기에는 농구협회의 기대가 너무 컸다. 감독은 뛰어난 재능이 승리를 보장하지는 않는다는 것을 잘 알고 있었다.

한때 전 세계를 주름잡았던 미국 여자 농구 대표팀은 지난 10년 동안 고전을 면치 못했다. 1994년도 호주 세계선수권대회뿐만 아니라, 1991년도 팬아메리칸게임Pan American Games(아시안 게임처럼 아메리카 대륙의 국가끼리 진행하는 대규모 종합 스포츠 경기 대회─옮긴이)에서도 결승에 오르지 못했다. 그리고 가장 가슴 아팠던 패배는 1992년도 바르셀로나 올림픽에서 나왔다. 금메달보다 더 중요한 것도 걸려 있었다. 올림픽 대표팀이 압도적인 모습을 보인다면 미국에서 여자 프로 리그를 출범시킬 명분이 생길 수 있었다. 텔레비전 인터뷰와 사인회, 잡지 표지 모델, 광고, 옥외 광고판 등 1년 내내 마케팅 활동까지 벌일 수 있었다. 미국 여자 농구를 키우기 위한 중요한 발판이었고, 사실 여자 프로 리그는 진작 출범했어야 했다. 따라서 협회 입장에서는 이번 대표팀이 국가의 큰 그림을 이루고, 여자 농구가 대학 수준을 넘어선 지 오래되었다는 것을 보여주기를 바랐다.

반면 밴더비어 감독에게는 마케팅적인 측면이 그렇게 중요하지 않았다. 오로지 이기는 농구 생각뿐이었다. 그런 목적을 달성하기 위해 여자 농구 역사상 가장 준비가 잘된 팀을 꾸리는 것을 우선순위에 두었다. 상대보다 노력이 적다거나 체력이 약해서 졌다는 소리만큼은 듣고 싶지 않았다. 그렇기에 감독이 에드워즈에게 유독 냉정하게 대했던 것이다. 그 당시만 해도 에드워즈 나이대의 노장 선수들은 혹독한 웨이트 훈련과 체력 관리에 익숙하지 않았다. 대학 시절에 그런 훈련을 많이 하지 않았고, 해외 프로 리그도 막무가내로 운영되었기에 그런 훈련을 했을 리가 없었다.

따라서 에드워즈는 감독이 자기를 탈락시킬 걱정을 할 만했다. 실제로도 감독은 떨어뜨릴 시도까지 했었다. 그러나 감독이 그것을 결정할 힘은 없었다. 선발 권한은 협회에 있었다. 에드워즈는 대표팀에 무사히 승선했다.

역사의 무대 앞에 서다

얼어붙은 바람이 선수들의 얼굴에 바늘처럼 꽂혔다. 1995년 10월 초, 동이 막 틀 무렵. 선발 대회를 치른 지 넉 달이 지났다. 11명의 선수는 올림픽종합훈련센터에서 약 16킬로미터 떨어진 곳에 위치한 이글뷰중학교Eagle View Middle School에 모였다. 다들 교내 육상 트랙에 서서 재킷 지퍼를 턱까지 채웠다. 밴더비어 감독은 장소를 실내 트랙으로 옮기거나 일정을 다른 날로 바꿀 생각을 아주 잠깐 했다. 이런 날씨는 축복이었다. 1년짜리 훈련이 혹독하길 바랐다.

선수들이 그 의도를 눈치 채는 데 얼마 걸리지 않았다. 선발 대회가 끝나자마자 며칠 뒤에 선수들은 워싱턴 D.C.의 덜레스 국제공항 Dulles International Airport에 집합했다. 유럽 팀들과 연습 경기를 하기 위해 리투아니아와 이탈리아로 이동해야 했다. 대표팀이 비행기에 탑승하기 직전에 밴더비어 감독은 레베카 로보에게 짐을 싸서 집에 가라고 말했다. 감독은 튀는 행위를 막기 위해 어떤 양말과 상의, 스포츠 브라, 손목 밴드, 머리띠 등을 입을 수 있는지를 정했다. 발가락이 보이지 않는 신발을 신는 것도 거기에 포함되었다. 밴더비어는 비행 공포증이 있는데, 선수들의 발이 불에 타고 유리 조각에 찔리는 환영이 보이곤 했다. 그런데 코네티컷대학교의 슈퍼스타이자 대표팀 최연소자인 로보가 샌들을 신고 나타났던 것이다. 로보는 동료에게 290밀리미터짜리 여분의 운동화를 재빨리 빌렸다. 그러자 감독은 로보가 동행하는 것을 허락했다.

감독은 스타 대접을 받고자 하는 선수가 생기면 얼른 바로잡았다. 대표팀 선수들은 일반석 비행기를 타고, 2인 1실 숙소를 쓰고, 87개나 되는 짐을 직접 운반하며, 35달러 밖에 되지 않는 하루 식대로 끼니를 전부 해결해야 했다. 리투아니아의 2성급 호텔에서는 선수 대부분이 침대 밖으로 발을 빼고 자야 했다.

신경과학적으로 보면, 밴더비어 감독과 미국농구협회는 11명의 스타 선수들을 단합시킬 수 있는 최선의 방법을 선택한 것이다. 옥시토신과 신뢰감을 연구하는 신경경제학자 폴 잭 교수에게 스포츠 팀 내에서 신뢰를 쌓는 방법을 물었다. 그러자 폴 잭 교수는 밴더비어 감독이 사용한 방법을 거의 그대로 설명했다.

그는 일단 스트레스 요인이 있어야 한다고 말했다. "좀 힘들어야겠죠. 하루에 두 번씩 훈련하면 아마도 좋겠죠. 그런데 외부와 단절돼야 합니다. 가족들도 못 보게 해야 하고요. 말하자면 군대 훈련소죠. 함께 고생하고, 서로 돕고, 고양이 싸움은 피해야 해요. 뭐가 중요한지를 알자는 겁니다. 몸매 관리 확실히 하고, 서로 단합하고, 우리만을 위한다는 수준으로 서로 유대감을 쌓는 거죠."

리투아니아와 이탈리아를 돌고 나서 선수들을 여름 동안 각자 집으로 귀가시켰다. 그렇지만 밴더비어 감독은 체력 관리 훈련 또한 바로 가동했다. 선수마다 일일 개별 훈련 일정을 편성해주면서, 주어진 양식에 훈련 내용을 매일 기록하도록 지시했다. 감독에게 훈련일지는 훈련 그 자체만큼이나 중요했다. 세세한 것까지 신경 쓰는 것은 개인 수양이자 시험이었다. 선수가 팀을 위해 얼마나 헌신하는지를 나타냈다.

여름이 끝나고 선수들이 콜로라도스프링스로 복귀했을 때, 네 명만이 훈련을 전부 소화하고 일지를 작성해왔다. 에드워즈도 그중 한 명이었다.

다시 칼바람이 부는 중학교 육상 트랙으로 돌아와서, 선수들은 몸을 풀기 위해 팔다리를 흔들고, 제자리에서 뛰며, 스트레칭을 했다. 밴더비어 감독과 두 명의 보조 코치들은 초시계를 들었다. 선수들은 여덟 바퀴를 뛰어야 했다. 거리는 2마일(약 3.2킬로미터). 선수마다 개인에 맞는 완주 시간이 정해졌다. 산 공기는 얇았고, 선수들은 숨을 헐떡거렸다. 체력 상태가 좋았던 선수도 평소보다 느렸다. 낙오자도 세 명 발생했다. 그 세 명은 연습이나 훈련 중간중간에 트랙으로 불려가서 뛰지 못한 시간을 채워야 했다. 그 세 명은 여름 동안 훈련하지 않았던 선수들이기도 했다. 따라서 추가로 달리는 것과 더불어 여름 동안 훈련하지 않았던 나머지 네 명과 함께 매일 아침 동틀 무렵에 기상해서 못다 한 훈련을 보충해야 했다.

밴더비어 감독은 속으로 흡족했다. 요령 피우면 안 된다는 분위기를 초장부터 잡았다. 코트 끝에서 끝까지 스프린트를 시킬 때, 베이스라인에 손가락을 완전히 짚어야 한다고 지시했다. 베이스라인에 닿는 시늉은 쳐주지 않았다. 어느 순간부터 감독의 목소리는 하루 종일 울리는 자동차 경보음과 구분되지 않았다. "빨리빨리 뛰어! 빨리빨리 뛰어!" 감독은 손뼉을 치고, 호루라기를 불며 고함을 질렀다. 고쳐야 할 부분과 지시 사항도 큰소리로 외쳤다. "손을 높이 들어서 막아! 더 높이 들라고!" 심지어 물 마시는 시간에도 쉬지 못하게 했다. "뛰어 가!"

훈련을 마치면 다리가 타오르고 땀에 흠뻑 젖었지만, 청백전이 이어졌다. 공을 잡기 위해 서로 밀치고, 스크린을 서고, 패스를 강하게 하며, 리바운드를 잡았다. "자세 낮춰! 자세 낮춰! 뛰어! 뛰어어어어!" 감독은 계속 소리질렀다. 근육으로 무장한 루시 볼턴Ruthie Bolton 도 하루 일과를 마치면 땀범벅이 된 채 축 늘어졌다. 그녀는 "하루에 포기하겠다는 생각이 세 번 이상 안 들면, 열심히 안 했다는 증거"라고 말했다.

대표팀은 매일 하루에 두 번씩 훈련했다. 그리고 월요일과 수요일, 금요일마다 웨이트 훈련을 한 시간씩 추가로 했다. 저녁이 되면 콜로라도스프링스의 숙소로 돌아갔다. 에드워즈와 카트리나 매클레인Katrina McClain은 서로 절친이었지만, 나머지는 서로 친구라기보다는 그냥 동료에 가까웠다. 여자 대표팀 선수들은 미국 프로 농구 리그인 NBA(National Basketball Association)와는 다르게 함께 뛸 기회가 드물었다. 해외 리그들은 대개 구단별로 미국인 선수를 한 명씩만 허용했다. 그래서 연습이 끝나도 서로 어울리지 않았다. 밤에는 가족이나 개인 친구들과 통화하거나, 텔레비전을 보거나, 잠들 때까지 책을 읽었다. 그리고 다음 날 아침이 되면 모든 것이 다시 시작되었다.

밴더비어 감독은 에드워즈가 승선한 것이 굉장히 못마땅했지만, 마음을 이내 정리했다. 과거는 잊기로 했다. 모든 선수에게 새로운 자신이 될 수 있는 기회를 줬다. 여름에는 에드워즈에게 생일에 맞춰 직접 전화를 걸기도 했다. 화기애애했다. 감독은 "오늘부터 정확히 1년 후에 올림픽 경기장에 걸어서 들어갈 것"이라고 전했다. 사실, 에드워즈와 개인적인 문제는 전혀 없었다. 오히려 그녀의 지성

팀 케미스트리

과 승부욕이 마음에 들었다. 에드워즈는 밴더비어 감독에게 대학 시절에 자신의 어머니가 일했던 공장에서 일한 경험에 대해 말한 적이 있었다. 일이 무척 고되었는데, 에드워즈의 어머니는 그녀가 아주 어린 시절부터 그곳에서 일해왔다. 그해 여름은 에드워즈에게는 유난히 길게 느껴졌던 날이었고, 충격적인 경험이었다. 자신은 평생을 그렇게 살고 싶지 않았다. 그때부터 대학 졸업장에 대한 욕심이 생겼다. 결국 조지아대학교^{University of Georgia}를 졸업하고, 유럽 리그로 진출해서 대형 계약을 좌지우지하는 존재가 되었다. 그리고 어머니에게 얼른 집을 사드렸다.

그렇지만 밴더비어 감독은 에드워즈가 자기 방식을 고집하지 않을까 여전히 걱정했다. 그리고 10월 훈련 캠프에서 걱정했던 부분이 수면 위로 드러나기 시작했다. 우크라이나와의 연습 경기에서는 패스하거나, 일대일 공격을 가져가거나, 플레이를 만들기보다는 자기가 직접 슛하는 모습이 감독의 눈에 거슬렸다. 호주 선수권대회 때를 연상시키는 모습이었다. 감독은 에드워즈를 교체해버리고 나서 폭발했다. 에드워즈는 가만히 듣기만 하고, 머릿속에 있던 생각은 담아두었다. 에드워즈가 밴더비어 감독이 지도한 선수 중에 가장 완고했다면, 밴더비어 감독도 에드워즈가 경험한 감독 중 가장 완고했다. 둘이 너무나도 닮았다. 진지하고 맹렬하지만, 화려함을 추구하지 않았다. 대표팀에 따라오는 명성에는 관심도 없었다. 오로지 농구와 금메달만을 원했다.

두 여성은 서로를 신뢰하지 않았지만 서로에 대해 인정했던 부분이 한 가지 있었다. 바로 마음속에 활활 타오르는 승부욕이었다.

1995년 11월 1일. 밴더비어 감독은 애틀랜타 웨스틴 호텔^{Westin} ^{Hotel} 앞에서 대기하던 버스로 대표팀을 인솔했다. 조지아대학교와 연습 경기가 잡혀 있었다. 전국의 대학 농구부들과 22차례 평가전 시리즈를 치르는데, 그중 첫 경기였다. "저 미친년이 오늘은 뭘 또 시키시려나?" 선수 하나가 투덜거렸다. 팀 버스는 애틀랜타 시내로 진입한 뒤, 몇 분 후에 거대한 조지아돔^{Georgia} ^{Dome}(2017년에 철거—옮긴이)의 승하차장으로 들어갔다. 내부는 애틀랜타 팰컨스 미식축구단의 경기를 준비해놓은 상태였다. 감독은 선수들을 중앙선으로 인솔했다. "금메달을 어디서 받는지 잘 봐둬." 선수들이 코트와 전광판, 관중을 마음속으로 그리기를 바랐다. 메달을 목에 거는 상황을 간접적으로나마 체험시켜주고 싶었다.

경기장 시설관리부장은 올림픽 때 조지아돔을 반으로 나누어서 사용한다고 설명했다. 한쪽에서는 체조 경기가, 다른 한쪽에서는 농구 경기가 열릴 계획이었다. 그는 선수들을 몇 미터 우측으로 안내하면서 말했다. "시상식 때 여기에 시상대를 설치할 겁니다."

바로 그때 골대 쪽에 설치한 대형 화면이 갑자기 켜졌다. 빌 클린턴^{Bill} ^{Clinton} 당시 대통령이 화면에 성조기를 배경으로 등장하며 1996년에 올림픽을 개최하는 것이 얼마나 영광스러운 일인지를 설명하고 있었다. 이어서 재키 조이너커시^{Jackie} $^{Joyner-Kersee}$가 모래판으로 뛰는 모습과 매리 루 레턴^{Mary} ^{Lou} ^{Retton}이 뜀틀에서 착지하는 모습, 칼 루이스^{Carl} ^{Lewis}가 상체를 앞으로 내밀고 결승선을 통과하는 모습 등 과거 올림픽 하이라이트 장면들이 소개되었다. 그리고 스피커에서 〈갓 블레스 아메리카^{God} ^{Bless} ^{America}〉가 울려 퍼지자 선수와 코치들은 눈물을 훔쳤다. 밴더비어 감독은 모든 여성 후배들을 위해 여자 농구의 위상을 높여야 한다는 목적을 전달했다.

그때 캐럴 캘런^{Carol Callan} 대표팀 단장은 서류 가방에서 납작한 나무 상자 하나를 꺼냈다. 안에는 에드워즈에게 빌린 금메달 두 개가 들어 있었다. 그녀에게 빌릴 때 이유는 말하지 않았는데, 밴더비어 감독은 선수들이 금메달을 직접 보고 만지기를 원했다. 그것도 본인들이 메달을 직접 딸 장소에서 말이다. 그러자 선수들은 번갈아 가면서 서로에게 메달을 걸어주었다. 시상대에 실제로 오를 때처럼 두 팔을 번쩍 들었던 선수도 있었다. 그러고 나서 서로 포옹했다.

루시 볼턴은 "이 이야기를 해줄 때마다 눈물이 나오네요"라고 말했다. "감독님께서 '여자 농구를 바꿀 수 있어. 쉽지는 않을 거야. 포기하고 싶을 때마다 이때를 기억하자'라고 말씀하셨어요. 굉장히 뜻깊었어요. 그냥 자연스럽게 서로와 약속한 거죠."

목적의식이 승리에 미치는 영향

목적의식이 경기력에 중요하다는 점은 누구나 아는 사실이다. 그렇기 때문에 지도자들은 로커룸에서 연설할 때 데이터 분석이나, 체력 관리, 재능에 관한 내용을 언급하지 않는다. 세 가지 모두 승리에 중요하더라도 말이다. 샌프란시스코 자이언츠의 전 감독 브루스 보치는 명분을 거창하게 만들어주는 재주가 좋았다. 그는 연설을 자주 하지도 않았고, 달변가도 아니었다. 목소리는 느긋하게 걷는 카우보이 같이 무언가 낮고 느린 느낌을 줬다. 나름 매료되는 부분은 있었다. 그는 영감을 얻으려고 윈스턴 처칠^{Winston Churchill}의 연설문 모음을 훑어본다거나 하지도 않았다. 웅변술이 좋았을 리도 없다. 하지만 사람을 설득시키는 방법을 잘 알고 있었다.

샌프란시스코가 2010년대에 세 차례(2010년, 2012년, 2014년) 우승한 시즌을 들여다보면 보치 감독의 장엄한 연설이 항상 있었다.

2010년. 샌프란시스코는 시즌 내내 샌디에이고 파드리스를 추격하다가, 9월이 되어서야 마침내 따라잡았다. 하루는 1위로 올랐다가 다음 날 샌디에이고에게 내주는 식으로 계속 엎치락뒤치락했다. 그러다가 정규 시즌을 2주 남긴 시점에서는 샌디에이고와 1.5경기 차이로 뒤쳐졌다. 그리고 로스앤젤레스 다저스 홈구장에서 3연전을 치러야 했다. 보치 감독은 1차전 타격 연습 전에 팀 회의를 요청했다. 그리고 선수들에게 윌리엄 월리스^{William Wallace}에 대해 설명했다. 13세기에 초라한 병력으로 강력한 잉글랜드 군에 맞섰던 스코틀랜드 영웅이었다.

"여러분, 여러분 앞에 고전하는 팀이 있다. 이제 여러분의 시간이다."

감독은 갑자기 텔레비전을 카트에 싣고 클럽하우스 안으로 끌고와서 '재생' 버튼을 눌렀다. 배우 멜 깁슨^{Mel Gibson}이 월리스로 출연한 영화 〈브레이브하트^{Braveheart}〉가 나왔다. 영화에서 멜 깁슨은 역사적인 순간을 위해 병력을 모으고 나서 "싸우시겠소?"라고 묻는다. 이후에 병사들의 환호 속에 영화를 대표하는 대사가 이어진다.

"우리의 생명을 앗아갈 순 있다. 하지만 우리의 '자유'는 절대로 빼앗아가지 못한다!"

야구 경기에 대입하기에는 조금 지나친 느낌이 있고, 살짝 유치하다고 느낀 선수도 있었다. 그러나 남아 있던 정규 시즌 경기부터 예상치 못한 역사적인 월드 시리즈 우승까지, 좋은 일이 일어날 때마다 선수들은 더그아웃에서 "자유!"라고 외치곤 했다.

2012년. 샌프란시스코는 내셔널리그 디비전 시리즈에서 신시내티 레즈에게 2연패를 당하고 벼랑 끝에 몰렸다. 3차전을 반드시 이겨야 하는 상황이었다. 보치 감독은 또 다시 선수들을 모았다. 처음에는 메이저리그의 대역전 사례들을 나열했다. 1984년도 샌디에이고 파드리스는 시카고 컵스를 상대로 3연승을 거두고 월드 시리즈에 진출했다. 이는 보치 자신이 선수 시절에 직접 겪었던 사례였다. 보스턴 레드삭스는 2004년도 아메리칸리그 챔피언십 시리즈에서 뉴욕 양키스를 상대로 4연승을 거두었다. 그리고 2012년도 오클랜드 애슬레틱스는 정규 시즌 말미에 텍사스 레인저스와의 3연전을 석권하고 서부 지구를 우승한 바 있다. 감독은 화력이 부족하다는 점을 알고 있었다. 신시내티에게 18이닝 동안 2득점으로 묶였다. 그렇기 때문에 전략과 전술로 이겨야 한다고 말했다. 그러면서 《구약 성서》 이야기 하나를 소개했다.

기드온이라는 농부가 있었는데, 이스라엘을 이끌고 강력한 미디안을 상대도록 하나님으로부터 선택받았다. 그는 처음에 3,200명의 병사를 모집했지만, 하나님은 그중에서 가장 용맹하고, 영리하며, 헌신적인 사람들만 추려내라고 명했다. 그렇게 걸러냈더니 300명이 남았다. 그리고 그 300명은 10만 명이 넘는 미디안 대군을 무찔렀다. 보치 감독이 이야기를 끝내자, 헌터 펜스는 너무 감격했던 나머지 의자에서 벌떡 일어나 그 유명한 "서로를 위해 뛴다!"라는 연설을 남겼다. 그리고 선수단은 포스트시즌 내내 이것을 팀의 구호로 사용했다.

우리는 이런 것에 흥분한다. 무언가 대단한 일에 참여한다는 느낌에 들뜬다. 사람은 모두 함께일 때 천하무적이라는 느낌을 가진다. 나 자신이 완성되어간다고 생각한다. 주변 사람들이 나와 동일한 목적의식을 가지면 나 자신도 완벽하게 채워지는 느낌을 받는다.

샌프란시스코는 9회 정규 이닝까지 단 1안타밖에 치지 못했음에도 불구하고, 연장전 끝에 신시내티를 꺾었다. 그들은 다음 두 경기도 승리로 장식하고 내셔널리그 챔피언십 시리즈에 진출해서 세인트루이스 카디널스와 격돌했다. 그때 또 다시 탈락의 기로에 섰고, 거기서도 3연승을 하면서 살아남았다. 그렇게 두 시리즈에서 벼랑 끝에 몰린 경기만 여섯 번을 치렀다. 이후 월드 시리즈에 진출해서 디트로이트 타이거즈를 4승 무패로 꺾었다.

마지막으로 2014년. 샌프란시스코는 캔자스시티 로열스와 월드 시리즈 7차전까지 갔다. 6차전은 캔자스시티에게 10 대 0으로 박살 났다. 그런데 7차전 승리를 원정에서 이룬 팀은 1979년 이후 단 한 팀도 없었다. 보치 감독은 선수들에게 해줄 이야깃거리도 다 떨어졌다. 그저 선수들을 다시 한 번 자각시켜주기만 했다.

"모스가 세인트루이스에서 홈런을 안 쳤으면 우리는 여기까지 오지도 못했어." 보치 감독은 마이크 모스^{Mike Morse}를 가리키면서 말했다. "크로퍼드, 피츠버그에서 홈런 친 거 기억 나? 뭐 하러 쳤어? 괜히 여기까지 오게 만들고 말이야." 감독은 그해 각 선수의 결정적인 활약을 돌아가면서 소개했다. 그리고 동료들이 가장 좋아했던 현자 팀 허드슨을 특히 강조했다. 그는 그해가 아니었으면 월드 시리즈를 경험해보지도 못한 채 은퇴할 뻔했다. 소개가 끝나자 감독은 서로의 눈을 바라보라고 말했다.

그는 이렇게 회상했다. "선수들은 자기가 어떤 사람인지, 어떤 선수인지 확신을 가졌습니다. 그리고 역사를 위해, 지역 사회를 위해, 서로를 위해 무엇을 달성하는 것인지 확실하게 알았습니다."

그해 샌프란시스코 투수로 활약했던 제이크 피비는 이렇게 설명했다. "감독님께서는 목적을 제대로 '볼' 수 있게 해주셨죠. 명분에 대한 믿음이 하도 커서 저희도 덩달아 믿었습니다. 그 순간만큼은 저희도 모르게 의기투합했습니다. 전부 기합이 잔뜩 들어갔고요. 몸이 근질근질했죠. 7차전을 이길 수 있었던 가장 큰 요인이었다고 저는 확신합니다."

샌프란시스코가 7차전을 3 대 2로 승리한 것이 보치 감독의 연설과 어떤 연관이 있는지 증명할 방법은 없다. 물론 보치 감독이 말하는 "명분이 크면, 단순히 '하고 싶다'는 마음도 한 층 더 커진다"는 의견도 있다. 그런데 선수들에게 명분이나 목적의식이라는 것이 과연 필요할까? 월드 시리즈 반지를 받고, 돈을 더 받을 수 있다는 것만으로도 충분하지 않을까?

물질적인 보상, 특히 금전적인 보상은 생각만큼 동기 부여로 작용하지 않는다. 스티브 잡스는 초기 매킨토시Macintosh 모델을 완성할 때, 45명의 팀원을 불러서 종이 한 장을 주고 모두 서명하도록 지시했다. 그러고 나서 팀원들의 서명을 본체 케이스 후면부 주형에 새겼다. 화가들이 자기 작품임을 내세울 때의 느낌이었다. 비록 매킨

토시 구매자는 서명을 보기가 힘들었다. 그렇지만 팀원들은 특별하고 혁신적인 물건을 만든다는 생각에 장기간 노력을 기울였다. 잡스는 그런 점을 이해했기에 팀원들의 이름을 역사에 남기고 싶었던 것이다.

펜실베이니아대학교 휘턴스쿨^{Wharton School of the University of Pennsylvania} 조직심리학 교수 애덤 그랜트^{Adam Grant}는 직장 내 동기 부여에 대해 수많은 연구를 진행해왔다. 하루는 직장 내 문제 한 가지를 풀기 위해 수천 명의 기업 임원을 초대한 적이 있었다. 꽤 잘 알려진 이야기다.[1] 동문들에게 전화를 돌려서 기부를 부탁하는 아르바이트생들이 반복적이고 보람도 없는 일 때문에 사기가 많이 떨어져 있었다. 그렇게 해서 모은 기부금은 대부분 장학금으로 사용되었다. 그런데 동문들이 매정하게 거절하거나 전화 도중에 끊어버려서, 아르바이트생들의 사기가 저하되었다. 기부금도 제대로 모일 리 없었다. 기업 임원들은 임금 상승이나 홍보 활동, 포상, 식사 및 휴식 제공 등 실적을 높이기 위한 방안을 다양하게 제시했다. 그런데 모금 매니저들이 이미 한 번씩 시도했던 방안들이고 전부 헛수고였다.

그때 그랜트 교수는 다른 대안이 떠올랐다. 장학금 수혜자 한 명을 콜센터로 초대해서 아르바이트생들에게 장학금을 받고 인생이 어떻게 달라졌는지, 기부금을 부탁하는 일을 얼마나 감사하게 생각하는지를 설명해달라고 부탁했다. 한 달이 지나자 아르바이트생들의 통화 시간은 142퍼센트 늘고, 기부액은 171퍼센트 증가했다. 교수는 다른 집단에서도 동일한 방법으로 실험을 진행했고, 비슷하거

팀 케미스트리

나 더 좋은 결과들이 나왔다. 심리학 교수 배리 슈워츠$^{Barry\ Schwartz}$는 "더 큰 보상 없이도 더 열심히 일했다"며 "더 깊은 목적의식을 목격했다"고 말했다.[2]

미군이 해석하는 팀 케미스트리

1996년도 올림픽 여자 농구 대표팀 11명은 1995년 11월에 조지 아돔을 나오면서 금메달을 따야겠다는 자극을 받았다. 그러나 올림픽 대회까지는 아직 9개월이나 남았다. 이런 형태의 자극은 유통 기한이 길지 않다. 팀들은 이런 자극을 어떻게 날마다 유지시킬 수 있을까? 이런 자극을 오래도록 유지하는 것은 내가 알아본 바로는 불가능했다.

숭고한 명분이나 목적은 굉장히 중요하지만, 거기까지다. 동기 부여를 지속시키는 것은 무엇일까? 그 해답은 주변에서 찾아야 한다. 바로 내 앞에 있는 상대로부터 나오는 것이다.

미군은 이 부분을 언제나 잘 이해하고 있다. 결론부터 말하자면, '누구와 함께 싸우는 것인가'가 '무엇을 위해 싸우는 것인가'보다 중요하다. 미 해군 씰$^{SEAL:\ SEa,\ Air\ and\ Land}$의 기초 수중 폭파 과정에서는 그런 이유로 훈련병들에게 전우조를 편성한다. 어디를 가든 전우조가 무조건 따라가야 한다. 심지어 식당에 가도 마찬가지다. 전우조와 떨어져 있다가 발각되면, 나머지 전우조가 책임을 지고 군기 훈련을 받는다. 퇴역 대장 스탠리 매크리스털$^{Stanley\ McChrystal}$(1981년에 유엔사령부 공동경비구역 정보·작전 장교로 대한민국에 파병된 바 있음―옮긴이)은 2015년에 출간한 자신의 베스트셀러《팀 오브 팀스^{Team of} Teams》에 다음과 같이 적었다. "팀원끼리 서로 잘 아는 팀이 전투력이 월등하게 좋기 때문에 이 훈련을 실시하는 것이다. 이런 대인 관계 형태가 성과를 내는 데 필수적이라는 점을 모르는 코치는 없다."[3]

매크리스털과 군은 결속력이 전투력을 상승시킨다는 점을 어떻게 확신할 수 있었을까? 그 부분을 알아내기 위해 버지니아주 알렉산드리아^{Alexandria}까지 날아갔다.

64살이었던 매크리스털은 신병만큼이나 말랐다. 그가 2009년에 아프가니스탄에서 나토^{NATO}군과 미군의 합동 임무를 지휘한 지 10년이 지났다. 그 이전에는 미국 국방부의 일급 기밀 흑색 작전을 5년간 진행했다. 그리고 장성으로는 이례적으로 야간 습격에 수십 차례나 직접 투입되었다. 그의 분대는 2003년에 사담 후세인을 생포했고, 2006년에 알카에다의 한 리더였던 아부 무사브 알자르카위를 폭사시켰다.

그러나 이제 그는 일반인이었다. 아니, 일반인을 흉내 내고 있다는 말이 더 정확할지도 모르겠다. 그는 매크리스털 그룹^{McChrystal} Group이라는 컨설팅 업체를 설립해서, 알렉산드리아 구시가지에 위치한 빨간 벽돌 건물의 1층 자리를 차지하고 있었다. 그곳을 방문했을 때 그는 와이셔츠와 카키색 바지를 입고 있었다. 와이셔츠는 국방색이었고, 소매는 팔꿈치로부터 약 5센티미터 위를 맞춰서 단정하게 접었으며, 바지는 군대식 칼 주름이 잡혀 있었다. 그리고 머리를 짧고 단정하게 자른 지 얼마 되지 않아 보였다.

매크리스털은 육군에 몸을 바친 사람이다. 남북 전쟁 재향 군인의 후손이며, 아버지와 친할아버지, 형제 네 명 모두 육군에서 복무한 경력이 있다. 매형도 군인이고, 장인어른도 군인이며, 처남들도 전부 군인이다. 육군은 매크리스털의 무리였다. 그래서 2010년에 퇴역했음에도 소속감만큼은 버리기 힘들었다.

"솔직히 말씀드리면, 그래서 회사를 차렸습니다. 동료 의식이라고나 할까요? 그런 부분을 이렇게 채우고 있습니다"라고 그는 말했다. 90명이나 되는 직원 중에 3분의 1은 그의 전우들이다. 그의 옛 원사도 그중에 하나였다.

매크리스털은 어디를 가나 무리를 지으며 살아왔다. 코네티컷주 뉴헤이븐New Haven에도 무리가 있다. 그는 그곳에 위치한 예일대학교 Yale University에서 리더십 과정을 가르치고 있다. 수강생은 250명가량의 지원자 가운데 20명만 선발해서 교육한 후 자기 인맥으로 편입시킨다. 그리고 알렉산드리아에 있는 자택으로 초대해서 43년 결혼생활을 함께한 아내와 이전 수강생들과 서로 어울리는 자리를 마련한다. 그들에게 "다 같이 친구가 될 것"이라고 설명해준다. 강의 자체는 네 시간씩 진행하는데, 마지막 두 강의는 인근 술집에서 맥주를 마시며 대화를 나누는 시간으로 편성했다.

매크리스털은 책도 무리 지어서 쓴다. 《팀 오브 팀스》는 넷이서, 《리더Leaders》(국내 미번역)는 셋이서 함께 썼다.

그는 새로 리모델링한 본부를 활기차게 인솔했다. 본부는 내벽을 최소화해서 개방형 사무실 구조를 이루고, 책상들을 격자가 아니라 거미줄 형태로 배치했다. 파티션이 하나도 없고, 외부와 차단된 공간은 거의 없다. 사무 공간이 시작되는 곳에는 거대한 주방이 있다.

그곳에 긴 조리대가 있는데, 점심을 먹으며 잡담을 나누는 직원들이 꽤 있었다. 《팀 오브 팀스》에서 이라크 전쟁 당시 대테러 대책 본부를 설명한 내용이 떠올랐다. 발라드 공군 기지의 본부 참호에는 파티션을 전부 제거해서 첩보 분석 담당관과 작전 장교, 연락 장교, 수색 작전 담당관, 국방부 변호사, 의무관 등 신속 대응 대책 본부의 모든 담당자들이 지속적으로 소통하고 연결할 수 있었다. 이렇게 세심하게 제작한 공간은 매크리스털이 말하기를 "대책 본부 전체에 존재했다고 믿었던 창발적 지능"을 이끌어냈다.

매크리스털의 조그만 집무실은 주방 근처에 있다. 책상과 의자, 손님용 의자 두 개, 책과 서류철을 보관하는 벽장 정도가 간신히 들어가는 공간이다. 보통 벽에는 대통령이나 어떤 권위자와 찍은 사진이 보일 텐데, 매크리스털의 사무실은 그러지 않았다. 장식이 하나 있긴 했다. 제1차 세계대전을 배경으로 한 그림인데, 주름지고 땀에 젖은 조종사들이 서로 웃고 등을 쳐주면서 구식 전투기를 등지며 걸어가는 모습이다. 매크리스털이 지휘했던 특수부대에 첫 무인항공대대가 배치되었을 때 받았던 선물이라고 한다.

사무실은 유리벽으로 되어 있어서 사무 공간이 훤하게 보인다. 하지만 매크리스털은 주로 비서 책상 옆에 쿠션이 달린 흔들의자에 앉아서 업무를 봤다. 주방을 출입하는 길목에 놓여 있다 보니, 다들 한 번씩 지나가다가 무언가를 물어보거나 의견을 내고 간다. 매크리스털은 그런 식으로 사람들과 연결되는 것을 낙으로 삼는다.

실제로 만나보면, 그는 친절한 심문관의 눈을 가졌다. 내가 이야기하면 그는 책상 위에 팔짱을 낀 채 주의 깊게 들으려고 몸을 살짝 앞으로 기댔다. 그러면서 속으로는 내가 어떤 사람인지 판단하고 있었다. 안절부절못하는 면도 있었다. 머릿속으로 다음 업무를 진행할 시간이나, 무리로 돌아갈 수 있는 시간까지 얼마나 남았나 세고 있는 듯했다.

매크리스털은 자신의 기억으로는 리틀 야구를 뛰면서 결속력을 처음 느꼈다고 말했다. 조니 곰스처럼 같은 유니폼을 입고, 같은 규칙을 따르며, 이기기 위해서는 동료들에게 의지할 수 있어야 한다는 점을 매력으로 느꼈다. 그는 군인 가족의 6남매 중 한 명이다 보니, 팀 의식을 자연스럽게 가졌다. 그는 가족을 따라 항상 군부대 안에서 거주했다. 그곳에서는 모든 사람이 통일된 복장을 입고, 중대나 대대, 사단 등 편제에 소속되어 있었다. 아버지는 미국 육군사관학교를 나왔다. "비록 저희는 케네디Kennedy 집안처럼 온 가족이 마당에 모여서 길거리 미식축구를 하지는 않았지만, 가족끼리 뭉친다는 느낌을 받을 때가 있었어요"라고 그는 말했다.

그중에 유난히 뇌리에 박힌 사례가 있다. 1965년, 매크리스털이 열 살이던 때였다. 그의 아버지는 베트남 파병을 준비하기 위해 조지아주 포트베닝Fort Benning으로 가야 했다. 그래서 그 전에 가족 전부가 스테이션왜건에 몸을 싣고, 2주 반짜리 휴가라는 이름으로 여행을 떠났다. 처음 경험하는 일이었다. 어머니와 아이들은 테네시주 룩아웃마운틴Lookout Mountain에 있는 친척집에서 내리고, 아버지는 조지아주로 가는 것이 계획이었다. 그런데 첫날부터 어머니의 몸이 좋지 않았다. 막내를 낳은 지 얼마 되지 않았을 때였다. 이튿날 테네시주에 도착하자마자 어머니는 병원으로 실려 갔다. 맹장염이었다.

어머니가 입원하고 아버지가 조지아주로 가게 되자, 아이들은 전국에 있는 친척집으로 뿔뿔이 흩어져야 했다. 매크리스털과 한 명은 앨라배마주 라피엣^{LaFayette}까지 갔다. 그리고 2주가 지나서 어머니가 퇴원하고 아버지가 준비 과정을 수료하자 마침내 가족 모두 집으로 향했다. 그는 '휴가가 아닌 휴가'를 보냈다고 회상했다. 하지만 가족끼리는 가장 똘똘 뭉쳤던 시절이었다.

그러고 나서 사흘 후, 그들은 아버지를 배웅하러 공항으로 갔다. "아버지께서 1년 동안 해외에 파병을 가셔서 못 돌아올 수도 있다고 해서, 우리 모두 마음이 무거웠습니다. 아버지께서는 저희 남매에게 서로 단합해서 어머니를 보살펴드려야 한다고 말씀하셨습니다. '우리가 아버지 없이 1년 동안이나 그 일을 해낼 수 있을까?' 걱정이 되었습니다. 그런데 결국에는 해냈습니다." 남매는 서로 돌보면서 어머니를 보살펴드리는 방법을 찾아나갔다. 나이 많은 형들이 동생들의 숙제를 봐주고, 모두 가사 노동에 참여했다.

아버지가 몇 년 뒤에 두 번째 파병을 갔을 때도 가족끼리 잘 뭉쳤다. 그런데 아버지가 귀국하면서 모든 것이 틀어지기 시작했다. 아버지가 힘들어하시며 술에 의존하는 경우가 잦았다. 그런 모습은 처음 보이셨다. 매크리스털은 당시 16살이었다. 학교를 다니고, 운동부 활동을 하며, 육군사관학교를 준비하고 있었다. 그러던 어느 날 어머니가 갑자기 몸에 이상이 생겼고 바로 다음 날 돌아가셨다. 신부전이었다. 당시 어머니는 45살이었다. 아버지는 어쩔 수 없이 가장 어린 두 형제를 결혼을 앞두었던 누나에게 보냈다.

"저희 아버지께서는 결국 가족의 중심을 잡지 못하셨습니다. 그러다 보니 저희가 다른 곳에 많이 끌려다니게 되고 이전처럼 뭉치지 못했습니다. 모든 게 달라졌습니다. 지금까지도요."

그는 가족이 격변의 혼란을 겪자, 결속력에 대한 생각이 바뀌었다. "이 팀이라는 개념이 생각보다 깨지기 쉽다는 걸 깨닫고 굉장히 예민해졌습니다." 어머니는 바퀴의 허브였다. 어머니가 떠나자 바퀴도 사라졌다. 그는 팀이 격자와 같은 연결망을 이루어야 한다는 것을 깨달았다. 그래서 팀의 목표는 가장 바깥쪽 경계까지도 공유되어야 하는 것이다. 리더가 무너져도, 동료들이 무너져도 결속력은 유지될 수 있어야 한다.

1994년에 노스캐롤라이나주 포트브래그^{Fort Bragg}에 위치한 제82공수사단에서 대형 사고가 발생한 적이 있었다. 항공 병기 두 대가 공중에서 충돌하고, 착륙하는 과정에서 화염에 휩싸였다. 그리고 지상에 있던 낙하산병들이 화염에 휩싸인 파편에 맞았다. 이 비극적인 참사는 낙하산병들이 있었던 장소의 이름을 따서 그린 램프^{Green Ramp} 사고로 알려지게 되었다. 이때 제82공수사단의 지휘관 가운데 한 명이 매크리스털이었다. 그가 지휘한 제504낙하산보병연대 제2대대에서 가장 많은 사상자가 발생했다. 19명이 사망하고, 40명 이상이 중상을 입었다. 19명이 사망했다는 것은 19명의 미망인이 생겼다는 뜻이다. 40명이 중상을 입었다는 것은 40명에 가까운 젊은 아내나 여자 친구들이 심각한 내상이나 쳐다보기 힘든 끔찍한 외상을 입은 남성을 갑자기 보살피게 되었다는 뜻이다. 부대에 사는 이웃과 친구들이 장례 절차를 돕고, 아버지를 잃은 아이들을 돌봤다. 2대대에서 이 일에 관여되지 않은 인원은 없었다.

3주가 지나자 제82공수사단이 사단 전투대기부대를 맡아야 할 차례가 왔다. 다시 말해, 2대대가 가장 높은 단계의 경계 태세를 갖추고, 전시 상황에 가장 먼저 출동한다는 뜻이다. 이를 준비하려면 차량과 통신 기기, 병기, 야간 투시경 등 모든 장비를 전시에 바로 사용할 수 있는 상태로 준비해야 한다.

"'우리가 과연 할 수 있을까?'라는 고민이 있었습니다. 준비해야 할 게 굉장히 많았습니다. 서로의 눈을 보고 '하나의 팀으로 싸울 수 있는가?'를 물어야 했죠. 그런데 모든 사람이, 할 수 있다는 결론을 내렸습니다. '우리가 맡은 일을 못한다면 우리는 도대체 뭐가 되냐? 부상에 시달린 아무것도 아닌 존재 아니냐'라는 생각들을 하고 있었습니다. 그래서 나중에는 '비록 우리가 무너졌지만, 우리가 누군지 보여주자'라는 생각으로 바뀌었습니다."

결국 부대원들은 결속력을 보이며, 아픔과 애도 속에서도 전투력을 발휘했다.

팀으로 경쟁하면 엔도르핀이 상승한다

그로부터 몇 년 전에 제이크 피비와 샌프란시스코에서 나눈 대화가 생각났다. 피비는 2007년에 사이영 상을 받았고, 월드 시리즈 우승 반지가 두 개나 있었다. 하나는 2013년에 보스턴 레드삭스 소속으로, 또 하나는 2014년에 샌프란시스코 자이언츠 소속으로 받았다. 마운드 위에서는 발을 구르고, 쿵쿵거리고, 스스로에게 소리치는 등 포악함을 감추지 못할 정도로 열정이 넘쳤다. 하지만 그는 팀 케미스트리가 개인 실력을 높일 수 있다고 굳게 믿고 있었다. 그래서 자신에게는 팀 케미스트리가 어떻게 작용했는지 궁금했다.

그는 "스스로 낼 수 없는 승부욕을 동료들이 불러일으켜준다"고 말했다.

팀 케미스트리를 이렇게 정의한 선수는 처음이었다. 토머스 루이스 교수가 언급한 개방형 체계가 생각났다. "스스로 자신의 역할을 완성하는 사람은 아무도 없다. 누구나 타인이 채워줘야 하는 공간을 가지고 있다." 오로지 피비의 동료들만이 피비의 진정한 잠재력을 끌어낼 수 있었다. 더 구체적으로 말하면, 피비와 동료들 사이의 정서적인 유대감이 끌어내는 것이다.

2008년도 올림픽 수영 남자 400미터 계영에서 제이슨 리잭^{Jason} ^{Lezak}이 미국 대표팀의 마지막 주자였다. 프랑스 대표팀이 바로 옆 레인이었는데, 100미터 자유형 세계 신기록 보유자 알랭 베르나르 ^{Alain Bernard}가 마지막 주자였다. 리잭이 물속으로 뛰어들었을 때 미국은 프랑스에 1초가량 뒤처진 상황이었다. 1초면 상당히 큰 차이다. 턴을 할 때까지도 프랑스의 베르나르가 몸 하나 차이로 앞섰다. 50미터 남겨 놓은 시점에서 쫓아가기에는 거의 불가능했다. 하지만 리잭이 베르나르를 점점 추격하자 마이클 펠프스^{Michael Phelps}와 나머지 두 명의 동료들은 힘차게 응원했다. 리잭은 몸을 날려서 터치 패드를 찍었고, 0.08초 차이로 프랑스를 꺾고 금메달을 목에 걸었다. 이때 리잭은 46.06초에 들어왔는데, 롤링 스타트^{rolling start}(계영에서 앞에 주자가 터치 패드를 찍기 전에 다음 주자가 물속에 뛰어드는 동작을 취하는 행위—옮긴이)를 감안해도 100미터 개인 최고 기록을 세웠다.

이틀 후에 리잭은 개인 100미터 자유형에 출전해서 47.67초를 기록하고 공동 3위에 머물렀다. 베르나르가 당당하게 1위를 차지했다. 리잭은 팀을 대표했을 때보다 덜 빨랐다. 그날따라 상태가 좋지 않았을 수도 있다. 그러나 독일 심리학자 두 명은 다른 이론을 제시했다.

요아힘 휘프마이어^{Joachim Hüffmeier}와 기도 헤르텔^{Guido Hertel}은 2008년도 올림픽 때 총 31개국을 대표했던 자유형 선수 64명의 완주 시간을 분석해보기로 했다. 이때 조사한 선수들은 리잭과 마찬가지로 개인전과 계영에 모두 출전했다. 그 결과, 계영에서 첫 번째 주자였던 경우 개인전과 별 차이가 없었다. 그런데 계영에서 두 번째나 세 번째, 마지막 주자였던 경우에는 개인전 때보다 기록이 빨라졌다.

여기서 조사한 선수들은 최정상급이었다. 즉, 대회에서 자신을 이미 극한까지 몰아붙이고 있었다. 그렇지만 팀으로 뛰면서 자신의 극한을 한 단계 더 높였던 셈이다. 연구 자료를 해석하자면, 자기 스스로는 끌어올리지 못한 경기력을 동료를 위한 승부욕이 끌어올렸던 것이다.[4]

팀으로 경쟁하면 엔도르핀이 상승한다. 엔도르핀은 뇌에서 생성되는 만족감을 주는 화합물로 분위기를 고조시키고, 결속력을 증진하며, 통증을 없애는 효과가 있다. 옥스퍼드대학교의 한 연구진은 통증 내성 등급을 통해 조정 선수들이 혼자서 훈련할 때와 팀으로 훈련할 때 생성되는 엔도르핀 수치를 비교했다. 그 결과 팀으로 훈련할 때 엔도르핀 수치가 큰 차이로 높았다.[5]

팀 케미스트리

제이크 피비는 "스포츠는 결속력을 다지게 하는 뭔가가 있습니다"라고 말했다. "특히 수많은 관중 앞에서, 최정상급 수준에서 혼자 뛰기는 힘든 일입니다. 팀에서 아무리 비중이 큰 선수라도, 그 선수가 팀을 대표할 수 없습니다."

결속력은 역사 속에서도 중요하게 여겼다. 일찍부터 〈막대기 다발〉('한 다발의 막대기', '싸우기를 좋아하는 아들들', '아버지와 아들들' 등의 제목으로도 알려져 있다—옮긴이)이라는 이솝 우화가 "뭉치면 산다"는 교훈을 남겼고, 근대에 들어와서는 벤저민 프랭클린Benjamin Franklin이 "우리 모두 함께 매달려야 한다. 그렇지 않으면 틀림없이 한 사람씩 매달리게 될 것이다"라는 말을 남겼다. 그러나 군대만큼 결속력을 중요하게 여기는 조직은 없다.

잉글랜드 왕국의 헨리 5세Henry V of England는 아쟁쿠르 전투Battle of Agincourt에서 수적으로 크게 불리해지자, "몇 안 되는 우리, 몇 안 되지만 행복한 우리, 우리는 하나의 형제다"라는 말을 셰익스피어를 통해 남겼다. 국왕은 자기 사람과 함께 싸우는 경험이 남부럽지 않은 특권이라고 기술했다.

나와 피를 흘리는 그대들

모두 나의 형제로다

절대 비겁하지 아니한 그대들

이날이 그대들을 어루만져 주리라

침대에 잠든 잉글랜드의 신사들

함께하지 못함을 저주로 여기나니

또한 대장부답게 떳떳하지 못하리라

성 크리스핀 축일에 싸운 그대들을 이야기하거든.

전장에서 쓴 편지들을 살펴보면, 서로를 위해 헌신하는 병사들의 이야기로 가득하다. 1917년에 한 중대장이 어머니에게 보낸 편지에는 "제가 국왕과 나라를 위한다기보다 중대만을 위해 싸운다는 생각이 듭니다. 요즘은 중대가 제게 모든 것이나 다름없습니다. 그들과 떨어져 있는 것이 싫고, 휴가를 받을 생각도 없습니다"[6]라고 기록되어 있다.

그로부터 90년 후, 군인이 전장에서 무엇을 느끼는지 알아보고자 하는 시도가 있었다. 아프가니스탄 전쟁을 10년 넘게 취재한 서배스천 영거Sebastian Junger라는 기자가 파병 소대 하나를 따라다니기로 했다. 그는 군인들의 결속력에 대해 "전투 체험의 핵심이고, 무조건적으로 의지하는 힘이다. (중략) 타인의 목숨을 지키겠다는 약속은 그 어떤 것과도 바꿀 수 없으며, 오히려 시간이 지날수록 더 중요해진다. 동료를 위해 목숨을 바치겠다는 의지는 일종의 사랑이며, 이것은 종교로도 불러일으키기 힘들다"[7]라고 기록했다.

나는 매크리스털에게 여기서 말하는 결속력을 '사랑'이라고 표현하는 것이 맞는지 물었다.

"사람들은 이걸 동료 의식이라고 부릅니다"라고 그는 답했다. "그 핵심은 사랑이라고 할 수도 있겠죠. 사랑의 대상은 다양합니다. 같이 일하는 사람을 사랑할 수 있습니다. 그 사람을 존경하고, 그 사람과 가까이 지내서 그냥 애정을 쏟기 시작하니까요. 그다음에는 소속

팀 케미스트리

집단을 사랑할 수 있습니다. 뭔가 던지면 받아줄 사람이 있다는 개념이 마음에 드는 거죠."

"레인저^{Ranger} 특수부대에는 레인저의 복무 신조가 따로 있습니다. 총 여섯 개죠. 그중 하나가 '전우를 절대 두고 가지 않는다' 입니다. 그건 일종의 약속입니다. 레인저끼리 서로를 위해 목숨을 바치겠다고 약속하는 겁니다. '와! 혼인 서약보다도 더하네?'라고 생각하실 겁니다. 매일 아침 2,000명이 뒤도 안 돌아보고 나를 위해 죽는다고 약속합니다. (중략) 누군가 내 뒤를 봐준다는 것, 저희는 내 여섯 시 방향을 봐준다고 하죠. 이런 걸로 자신감이 더 생깁니다." 그는 이렇게 말하면서 자신의 등을 살살 쳤다.

여기서 말하는 사랑은 내가 느끼기에는 강렬하고 이타적인 로맨틱한 사랑처럼 들린다. 이것이 변화시키는 힘이 있는 것은 확실하다. 로맨틱한 사랑은 나 자신이 더 나은 사람이라는 느낌을 준다. 혼자서는 결점도 많고 한없이 작지만, 상대의 강한 면모를 흡수하는 것 같다. 군인들도 그런 느낌을 받지 않을까 싶다. 이렇게 보면, 병사들은 곧 편제이며, 편제도 곧 병사들이다.

"그것으로 인해 느끼는 나 자신, 그게 좋은 겁니다." 매크리스털은 말을 이었다. "누구나 서로를 위해 헌신하는 조직에 소속되기를 원합니다. 용맹한 조직에 있고 싶죠. 왜냐면 나 자신도 용맹하다고 느끼게 되고, 용맹해질 수 있으니까요."

진정한 한 팀이 되다

미국 올림픽 여자 농구 대표팀이 전국을 돌아다니며 대학 농구부들과 연습 경기를 치렀을 때 테리사 에드워즈는 계속 벤치 신세였다. 선수 생활 내내 주전 명단에 없었던 때가 거의 없었는데 자신이 후보라는 사실을 받아들이기가 쉽지 않았다. 1984년도 올림픽 대표팀 소속이었을 때 그녀는 22살이었다. 그래도 동료들과 웃으면서 애써 농담을 했다. "12년이나 뛰어도 제자리네."[8]

레베카 로보도 에드워즈와 함께 벤치 신세를 면하지 못했다. 대학을 갓 졸업한 센터다 보니 국제 대회의 가혹함이 벅찼다. 로보는 실력보다는 마케팅을 이유로 뽑혔다는 사실을 동료들도 알았다. 그녀의 인기는 대단했다. 코네티컷대학교를 무패 시즌과 NCAA 전국 대회 우승으로 이끌었다. 540만 명이 결승전을 시청했다. 비록 대표팀에서 서열은 가장 낮았지만, 언론의 관심을 가장 많이 받았고, 사인을 받으려는 줄도 가장 길었다. 동료들은 로보를 부정적으로 생각하지 않았다. 그렇지만 로보와 좀 더 친해지려는 노력도 많지 않았다.

로보는 평상시에 늘 해맑았지만, 사기가 크게 꺾였던 경기가 하나 있었다. 그날따라 제대로 했던 것이 하나도 없어서, 밴더비어가 화를 버럭 냈다. 경기가 끝나고 로보는 로커 앞에 털썩 주저앉았다. 에드워즈는 자기 앞으로 오라고 수신호를 보낸 뒤, 자리에 앉히고 이렇게 말했다.

"잘 들어. 감독은 네 사기를 꺾으려고 하는 거야. 그런데 꺾일 필요가 없어. 어깨 펴. 네가 잘하는 거 알잖아. 아무도 너를 흔들어놓을

수 없어. 알았지? 잘 버티고, 힘내. 그래야 살아남을 수 있어."⁹

대표팀은 29승 무패로 대학 농구팀과의 평가전을 마감했다. 그 과정에서 26개 공항을 이용하고, 총 4만 킬로미터 이상을 이동했다. 이제는 올림픽에서 상대할 수준의 팀들과 맞붙어볼 시간이었다. 첫 번째 목적지는 러시아의 시베리아였다. 그리고 시기는 다름 아닌 1월이었다.

밤 기온이 영하 30도 가까이 떨어졌다. 대표팀은 냉동고 같은 체육관에서 경기를 뛰었다. 심지어 빙판 위에 설치한 코트였다. 심판들도 형편없었다. 비록 몸집들은 거대했지만, 밴더비어 감독은 러시아 2부 리그 선수들을 어렵지 않게 이길 것으로 기대했다. 인근 기계업체가 지원하는 선수들이었다. 하지만 대표팀은 뒤지고 있었다. 어린 선수 축에 끼었던 니키 매크레이Nikki McCray가 두 번 연속으로 실책을 범하자 감독은 벤치에서 튀어 올라 작전 타임을 불렀다.

감독은 "매크레이에게 패스하지 마. 보다시피 자기가 뭘 해야 되는지도 모르고 있잖아"라고 그녀를 나무랐다. 매크레이의 눈에는 눈물이 고이기 시작했다. 그리고 에드워즈와 제니퍼 에이지, 리사 레슬리는 마치 짜인 안무처럼 감독의 시야를 가리는 위치로 조용히 이동했다.

이런 식으로 서로의 자존심을 지켜주는 것도 일상이 되었다. 일정은 빡빡하고, 심신은 지쳐 있는데, 감독의 기대는 날이 갈수록 점점 높아져만 갔다. 심지어 스탠퍼드대학교에서 밴더비어 감독을 겪었던 제니퍼 에이지도 울음을 터뜨린 날이 있었다. 쿠바 선수가 본의 아니게 팔꿈치로 에이지의 얼굴을 가격해서 코뼈를 부러뜨린 적이 있었다. 에이지는 수술을 받고 고통스러운 회복 과정을 마친 뒤 코트에 복귀했지만, 아직은 정상 컨디션이 아니었다. 하지만 감독은 "에이지, 내가 교체해줘야 되겠어?"라며 실수한 에이지에게 마구 쏘아붙였다. "내가 새 포인트 가드를 데려와야겠냐고?" 밴더비어 감독은 분노를 삭이지 못하고 연습을 중단시킨 뒤, 모두에게 자유투 연습이나 하라고 지시했다.

에이지는 안면 보호대 안에 눈물이 흐르는 것을 느낄 수 있었다. 셰릴 스웁스Sheryl Swoopes가 얼른 옆으로 다가갔다. 스웁스는 대학 농구 시절에 수많은 득점 기록을 세우고, 여성 최초로 나이키 에어 스웁스Nike Air Swoopes라는 자기 이름을 내건 신발을 출시한 선수였다. 그녀는 에이지와는 친분이 없었다. 하지만 그때만큼은 울고 있던 동료를 코트 반대편 농구대 쪽으로 데려갔다.

"저쪽으로 같이 가요. 그리고 감독한테는 등을 돌리고 우는 모습 절대 보이지 마세요." 스웁스는 에이지가 추스르는 동안 슛 연습을 했다.

울음에 대해 잠시 이야기하고자 한다.

지금까지 인터뷰를 진행한 남자 선수 가운데 울음을 언급한 선수는 극히 드물었다. 여자 농구 대표팀도 굉장히 군센 선수들로 이루어졌다. 밴더비어 감독이 야단치는 것보다 훨씬 더한 일도 겪었던 사람들이다. 그런데도 결국 울음을 터뜨리고 말았다. 사실 굉장히 많이 울었다. 여성은 남성보다 더 많이 운다. 남성이 연간 평균 6~17회 우는 데 비해 여성은 30~64회 운다. 여성이 남성보다 더 많이 우는 이유는 여성이 프로락틴prolactin이라는 감정 호르몬을 더

많이 생성하기 때문이다. 하지만 어릴 때는 남자아이나 여자아이나 비슷한 빈도로 운다.[10]

또 한 가지 이유는 여성의 눈물샘이 더 작고 얕기 때문이다. 다시 말해, 여성의 눈물샘이 더 빨리 차고, 더 빨리 넘친다.[11] 몇 년 전에 세상을 떠난 테네시대학교University of Tennessee 농구부 전 감독 패트 서미트Pat Summitt는 밴더비어 감독만큼이나 많이 야단치고 혹독하게 훈련시켰다. 하지만 울음이 선수의 투지를 반영한다는 견해에 동의하지 않았다. 여성들은 항상 운다. 서미트는 이렇게 말한 적이 있다. "우는 건 별로 신경 쓰지 않습니다. 저도 울 만큼 우는 걸요."[12]

다시 냉동고 같은 시베리아의 체육관으로 돌아와서, 대표팀은 다시 정신 차리고 의미 있는 경기라고 생각하면서 뛰었다. 물론 의미는 없었다. 올림픽 시작 전까지 의미 있는 경기는 사실상 하나도 없다. 대표팀은 11점차로 지고 있었지만, 결국 6분 사이에 28점이나 올려서 역전한 후 12점차로 승리했다. 그러고 나서 우크라이나 키이우로 날아가서 5일 동안 그곳 선수들과 시합했다. 경기와 연습 사이에 풀어주는 일은 없었다. 밴더비어 감독은 전술 훈련도 진행하고, 플레이를 묘사하거나 특정 상황을 알아맞히는 게임을 텔레비전 퀴즈쇼 형태로 진행하기도 했다. 함께 장거리 이동을 하고 혹독한 훈련으로 고생하다 보니 선수들은 서로 공통점이 생기면서 어느덧 가까워졌다. 한 번은 러시아에서 귀국하는 비행기가 네 시간 지연된 적이 있었는데, 칼라 매기Carla McGhee가 동료들을 위해 햄버거를 잔뜩 사들고 왔다. 이런 일이 다반사가 되었다. 선수들은 날마다 새로운 형태의 친절을 서로에게 베풀었다.

그러나 시련은 여러 가지 형태로 다가온다. 우크라이나에서 귀국한 지 2주가 지났을 때, 밴더비어 감독은 무심코 새로운 시련을 던졌다. 감독은 대표팀 명단이 발표되었던 순간부터 덩치가 크고 거친 센터가 없다는 게 마음에 걸렸다. 그런데 시베리아에서 러시아 선수들에게 밀리는 모습이 나오자 근심이 더 깊어졌다. 감독도, 선수도 올림픽 시작 8주 전까지는 협회가 대표팀 선수를 교체할 수 있다는 사실을 인지하고 있었다. 그리고 감독은 《USA투데이^{USA Today}》 신문 인터뷰에서 센터를 더 위협적이고 운동 능력이 뛰어난 선수로 교체할 가능성을 시사하면서 로보의 이름까지 거론했다.

선수들은 인터뷰 내용을 읽고 충격받았다. 에드워즈는 "로보는 아무데도 안 가"라고 동료들에게 말했다. 모두 동의했다. 협회가 로보를 선발했을 때는 불만이 있었더라도 이제는 우리 팀 동료였다. 선수들은 로보가 교체되면 전원 대표팀을 떠나기로 결정했다.

물론 더 경험 있는 선수로 교체하면, 상식적으로는 금메달을 딸 확률이 높아질 것이다. 그것이 불과 몇 달 전에 조지아돔 중앙선에서 선수들을 울렸던 숭고한 목적이 아니었던가? 그러나 이제는 팀에서 가치가 가장 떨어지는 선수를 향한 의리가 금메달을 향한 갈망보다 커졌다. 외부 목표를 향한 약속이 서로를 위한 약속으로 바뀌었다. 이렇게 미국 대표팀은 공동 목표가 있는 집단에서 서로를 위해 기꺼이 싸우고 희생하겠다는 자매단으로 진화했다. 이런 것이 바로 팀 케미스트리다. 이러한 진화는 어느 팀에게나 결정적인 전환점이다.

1996년 애틀랜타 올림픽이 시작되다

고된 체력 훈련으로 선수들은 점점 가까워졌다. 그런데 여행지에서 느낀 고립감도 예상치 못하게 선수들을 가깝게 만들었다.

대표팀은 1996년 3월을 중국에서 맞이했다. 콧구멍과 폐를 오염시킬 정도로 매연과 담배 연기가 자욱한 곳이었다. 농구장도 마찬가지였다. 게다가 사람들이 하도 숙소 앞에서 멀뚱멀뚱 쳐다보거나 손가락으로 가리키다 보니, 선수들은 방 안에 들어가 미국에서 가져온 크래커와 그래놀라로 끼니를 때웠다. 당시에는 휴대폰도 없던 시절이었는데, 텔레비전을 틀어도 볼 만한 것이 없었다. 선수들은 코트 밖에서 대부분 혼자 있거나 소수로 어울렸다.

그러던 어느 날, 제니퍼 에이지가 자기 객실 문앞에 '카페'라는 간판을 종이에 써서 붙였다. 그녀는 하와이에서 경유할 때 바닐라 마카다미아 커피를 구매했는데, 한 잔 만들어서 마시고는 동료들에게도 한 잔씩 돌리고 싶었다. 누가 들어올지는 사실 몰랐다. 그녀는 당시를 "고등학교나 대학팀 같지는 않았어요. 연습이 끝나고 어울리지도 않았어요. 말 그대로 각자 자기 방으로 들어갔죠"라고 회상했다. 그런데 먼저 에이지와 방을 같이 썼던 레베카 로보가 저녁을 먹고 들어왔다. 이어서 테리사 에드워즈와 카트리나 매클레인이 로보의 머리를 마저 땋아주려고 들어왔다. 이후에 니키 매크레이와 루시 볼턴, 돈 스테일리Dawn Staley, 케이티 스테딩Katy Steding이 입장했다. 리사 레슬리가 CD 플레이어를 들고 들어와서 음악을 틀었다. 어느 순간 볼턴은 매크레이의 머리를 풀어주고 있었고, 레슬리는 춤추고 있었다. 에이지는 방을 쭉 돌아보고 나서 이렇게 말했다. "세상에, 우리 모두가 한 방에 있잖아!"

스테딩은 다음과 같이 회상했다. "각자 사는 곳도 다르고, 나이도 다르고, 팀을 단합시키고 싶은 방식도 다른데, 드디어 하나로 뭉쳤구나 싶었습니다. 결정적이었던 순간이었는지는 모르겠지만, '와, 우리 이제 한 팀이다!' 그랬죠."¹³

스테딩의 말이 맞았다. 커피를 함께 마시고, 머리를 서로 땋아줘서 팀이 화합한 것이 아니다. 이렇게 해야 팀이 화합한다고 생각했던 때가 있었다. 함께 고기를 구워 먹고, 골프 치러 간다고 하면, 전부 화합을 위한 것이라고 추측해왔다. 그러나 대표팀은 그 당시에 이미 화합을 이룬 상태였다. 커피 마시고, 머리를 서로 땋아주는 일은 화합했다는 증거에 불과했다. 팀 케미스트리에 회의적인 사람들은 이런 외부 모임이 경기력과 무관하다고 말하는데, 어쩌면 그 말이 맞을 수도 있다. 물론 이런 외부 모임으로 인해 이미 만들어놓은 결속력을 더 다질 수는 없다. 그것은 팀이 화합해서 이루어진 결과물이지, 팀을 화합하게 하는 원인은 아니다. 서로를 위한 약속이 경기력을 높일 만큼 중요하려면, 정서적인 유대가 깊어야 한다. 그리고 이것은 사회적 상호 작용만으로는 만들 수 없다.

어쨌든 코트 밖에서 선수들의 결속력이 강해지자 밴더비어 감독도 사기가 올랐다. 그녀는 결속력이 경기력으로 이어진다는 점을 누구보다도 잘 알았다. 밴더비어는 '우리 아니면 적'이라는 사고방식이 조금 있었다고 회상했다. "선수들이 똘똘 뭉쳤어요. 서로를 그만큼 신경 썼던 사람들이 또 있었을까요? 믿어지지가 않습니다. 정말로요. 물론 방 안에 모여서 저를 험담했을 수도 있겠죠. 그런데 그것도 결속력을 다지는 방법입니다."

　이동하는 일은 끝이 없었지만, 대표팀은 해이해지지 않았다. 올림픽까지 3개월이 남았을 때 다음과 같이 이동했다. 우선 사우스캐롤라이나주와 애틀랜타, 필라델피아에서 경기를 뛰었다. 그러고 나서 호주로 날아가 멜버른^{Melbourne}과 시드니, 타운즈빌^{Townsville}, 애들레이드^{Adelaide}를 돌았다. 이후에 로드아일랜드주와 캐나다로 갔다가 오클랜드로 내려간 후 콜로라도스프링스로 복귀했고, 시카고로 떠났다가 다시 콜로라도스프링스로 복귀했다. 또 이후에는 올랜도와 인디애나폴리스^{Indianapolis}, 다시 올랜도로 이동했다. 그리고 마침내 올림픽이 열리는 애틀랜타에 입성했다. 이때까지 팀은 52연승을 달렸다.

　삼촌과 이웃, 옛 교우, 먼 친척, 지인들이 입장권을 얻기 위해, 혹은 조금이라도 만날 시간을 얻거나 사진 한 장을 부탁하기 위해 전부 애틀랜타로 몰려왔다. 숙소였던 옴니 호텔^{Omni Atlanta Hotel} 밖으로 나간다는 것은 마치 광란의 파티 속으로 빨려드는 느낌이었다. 그래도 옴니 호텔은 비교적 조용한 편에 속했다. 호텔 안으로 다시 들어가려면 여러 단계의 보안 검사가 기다리고 있었다. 선수와 코치들은 먼저 옴니 호텔용 신분증을 제시하고, 금속 탐지기를 통과하며, 스캐너에 손을 놓아서 신분을 확인한 후 개인 비밀번호 네 자리를 입력했다. 그렇게 해야만 객실까지 들어갈 수 있었다. 밴더비어 감독은 집중하고 싶어서 아침 조깅과 연습, 경기를 제외하면 숙소 밖으로 거의 나가지 않았다. 후원사인 나이키가 감독에게 기자회견에 참석해달라고 요청한 적이 있었다. 하지만 밴더비어 감독은 그것마저도 거절했다.

전혀 긴장되지 않아서 스스로 놀랐다. '시험 공부를 최고로 열심히 하고 나서 시험을 보는 느낌'이었다고 감독은 말했다. "그 과목을 통달하게 된 거죠." 선수들도 긴장감을 감췄다. 마찬가지로 그들도 과목을 통달했다. 1년 동안 훈련하면서 몸도 좋아졌다. 미국은 첫 경기에서 쿠바를 17점차로 이겼다. 이어서 우크라이나는 33점차, 자이르는 주전이 거의 뛰지 않았는데도 60점차, 그리고 호주는 17점차로 승리했다. 이제 총 여덟 경기 중 네 경기가 남았다.

대회 절반을 마친 다음 날, 밴더비어 감독은 연습을 진행하지 않고 대표팀 선수와 코치들을 자기 방으로 불렀다. 그리고 서로 사인해줄 기념품이나 사진, 가이드북, 농구공 등을 지참하라고 지시했다. 그리고 시작하기에 앞서 영상 하나를 보여줬다. 대표팀이 1년 동안 함께 보낸 시간을 NBA 엔터테인먼트가 영상으로 제작했는데, 감독이 복사본 하나를 미리 받아놓았던 것이다. 처음 모여서 연습했던 장면이 화면에 나왔다. 시베리아와 우크라이나, 호주, 중국 원정 장면도 있었다. 그리고 대학교들을 이동했던 야간 버스, 교실과 쇼핑몰 방문 장면들도 담겼다. 선수들은 지금까지의 여정을 다시 체험하며 서로 손가락질하면서 웃었다.

정말 훌륭했다. 올림픽이라는 아우성 속에서도 밴더비어 감독은 선수들을 다시 결속시켰다. 선수들은 두 시간 동안 이야기를 나누면서 기념품에 서로 사인을 해줬다.

미국은 기세를 이어 대한민국을 39점차로, 그러고 나서 일본을 15점차로 눌렀다. 사실 선수나 코치나 한 달 정도의 연습만으로도

팀 케미스트리

이 정도는 올 수 있었다고 느꼈다. 하지만 노력과 희생을 1년이나 한 이유는 다음 두 경기를 위해서였다.

준결승에서는 호주와 다시 만나 93 대 71로 승리했다. 59연승을 달렸다. 그리고 결승전에서 미국 대표팀을 기다리고 있었던 상대는 브라질이었다. 2년 전 호주 참사 이후 첫 대결이었다. 미국 대 브라질 금메달 결정전이 1996년도 올림픽을 마감하는 경기였다. 조지아돔의 3만 3,000석의 티켓이 매진되었다.

전반전에서 미국은 무려 72퍼센트의 야투 성공률을 보였고, '마술사 파울라'로 불렸던 브라질의 스타 마리아 파울라 시우바$^{Maria\ Paula}$ ^{Silva}를 야투 한 개로 묶었다. 11점차로 앞섰던 미국은 후반전이 시작하자마자 8득점을 올리면서 리드를 19점차로 벌렸다. 미국 선수들은 날아다녔다. 지난 59경기도 압도적이었지만, 브라질전은 그 이상이었다. 노 룩 패스$^{no-look\ pass}$(패스할 상대를 보지 않고 공을 패스하는 행위―옮긴이)와 가로채기, 3점 슛이 여기저기서 나오고, 루스볼에 몸을 던지는 모습도 보였다. 밴더비어 감독은 1년 내내 써보지 않은 플레이도 주문했다. 미국 측 골대 밑에서 스로인을 해야 하는 상황이었다. 에드워즈가 앨리웁 패스$^{alley-oop}$(높이 띄운 패스를 공중에서 바로 슛으로 연결하는 동작―옮긴이)를 띄웠다. 그리고 매클레인이 뛰어서 공을 잡자마자 2점을 넣었다. 완벽했다.

중압감이 가장 컸던 경기에서 최고의 기량을 펼쳤던 것은 우연이 아니었다. 이럴 때일수록 팀 케미스트리가 정말 중요하다. 아드레날린이 계속 나오기 때문에 집중력과 활력이 돌았다. 내가 동료들을 믿고, 동료들이 나를 믿어준다는 것을 알기 때문에 옥시토신이 넘쳤다. 준비를 완벽하게 했다는 생각에 침착해지고 심신의 상태가 좋아졌다. 서로 잘 아는 사람들과 있기 때문에 천하무적이라는 느낌이 들었다. 스트레스가 높은 상황도 위협보다는 도전으로 느낀다. 흥분하지만 여유 있고, 경계하지만 태연했다.

미국은 19점차에서, 25점차, 30점차로 점점 더 앞서 나갔다. 밴더비어 감독은 이렇게 회상했다. "동료들끼리 몸과 마음이 완벽한 조화를 이룬 것처럼 우리 선수들은 빈틈없어 보였습니다."

모든 선수가 단 몇 분이라도 경기에 출전했다. 미국은 111 대 87로 승리했고, 올림픽 여자 농구 한 경기 최다 팀 득점 신기록을 세웠다.

선수들은 서로 얼싸안았다. 그리고 성조기를 날리며 코트를 여러 바퀴 돌았다. 에이지는 옆으로 재주넘기까지 했다. 선수들은 미국 올림픽 대표팀 공식 트레이닝복으로 갈아입고, 시상대에서 가장 높은 자리에 한 팀으로 올라갔다. 9개월 전에 섰던 그 자리였다. 에드워즈를 시작으로 한 사람씩 고개를 숙여서 메달을 목에 걸었다.

우리만을 위하여

그로부터 23년이 지났다. 지금은 전부 선수로는 은퇴했지만 다수가 지도자로 남았다. 제니퍼 에이지도 샌프란시스코대학교University of San Francisco에서 농구부 감독으로 지냈다(2016년 이후 감독직을 내려놓고 고등학생을 위한 농구 캠프를 진행하고, 동기 부여 강사로 활동하고 있다—옮긴이). 그때 한 가지 깨달은 점이 있다. 1996년도 올림픽을 향한 대서사를 겪으면서도 알아차리지 못했던 부분이다.

팀 케미스트리

"승리는 선수들이 한다는 걸 이제야 알았어요. 지도자가 하는 게 아니더라고요. 지도자가 이상향을 정확하게 제시해줄 수 있다면 좋죠. 그런데 궁극적으로는 선수와 팀의 역할에 달려 있습니다. 지도자는 경기에 앞서 최고의 연설을 들려줄 순 있어도, 선수들을 대신해서 뛸 순 없잖아요? 선수들을 지도하면서 눈을 뜨게 됐어요. 선수들이 뛰는 거예요."

2018년에 에이지가 샌프란시스코대학교 행사에 나를 초대한 적이 있었다. 그녀가 골든스테이트 워리어스의 스티브 커$^{\text{Steve Kerr}}$ 감독을 무대에서 인터뷰하는 자리였다. 인터뷰가 끝나고, 환영회 자리에서 나는 골든스테이트의 릭 웰츠$^{\text{Rick Welts}}$ 사장과 이야기를 나누었다. 골든스테이트 선수단과 직원들은 행사 2주 전에 2017~2018년도 NBA 우승 반지를 받았다. 그런데 웰츠 사장의 손가락에 있던 거대하고 반짝이는 물체를 그만 우승 반지로 착각했다. 실제로는 NBA 명예의 전당 헌액 기념 반지였다. 하지만 나처럼 우승 반지를 보고 싶어 하는 사람이 있을까 봐, 주머니 안에 늘 넣고 다녔다. 나는 반지에 박힌 74개의 다이아몬드와 74개의 사파이어를 보면서 정신을 놓고 있었다. 이것은 그들이 거둔 정규 시즌 74승을 의미했다. 반지의 측면에는 매우 작게 글자가 새겨져 있었는데, 하마터면 놓칠 뻔했다. 거기에는 '우리만을 위하여$^{\text{JUST US}}$'라고 적혀 있었다.

나는 그해 충성스러운 베이에어리어 스포츠팬처럼 골든스테이트를 응원했다. 그런데 '우리만을 위하여'가 무엇을 의미하는지 잘 몰랐다. 선수들이 모여서 외치는 구호라는 것만 알았다. "하나, 둘, 셋. 우리만을 위하여!" 로커룸에 붙어 있는 포스터에는 다음과 같이 적했다. '반드시 우리만을 위하여(mUSt be jUSt about US)'. 선수들에게는 의미 부여가 컸던지 케빈 듀랜트^{Kevin Durant}는 자기 다리에 문신까지 새겼다. 오른쪽에 'JUST', 왼쪽에는 'US'.

더 이상 설명이 필요 없었다. 팀의 진정한 목적, 노력의 심오한 의미는 언제나 동료들이었다. '선수들보다 더 큰 의미'는 바로 팀 자체를 말한다.

1997년에 테네시대학교가 3년 연속 NCAA 선수권대회 우승을 노렸을 때 패트 서미트 감독이 선수들을 단합시켰던 방법을 읽었던 기억이 있다. 감독은 새 역사를 쓰는 데 초점을 맞추지 않았다. "우리 테네시대학교가 역사에 남길 우승은 충분히 해왔어. (중략) 그런데 '자신만'의 우승을 할 수 있는 기회야. 이건 '너희들'의 팀이고, '너희들'의 기회고, '너희들'의 시즌이다."

그렇다면 숭고한 목적의 기능은 무엇일까? 왜 굳이 대표팀을 조지아돔으로 끌고 가서 무엇을 위해 뛰어야 하는지 보여줬던 것일까? 왜 군대에서는 굳이 하나님과 국가에 맹세하는 것일까?

왜냐하면 목적의식은 '우리만을 위한 것'으로 다가가기 위한 디딤돌이기 때문이다. 사람들은 '금메달을 딴다', '나라를 지킨다'라는 말을 통해 공동의 꿈을 믿는다. 그 꿈을 이루기 위해 자발적으로 시련을 버틴다. 그렇게 하면서 관계는 서로 깊어진다. 만일 동료들끼리 서로 신뢰하고 일이 잘 돌아가는 문화를 지도자들이 조성한다면, 각 개인은 하나의 팀으로 단합되기 마련이다. 자기와 함께하는 특정 사람들만이 엄청나고도 불가능한 일을 성취할 수 있다고 믿기에 이른다. 그리고 임무를 향한 헌신이 서로를 위한 헌신으로 바뀐다.

'우리만을 위하여'라는 분위기를 일반 직장에서 조성하는 것은 스포츠나 군대보다 훨씬 어렵다. 스탠리 매크리스털은 거의 10년 전에 회사를 차리고 나서 이 점을 깨달았다.

그는 "스스로 어떤 임무를 맡았다는 의식이 없기 때문에 어려운 것"이라고 말했다. 군인은 나라를 지킨다든가 더 나은 세상을 만든다는 고귀한 임무를 받아들인다. 하지만 예를 들어 아이스크림 공장에서는 그런 말이 통하지 않는다. 어떤 직원이 아이스크림으로 세상을 바꾼다고 생각할까? 아이스크림 공장의 임무는 과거나, 지금이나, 앞으로나 항상 이윤을 추구하는 것이다. 따라서 일반 비즈니스에서는 '결속력과 헌신적인 노동력'이라는 최종 결과는 같지만, 조직 문화는 다르게 가져가야 한다.

매크리스털의 경우 물리적인 공간을 상호 작용이 활발하게 이루어질 수 있는 방향으로 적용했다. 아울러 실적급제를 너무 엄격하게 적용하지 않았다. 그는 스타 직원에게 너무 많은 연봉을 주면, 팀 문화보다는 사무적인 문화가 된다고 생각했다. 하지만 매크리스털은 기대되는 직원에게는 공정한 보상과 혜택을 제시하고, 서로를 위해 헌신하는 업무 환경을 약속한다.

사실, 동료 의식은 생산성과 서로 균형을 이루어야 한다. 매크리스털 말한다. "회사를 보호하려면, 어려운 결정을 내릴 수 있어야 합니다. 그런데 그와 동시에 한 가지 요인이 또 있습니다. 예를 들면 우리가 당신과 약속하고, 당신도 우리와 약속했어요. 그런데 이번 주에 당신이 약속보다 더 열심히 일했습니다. 그리고 날마다 점점 더 열심히 일합니다. 그러면 개인과 조직 사이에 암묵적인 합의가 이루어지는 겁니다. 물론 명확하지는 않습니다. 훨씬 정서적인 거죠. 자, 만일 당신이 정말 열심히 일하겠다고 약속한 상태에서 정말 열심히 일한다면 조직 안에서 모든 사람이 당신을 주시할 것입니다. 왜냐면 자기 타율이 떨어지면 당신이 그 사람들을 어떻게 대할지 궁금하니까요. 이런 식으로 균형이 생깁니다."

매크리스털 그룹은 열심히 일하고, 팀에 계속해서 몸담으며, 본인이 약속한 부분을 지키는 사람을 지지한다. "우리는 그런 조직이 되겠다고 선택했습니다. 장기적으로는 그렇게 해야 효과가 나타난다고 생각합니다."

매크리스털은 정원사와 같은 리더십 유형을 가졌다. 정원사는 식물을 심고 수확하지만, 식물을 돌보는 데 대부분의 시간을 할애한다. 마찬가지로 매크리스털은 대부분의 시간을 회사의 '팀다운' 분위기를 만드는 데 할애한다. 그는 1년에 네 차례 버지니아주 셰넌도어 계곡Shenandoah Valley을 주말을 끼어서 다녀온다. 그리고 한 번 갈 때마다 직원 24명씩 데리고 간다. 내가 방문한 날에는 가장 최근에 다녀오면서 사용했던 장비들이 출입구 옆 작은 방 안에 널브러져 있었다. 과거에는 급류 타기와 밧줄 타기도 진행했다고 한다. 최근에는 조를 나누어서 독도법을 훈련하고, 언제나 그렇듯이 리더십을 논하는 시간을 가졌다.

매크리스털은 비즈니스 세계에서 10년, 군대에서 34년을 보냈다. 이제 업무를 잘하는 팀들의 핵심에는 개인적인 관계가 있다는 점을 더 확신하게 되었다. 만일 아프가니스탄에 다시 파병되면 무엇부터 해야 할지 안다고 말했다. 맥주 두 묶음을 들고, 급류 타기에 대통령과 부통령, 국방부 장관과 CIA 국장을 초대했을 것이라고 한다.

"대신에 전쟁 이야기는 하지 않습니다. 서로 친목만 다집니다."

인터뷰를 마치고 그날 오후에 워싱턴 D.C.에서 뉴욕행 기차를 탔다. 매크리스털의 인터뷰 내용을 정리하고 있는데, 1989년도 샌프란시스코 자이언츠가 나도 모르게 생각났다. 샌프란시스코 홈구장에서 열렸던 재회 파티에 참석한 지도 벌써 10년 가까이 지났다. 선수와 코치들이 내셔널리그를 우승한 지 20년이 지나도 서로 기뻐하는 모습을 지켜봤다. 그들도 '우리만을 위한' 팀이었다. 서로를 있는 그대로 받아들였다. 서로를 위해 뛰었다. 당시 로저 크레이그^{Roger Craig} 감독은 교과서적인 정원사형 리더였다. 클럽하우스의 리더였던 마이크 크루코도 마찬가지였다. 그들이 2009년 재회하는 모습을 보고, 팀 케미스트리가 무엇인지 밝혀내겠다는 집착이 시작되었다. 서로에 대한 애정이 우승하는 데 영향을 줬다는 것은 알고 있었다. 하지만 어떻게 영향을 주었을까? 그 당시에는 잘 몰랐다.

이제는 알 것 같다. 베이에어리어로 돌아오자마자 노트를 펴고 30년 전으로 돌아갔다. 내 기억에 이렇게 화합이 잘 이루어졌던 팀이 또 있었을까.

피그말리온 효과와
1989년의 샌프란시스코 자이언츠

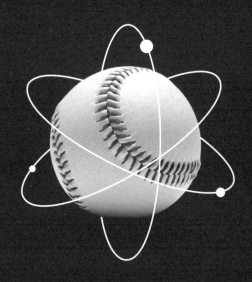

"정원사는 튤립이나 장미를 재배할 수 없다.
단지 꽃이 자랄 수 있는 환경을 만들어줄 뿐이다."

- 익명

시즌 100패, 그리고 변화의 시작

1980년대 초중반 샌프란시스코 자이언츠와 캔들스틱파크만큼 야
구단과 홈구장이 서로 체면을 구겼던 경우는 없을 것이다.

홈구장의 이름을 팬들은 줄여서 '더 스틱The Stick'이라고 불렀지만,
선수들은 '더 딕The Dick'(남성의 성기를 가리키는 비속어―옮긴이)을 선
호했다. 또는 1970년대 포르노 배우의 이름을 본떠 '존 홈스 기념
관John C. Holmes Memorial'으로도 칭했다. 화이티 허조그Whitey Herzog 세
인트루이스 카디널스 전 감독은 '입 벌린 변기'라고까지 불렀다. 캔
들스틱파크는 샌프란시스코 남부 해안에 세운 경기장이다. 그것도
바람이 가장 휘몰아치는 곳에다가 지었다. 기온이 급격하게 떨어지
고, 돌풍이 너무나도 세차서 관중석의 절반가량은 밑에 복사 난방
기를 설치했다. 그러나 개장했을 때는 고사하고 그 이후로도 소용
없었다. 여름날 야간 경기가 최악이었다. 안개가 찬물로 세탁한 이
불처럼 경기장을 덮었다. 팬들은 그곳을 기피했다. 어떤 날은 관중

이 너무 없어서, 그나마 경기장을 찾은 팬들이 드넓은 관중석에 드문드문 앉아 있는 모습이 불이 반쯤 나간 모텔 간판이 주는 외로움을 풍겼다.

그렇게 콘크리트 외관 밑에, 입 벌린 변기 안으로 깊숙하게 들어가면 또 다른 세상이 펼쳐졌다. 그곳으로 통하는 길은 세 가지였다. 더그아웃을 통하거나, 우측 담장에 달린 문을 통하거나, 선수용 주차장을 통해서 갈 수 있었다. 홈팀 클럽하우스는 창문이 없는 공간으로, 침 범벅인 카펫과 철제 로커들이 있었다. 천장도 낮아서 30년 묵은 악취가 진동했다. 커피와 땀, 유칼립투스, 담배, 빨랫감, 단풍나무 시럽, 맥주 등의 향들이 섞였다. 고등학교 체육관과 오래된 식당에서 나는 악취가 섞인 듯했다. 저녁 경기를 취재하려고 오후 늦게 도착하면, 웨이트장에서 덜거덩거리는 바벨 떨어뜨리는 소리와 복도 끝에서 웅얼거리는 세탁기와 건조기 소리, 스파이크에 낀 진흙을 칙칙거리며 떼어내는 브러시 소리, 찰싹거리는 샤워장의 슬리퍼 소리, 서로 교차하며 웅성거리는 대화 소리가 들렸다. 더그아웃으로 나가는 문이 열려 있을 때는 윙윙거리는 제초 카트 소리가 건물 안으로 밀려들었다. 경기 시간이 다가올수록 클럽하우스는 점점 시끄러워졌다. 스페인어와 영어, 각종 억양과 비속어로 이루어진 고함과 농담들이 되풀이되었다. 빨래 바구니 옆에 있는 선반 위에 카세트 플레이어가 한 대 있었는데, 리너드 스키너드^{Lynyrd Skynyrd}나 조니 캐시^{Johnny Cash}의 노래들이 흘러나왔다. 단, 일요일만큼은 '시나트라 선데이^{Sinatra Sunday}'(미국에서 사용하는 일종의 언어유희로, 해당 요일과 같은 글자로 시작하는 것을 그날의 테마로 잡는다. 예 : Meatball Monday, Taco

팀 케미스트리

Tuesday 등—옮긴이)라고 해서 클럽하우스 관리인 마이크 머피가 곡을 직접 선정했다.

1983년에 마이크 크루코라는 투수가 샌프란시스코에 입단했다. 자기 의지와는 무관했다. 트레이드를 통해 필라델피아 필리스에서 넘어왔다. 캔들스틱파크에서 입단식을 가졌을 때 구단은 그에게 경기용 저지를 전달했다. 그리고 외투도 건넸다. 크루코도 캔들스틱파크에서 뛰어본 적이 있어서 얼마나 비참한 곳인지 잘 알았다. 다만 선수단의 비관적인 분위기와 알력 다툼은 예상하지 못했다. 하루는 퇴근하고 집으로 돌아가서 "여긴 오래 있을 곳이 아니야"라고 아내에게 말했다. 그럼에도 불구하고, 샌프란시스코가 현행 2년 계약에 3년을 더 연장하자고 제시하자 계약서에 덥석 서명해버렸다. 당시 아내가 둘째를 임신했고, 이 연장 계약으로 수입을 5년 간 보장받을 수 있었기 때문이다. 당시에는 매우 드문 일이었다. 게다가 그는 올스타로 선정된 적도 없고, 사이영 상을 받은 적도 없었다.

크루코가 입단한 첫해에 샌프란시스코는 서부 지구 여섯 팀 가운데 5위로 시즌을 마감했다. 그리고 처절한 분위기로 1984년도 시즌을 맞이했다. 구단 마케팅부는 표어를 만드느라 너무나도 난처했던 나머지 그냥 "버텨라, 자이언츠!"로 정해버렸다. 결국 1984년에는 96패를 당하면서 지구 꼴찌로 시즌을 마감했다. 그나마 정규 시즌 100패라는 치욕은 면했다.

그러나 그 치욕을 이듬해에는 면하지 못했다.

1985년에 패배가 거침없이 쌓이자, 크루코는 지미 대븐포트^{Jimmy Davenport} 감독이 위장약을 한 주먹씩 씹어 먹는 모습을 목격했다. 대븐포트는 그해 새로 부임한 감독이었다. 게다가 손톱은 어찌나 물어뜯었는지, 한번은 크루코와 악수를 했는데 크루코의 손가락에 핏자국을 남긴 적이 있었다. 구단은 그렇게 살인적인 시즌을 2주 남기고, 대븐포트를 해임한 후 새로운 감독을 선임했다. 그렇게 샌프란시스코는 채 2년도 되지 않아 세 번째 감독을 맞이했다.

1985년 9월 18일. 56살의 로저 크레이그가 메이저리그 최하위 팀을 맡기 위해 클럽하우스 문을 열고 들어왔다. 카우보이 모자를 쓰고 뾰족한 부츠를 신은 그는 허물없는 미소를 지었다. 당시 크레이그 감독만큼 형편없는 팀들을 다수 경험한 사람이 있을까 싶다. 그는 1962년도 뉴욕 메츠에서 투수로 뛰었다. 120패를 당해서 메이저리그 단일 시즌 최다 패배 기록을 세운 그 뉴욕 메츠다. 그중에 24패는 크레이그의 몫이었고, 이듬해에도 22패를 기록했다. 두 시즌 합쳐서 완투한 경기만 27번이었다. 하지만 훌륭한 팀들도 나름 경험했다. 그는 월드 시리즈 우승을 네 번 경험했다. 선수로 세 번(브루클린/로스앤젤레스 다저스와 세인트루이스 카디널스), 투수 코치로 한 번(1984년도 디트로이트 타이거즈) 경험했다.

크레이그가 선수단과 클럽하우스 관리인들과 악수를 나눌 때 너무나도 낙관적인 분위기를 발산하고 자신감에 찬 목소리로 말해서, 크루코는 이 사람이 자만한 것인지, 그저 순진한 것인지 구분하기가 어려웠다. 자이언츠는 타격 연습 때 리틀 야구에서 사용하는 공(일반 야구공보다 부드럽고 무게도 덜 나간다─옮긴이)을 쓰는 구단이었다. 저렴하다는 이유에서였다. 시즌 말미에는 항상 스포츠 테이프가 부족해서 샌프란시스코 포티나이너스 미식축구단이 쓰고 간 자리를

팀 케미스트리

뒤져서 보충했다. 참고로 포티나이너스도 캔들스틱파크를 홈구장으로 사용했다. 야수들은 투수들의 로커에서 방망이를 강탈했다(자이언츠는 내셔널리그 소속이라, 당시 투수들도 타순에 들어갔다—옮긴이). 구단에서 한 시즌에 12자루(일반적으로 메이저리거는 한 시즌에 20~30자루를 사용한다—옮긴이) 밖에 주지 않았기 때문이다. 아울러 시즌 첫 14경기는 4승 10패, 6월에는 10연패를 기록하고, 또 4승 10패로 9월을 시작했다.

그러나 크레이그 감독은 전혀 동요하지 않았다. 오히려 "이기는 야구를 가르치겠다"고 기자들에게 말했다.

그로부터 며칠 전에는 앨 로즌Al Rosen 단장이 새로 부임해서 똑같은 클럽하우스 문을 열고 들어왔다. 그는 해군 출신이었고, 애들 장난 같은 상황을 질색하는 사람이었다. 그가 대븐포트를 단칼에 해임하고, 크레이그를 선임했다. 당시 62살이었던 로즌은 무뚝뚝한 표정에 눈매가 매서웠다. 그는 고등학교와 대학교 시절에 복싱을 했다. 제2차 세계대전 때는 태평양 전쟁에 참전했다. 그리고 메이저리그에서는 몰상식하게 반유대적인 비방을 했던 상대 선수들과 싸웠다. 코뼈는 11번이나 부러졌다. 1940년대 말부터 1950년대 중반까지 클리블랜드 인디언스에서 3루수로 뛰었는데, MVP로 1회, 올스타로 4회 선정되었다. 그리고 32살에 은퇴하고, 17년 동안 증권 중개인과 카지노 임원으로 근무하다가 1978년에는 뉴욕 양키스 사장 겸 대표 이사로 야구계에 복귀했다. 그가 뉴욕 양키스에 돌아온 해 양키스는 월드 시리즈를 우승했는데, 당시 조지 스타인브레너George Steinbrenner 구단주와 빌리 마틴 감독이 구제 불능 인간들이라고 느껴서 부임한 지 1년 반 만에 사임했다. 이후에 휴스턴 애스트로스에서 5년 동안 근무하다가 샌프란시스코로 넘어왔다.

다시 1985년 9월 18일, 축축한 캔들스틱파크 클럽하우스 이야기로 돌아와서, 로즌 단장과 크레이그 감독은 선수들에게 새로운 규칙들을 소개했다. 그 가운데 한 가지를 무척 강조했는데 바로 캔들스틱파크에 대한 불평을 일체 금지한 것이다. 오히려 캔들스틱파크가 메이저리그 최고의 홈그라운드 이점을 가졌다고 자신했다. 원정팀 선수들은 캔들스틱파크의 추위와 바람, 휑뎅그렁한 관중석을 너무나도 혐오해서 샌프란시스코를 얼른 빠져나갈 생각뿐이었다. 주변 여건을 포용한다면, 자이언츠에게 확실히 도움이 될 수 있었다.

그럼에도 불구하고 샌프란시스코는 정규 시즌 마지막 경기에서 100패를 장식하고, 구단 역대 최저 승률을 기록했다.

앨 로즌 단장은 야구 시즌을 전쟁으로 생각했다. 승리를 위해 지능과 투지, 실용주의를 강조했다. 그래서 가장 먼저 실패에 대한 변명거리를 없앴다. 단장은 트레이너 팀장을 새로 채용하고, 트레이너실 비품들을 다시 채워놓으며, 스포츠 테이프도 충분히 제공했다. 선수들이 입을 고급 유니폼도 주문했다. 이동 담당자를 따로 채용하고, 편안한 항공기와 버스를 예약했다. 방망이도 무제한으로 제공했다. 비시즌 동안에는 홈구장에 아내와 자녀를 위해 가족 놀이방을 설치했다. 선수들의 걱정거리를 하나라도 덜어주기 위해 그곳에 장난감과 보드 게임, 탁아 시설 등을 마련했다. '우리는 이기는 야구를 할 수 있도록 선수들을 물심양면으로 돕겠다'는 단장의 의도였다.

팀 케미스트리

로저 크레이그 감독은 이듬해 전지훈련을 마치 무너지는 집을 조금씩 고쳐나가듯이 운영했다. 수비는 기본기를 다지고, 여러 번 반복하는 형식으로 훈련했다. 주루도 다시 가르쳤다. 크레이그 감독은 번트와 스퀴즈^{squeeze play}(3루 주자가 있을 때 대는 번트. 타자가 희생하고, 3루 주자를 득점시키는 것이 목적—옮긴이), 히트 앤드 런^{hit and run}(1루 주자가 있을 때 도루 시도를 해서 수비수들을 내야에 공백이 생기도록 유도하고, 타자가 그 공백으로 쳐서 안타를 만드는 작전. 순서가 뒤바뀐 오칭이다. 하지만 런 앤드 히트라는 작전은 따로 존재한다—옮긴이) 같은 작전을 좋아했다. 그리고 상대의 허를 찌르는 야구를 굉장히 선호했다. 선수단에게는 "우리가 힘으로 제압할 수 있는 팀은 많지 않지만, 전술 플레이나 허슬 플레이로는 압도할 것"이라고 전했다. 시범 경기 때는 경기 상황이나 작전을 생각나는 대로 마구 떠들곤 했다. 크루코는 감독의 연설을 들을 때마다 새로운 것을 배웠다고 말했다. "노장들은 그런 데서 감명을 받아요. 감독님을 알면 알수록 옆에 더 붙어 다니고 싶었습니다."

크루코는 크레이그 감독이 눈을 똑바로 쳐다보면서 질질 끄는 노스캐롤라이나주 억양으로 말하면, 자신도 모르게 모든 말을 철석같이 믿고 있는 자기 모습을 발견한다. 크레이그 감독이 남들 앞에서 선수가 잘못한 것을 지적하기보다는 잘한 것을 치켜세워 주는 모습에 주목했다. 후보 선수에게는 작전의 핵심이라는 인식을 심어줬다. 대주자로 투입한 선수가 병살 플레이를 무너뜨리면, 결정적인 플레이였다며 야단법석을 쳤다. 그러면 대주자는 그 경기만큼은 스타 선수들을 앞에서도 당당해질 수 있었다. 크레이그 감독은 이런 선수들을 자신의 '험 베이비Humm-baby'라고 불렀다. 뜻을 한 번 설명한 적이 있는데, 재능이 반드시 뛰어난 건 아니지만, 능력의 200퍼센트를 보여주는 선수를 가리켰다.[1] 감독은 매일 낙관적인 기분으로 출근하고, 그 기분을 유지했다.

"감독님의 분위기가 로커와 로커 사이로 퍼졌습니다"라고 크루코는 회상했다. "선수들이 거기에 동조했죠. 순위도 점점 올라가니까 전체적인 분위기가 바뀌었고요. 뭔가 두꺼운 점퍼를 벗어버리는 느낌이었습니다."

기대 편향이 수행 능력에 영향을 준다, 피그말리온 효과

1960년대 하버드대학교 심리학 교수 로버트 로즌솔Robert Rosenthal 은, 수행 능력에 기대치가 주는 영향에 관심을 가지고 실험 하나를 진행했다. 다소 진부하지만, 실험쥐를 이용한 실험이었다. 교수는 연구생들에게 지능이 높은 실험쥐를 번식시키는 데 성공했다며, 미로를 빠져나오는 능력을 일반 실험쥐와 비교하라고 지시했다. 실험쥐들은 '영재'와 '바보'라고 표기한 우리 안에 나뉘었다. 영재 집단은 바보 집단을 상대로 연전연승했다. 그런데 실제로 모든 실험쥐는 차이가 없었고, 우리 안에 무작위로 집어넣었던 것이다. 영재 집단을 맡은 연구생들은 실험쥐들을 예뻐했다. 게다가 실험쥐를 대하는 태도도 바보 집단을 맡은 연구생들보다 여유 있고, 편했다. 그리고 부드러운 목소리로 말했다. 또한 영재 집단을 맡은 연구생들은 자기들이 실험쥐를 더 조심스럽게 다루

팀 케미스트리

었다고 보고했다. 실제로 '영재' 실험쥐들은 '바보' 실험쥐들보다 결과가 좋았다. 로즌솔 교수는 이런 기대 편향이 인간의 수행 능력에도 영향을 줄 수 있다는 가설을 세웠다.[2] 그러고 나서 오늘날 고전으로 남은 실험을 진행하게 되었다.

로즌솔 교수는 18개 초등학교 학급에서 IQ 시험을 진행했다.[3] 이후에 각 교사들에게 학업 잠재력이 높아 보이는 학생들을 알려줬다. 이때도 쥐를 이용한 실험과 마찬가지로 잠재력이 높은 학생들을 무작위로 선정했다. 그리고 로즌솔 교수는 몇 달 동안 해당 학급들을 지켜봤다. 그 결과 교사들은 '뛰어나다는' 학생들에게 더 접촉하고, 고개도 더 끄덕이며, 미소도 더 지어줬다. 질문에 답할 기회와 시간도 더 많이 줬다.

8개월 후에 로즌솔 교수는 IQ 시험을 다시 한 번 실시했다. '뛰어난' 학생들의 IQ 상승치가 대조군 학생들보다 세 배나 높게 나왔다. 로즌솔 교수는 이를 '피그말리온 효과'라고 이름 붙였다.

그렇다면 학생들은 자신의 실력 향상을 위해 모두 자신이 영리한 학생이라고 속여야만 하는 것인가? 혹시 교사들이 모든 학생을 영리한 학생처럼 대할 수 있도록 학습할 수는 없는 것인가? 뉴질랜드의 교육학 교수 크리스틴 루비데이비스Christine Rubie-Davies가 진행한 연구에 따르면, 기대감을 높이는 행위는 학습이 가능하다.[4] 루비데이비스 교수는 태도나 신뢰감, 접촉, 어조, 기타 비언어적인 지시 등 높은 기대감을 나타내는 행동과 기술을 다양하게 알아봤다. 이후에 워크숍을 몇 차례 진행해서 이런 '기대치' 행동들을 교사들에게 지도했고, 그 효과를 파악하기 위해 여러 가지 실험을 실시했다. 한 실험에서는 84명의 교사를 무작위로 뽑아서 두 개조를 편성했다. 한 조는 자기 워크숍에 참석시키고, 다른 조는 일반 교원 능력 개발 수업에 참석시켰다. 한 학년이 끝나자, 교수의 워크숍에 참석한 교사들에게 배운 학생들이 대조군 교사들에게 배운 학생들보다 학업이 3개월 앞서 나갔다.

'피그말리온 효과'는 교실뿐만 아니라 병원이나 공장, 심리 치료 센터 등 수많은 작업장에서도 나타난다. 로즌솔 교수는 1980년대에는 스포츠를 대상으로 실험을 진행한 적이 있다. 교수는 체육 교사들에게 몇몇 학생들을 지목해 잠재적인 운동 능력이 월등한 학생이라고 알려줬다. 이때도 실제와는 무관하게 무작위로 학생을 골랐다. 이후 체육 교사들은 윗몸일으키기(여학생)와 팔굽혀펴기(남학생), 멀리뛰기, 상자 옮기기 등으로 학생들의 운동 능력을 평가했다. 교수로부터 지목된 기대치가 높았던 학생들은 과거 성적으로 예측한 기대치보다 결과가 더 잘 나왔다. 반면 기대치가 낮았던 학생들은 오히려 덜 나왔다.[5]

슈퍼 교란자 크리스 브라운

1985년도 샌프란시스코 자이언츠에는 신인 선수가 없었다. 그런데 이듬해에는 팀의 3분의 1에 가까운 일곱 명이나 되었다. 그 가운데 목소리가 크고 사교적이었던 윌 클라크가 가장 잘했다. 그는 뉴올리언스 출신으로 1984년에 올림픽에 출전했고, 1985년에 1라운드 지명을 받았으며, 1986년에 메이저리그 전지훈련에 초청

팀 케미스트리

받았다. 1985년에 지명받자마자 45일 동안 마이너리그에서 보낸 것이 프로 경력의 전부였다. 그래도 상관없었다. 당시 21살이었던 클라크는 전지훈련에서 첫 타격 연습을 기다리고 있을 때 자이언츠 팬들에게는 익숙한 포즈를 취했다. 풍선껌을 잔뜩 씹으면서 방망이를 짚고, 발목 하나를 다른 발목 앞에 태연하게 교차한 채 미소를 지었다. 마치 영주가 자기 땅을 감상하며 흡족해하는 모습이었다. 스윙에는 자신감이 묻어났고, 허세가 넘쳤다. 우아하게 휘두르는 스윙으로 공을 외야 관중석으로 날렸다.

클라크는 시즌이 빨리 시작하기를 원했던 나머지 전지훈련지에 일주일이나 일찍 나타나서 투수와 포수들과 함께 입장했다. 그는 클럽하우스를 돌며 큰 목소리로 전지훈련지가 얼마나 좋은지, 야구가 얼마나 위대한 스포츠인지, 동료들과 함께할 수 있어서 얼마나 긴장되는지 등에 대해 말했다.

"스릴 넘치는 윌Will the Thrill!" 당시 크루코가 노장 포수 밥 브렌리와 웃으면서 말했다. 이 별명은 지금까지도 불린다. 클라크는 그 즉시 역할 원형 중에 아이가 되었고, 시간이 지나면서 전사와 점화자의 역할도 추가했다.

로비 톰프슨Robby Thompson은 23살 2루수였는데, 그 역시 아이였지만 좀 더 성숙했다. 그에게 클라크가 보였던 스타성은 없었다. 팔도 길지 않았고, 수비 범위도 넓지 않았다. 타격도 그렇게 뛰어나지는 않았다. 말수도 굉장히 적었다. 그렇지만 항상 간절함과 집중력을 가지고 뛰었다. 이런 마음가짐을 가진 이유는 4년 전 대학 시절 때 내린 결정 때문이었다. 약혼녀 브렌다Brenda Thompson의 언니가 출산 관련 합병증으로 갑자기 사망하자, 갓 태어난 예비 처조카 크리스티나[Kristeena Thompson]를 입양하기로 결정했다. 그가 열아홉 살 때 일이다. 둘은 캠퍼스 외부에 위치한 방 한 개짜리 아파트로 아기를 데리고 왔다. 1년 후에 톰프슨은 샌프란시스코 자이언츠에 지명을 받았고, 그로부터 6개월 후에 약혼녀와 결혼했다. 마이너리그 시절에는 동료들이 피자와 맥주를 즐기러 나갈 때, 그는 아내와 딸과 함께 집에서 시간을 보냈다. 당시 650달러였던 월급을 최대한 아끼려고 땅콩버터 잼 샌드위치로 끼니를 때웠다. 비시즌 동안에는 플로리다주에서 장모와 함께 살며, 공사장 인부와 주차장 요원으로 일하면서 돈을 벌었다.■

톰프슨은 트리플A 이상 뛰어본 경험이 없었다. 그런데 1986년에 전지훈련이 끝나갈 무렵, 자이언츠의 주전 2루수 겸 선두 타자로 낙점받았다. 그리고 첫해에 인상적인 모습을 보여서 내셔널리그 최우수 신인상 투표에서 2위에 올랐다. 그가 제쳤던 미래 슈퍼스타 중에는 배리 본즈와 배리 라킨[Barry Larkin], 그리고 윌 클라크가 있었다. 톰프슨은 그해 0.271를 쳤다. 마이너리그에서도 그렇게까지 친 적이 없었다. 그리고 팀 내에서 가장 많은 희생타(18)를 치고, 97번의 병살 플레이를 만들었다.

■ 당시 마이너리그와 동계 리그 선수의 급여는 최저 임금보다 살짝 높았다. 상위 라운드 지명 선수도 지금과 같은 계약금은 상상하지 못했다. 1986년에 톰프슨의 연봉은 6만 달러(당시 환율로 약 5,280만 원)였다. 그해 비시즌에도 공사장과 주차장에서 일했다. 1987년에 연봉이 14만 달러로 오르자 비로소 비시즌 일을 그만두었다.

팀 케미스트리

크레이그 감독과 로즌 단장의 새로운 리더십 체제에서 기대치 이상 활약한 선수는 톰프슨뿐만이 아니었다. 크루코는 생애 첫 올스타전에 출전했다. 그는 전반기에 11승 5패였고, 20승 투수로 시즌을 마감했다. 개인 단일 시즌 최다승 기록이다. 사이영 상 투표에서도 3위에 올랐고, 내셔널리그 MVP 투표에서도 몇 표 얻었다.

1986년도 자이언츠는 83승을 올렸다. 이전 시즌보다 21승이 늘었다. 관중 또한 늘었다. 1987년 4, 5월까지도 이기는 야구를 이어갔다. 그러다가 추락하기 시작했다. 내부에 슈퍼 교란자가 있었던 것이다.

크리스 브라운^{Chris Brown}이라는 자이언츠의 젊은 3루수가 있었다. 1985년에 팀이 100패를 향해 달리고 있을 때, 유일하게 올스타전에 출전했다. 그는 재능이 있고, 노력하는 모습을 보일 때도 있었지만, 항상 병이나 부상을 핑계로 하루 건너 하루씩 결장했다. 동료들은 그를 양철 나무꾼으로 불렀다. 한 번은 잠을 잘못 잤다며 '눈꺼풀 근육 파열'로 결장한 적이 있다. '치주 타박상'으로 빠진 적도 있었다. 손이 아프다, 발목이 아프다, 무릎이 아프다, 이런 식으로 그 좋은 재능을 벤치에 처박아놓고 있었다. 그는 전형적인 꾀병자였다. 동료들은 타격 연습이나 팀 항공기, 호텔 바에서 그를 향한 불만을 토로했다. 한 번은 클럽하우스에서 크루코가 대놓고 브라운에게 지적한 적이 있었다. 브라운에게 불을 붙여서 모두의 불만을 끝장내고 싶어서였다. 대신에 브라운은 로커 앞에 앉아 아무런 대꾸도 하지 않았다. 크루코는 "팀을 그 정도로 끌어내렸던 동료는 없었다"고 말했다.

로즌 단장도 브라운과 같은 꾀병자의 위험성을 인지하고 있었다. 이기는 야구를 이제 막 시작한 팀에는 더욱 그랬다. 브라운의 전염성을 예방하기에는 결속력이 아직 약하다고 판단했기에 걱정스러웠다. 그렇지만 3루수를 대체할 만한 선수가 아직 없었다. 맷 윌리엄스는 아직 준비되지 않았다. 일단은 더 지켜보기로 했다.

사람들은 종종 일 잘하는 조직을 기름칠 잘한 기계로 비유한다. 사실 정확한 비유는 아니다. 만일 정확한 비유라면, 그것을 만들고 관리하는 설명서나 유튜브 영상을 제작할 수 있어야 한다. 하지만 그것은 불가능하다. 기계는 혼잡계를 이루는 데 반해 조직은 복잡계를 이루기 때문이다.[6] 팀 케미스트리를 이해하려면 이 차이를 이해해야 한다.

혼잡계에서는 기본 요소들이 자동차 엔진처럼 균일하고 정확하게 맞물린다. 예를 들면 점화 플러그에 문제가 생기면 엔진의 마력이 떨어진다. 그러다 새 점화 플러그로 교체하면 엔진의 마력이 복구된다. 즉, 인과 관계를 예측하고 반복하는 것이 가능하다.

반면 조직은 생태계나 국가 경제와 비슷하다. 독립된 부분이 너무나도 많아서, 한 부분을 고치면 체계 안에서 수많은 변화가 일어난다. 이것이 1970년대 초에 메사추세츠공과대학MIT: Massachusetts Institute of Technology 이론 기상학자 에드워드 로렌즈Edward Lorenz가 제시한 그 유명한 나비 효과다. 그는 연구실에 있던 컴퓨터로 기상 패턴을 계산했다. 당시는 1960년대라 계산 결과가 도출되는 데 며칠씩 걸렸다. 그런데 계산 이튿날에 코스가 완전히 벗어난 결과가 나온 것을 확인했다.

알고 보니, 로렌즈가 이튿날 계산의 출발수를 소수점 아래 다섯째 자리에서 반올림을 했던 것이 문제였다. 너무나도 미세한 변화라 이것이 원인일 것이라는 생각은 전혀 하지 못했다.

흔히 인과 관계라면, 원인에 작은 변화가 발생했을 때 결과에도 작은 변화가 일어나야 한다. 그러나 로렌즈의 발견은 그것을 역행한다. 물론 복잡계에서도 조그만 변화가 조그만 결과를 일으키기도 한다. 하지만 작은 뒤틀림으로 인해 거대한 변화가 일어나기도 한다.[7] 이러면 예측은 불가능해진다. 다시 말해 리우데자네이루 $^{Rio\ de\ Janeiro}$ 에서 나비 한 마리의 날갯짓으로 인해 2주 후에는 텍사스주에 토네이도가 일어날 수 있다. 물론 아무 일이 없을 수도 있다.

팀도 마찬가지다. 클럽하우스 분위기를 교란시키는 일이 생겼다고 치자. 팀의 연패나 선수의 부상, 이혼, 트레이드, 개인 슬럼프 등이 있을 것이다. 그 영향은 선수들의 사고방식과 감정, 기대감 등에 달려 있다. 교란이 되는 일에 대해 느끼는 불안감도 선수마다 다르다. 이런 변수는 수없이 다양하다. 게다가 개인이 반응을 보이는 것 자체도 자그마한 교란일 수 있고, 그것이 또 다른 작은 교란들을 일으키기도 한다. 한 시즌이 162경기니까 그 수많은 교란들을 162로 곱해보자. 이렇게 따지면, 엉망이 아닌 팀이 없어야 한다. 하지만 현실은 그렇지 않다.

그 이유는 팀은 날씨나 환경 등 대부분의 복잡계와는 또 다르기 때문이다. 팀은 인간으로 구성된다. 인간은 기상 패턴이나 부유 동물과 달리 파멸로 향할 때 위기의식을 느끼는 능력이 있고, 그 흐름을 바꿀 수 있는 능력도 있다. 아울러 이렇게 인지하고 변화시킬 수 있는 환경을 조성하는 능력도 가지고 있다.

그렇게 조성한 환경은 교란을 일으키는 장애물을 흡수한다. 우리는 이를 복원력이라고 한다.

문제아 케빈 미첼

1986년 7월 3일. 샌프란시스코 자이언츠는 시카고 컵스와 3연전을 치르기 위해 시카고에 막 도착했다. 자이언츠는 내셔널리그 서부 지구 1위와 5경기 차이나 났다. 로즌 단장은 시카고의 리글리 필드Wrigley Field의 관중석에 앉아 선수들이 타격 연습하는 모습을 세심하게 관찰하고 있었다. 그때 평범한 땅볼 하나가 불규칙 바운드를 내고, 내야 수비를 하던 크리스 브라운의 이마를 가격했다. 브라운은 총에 맞은 것처럼 바닥에 엎어졌다. 타격 연습은 중단되었다. 트레이너 두 명이 브라운을 끌고 나가는데, 브라운의 발이 땅에 질질 끌렸다. 그렇게 심각한 부상은 아닌 것 같았는데, 무언가 이해할 수 없는 장면이었다. 그라운드에서, 타격 케이지 뒤에서 나머지 선수들은 당황스럽다는 듯 고개를 저었다.

브라운이 클럽하우스로 사라지자, 로즌 단장은 그가 꾀병을 부린다고 생각해 화가 솟구치기 시작했다. 머지않아 브라운이 자기 스스로 타순에서 빠졌다는 일을 한 관계자로부터 보고받았다. 안 그래도 순위 경쟁에서 밀려서 만회해야 할 시기였다. 더 이상 두고 볼 수 없었다. 팀 분위기를 바꿀 때가 왔다. 로즌 단장은 클럽하우스로 서둘러 내려갔는데, 브라운이 트레이너용 진찰대에 누워 있는 모습을 발견했다.

"어이, 그 유니폼 벗어. 앞으로 입을 일 없을 거니까."

그러고 몇 시간도 지나지 않아, 로즌 단장은 샌디에이고 파드리스의 당시 처브 피니Chub Feeney 단장과 트레이드에 합의했다. 브라운과 세 명의 투수가 샌디에이고로 가고, 올스타 투수 데이브 드라베키 Dave Dravecky와 구원 투수 크레이그 레퍼츠Craig Lefferts, 유틸리티 야수 케빈 미첼이 자이언츠로 오게 되었다.■

로즌 단장은 자이언츠가 이익을 봤다고 확신했다. 드라베키라는 1, 2선발감과 레퍼츠라는 준수한 구원 투수를 얻었기 때문이다. 다만, 미첼이 영 탐탁지가 않았다. 그래도 일단 트레이드에 합의했다. 양쪽 구단의 문제아를 서로 맞바꾼 셈이다. 로즌 단장이 본 미첼은 커다란 금니와 두꺼운 금목걸이를 한 깡패였다. 싸움과 무법 행위로 소문이 자자했다.

하지만 크레이그 감독과 크루코의 눈에는 다른 사람이 보였다.

■ 크리스 브라운은 그로부터 2년 안에 메이저리그에서 밀려났다. 최종적으로 디트로이트 타이거즈가 1989년 5월에 그를 방출했다. 이후 마이너리그를 떠돌다가 공사장에서 기중기 기사로 근무했다. 2001년 9·11 테러 이후에는 3년 동안 석유 회사 핼리버튼(Halliburton) 소속으로 이라크와 쿠웨이트 사이를 이동하는 유조차를 몰았다. 그리고 2006년에 45살의 나이로 사망했다. 당시 텍사스주 슈거랜드(Sugar Land)에 곧 압류당할 위기에 놓였던 집에 의문의 화재가 발생했고, 그로 인해 심각한 화상을 입었던 것이 사인이었다. 그는 아내와 당시 9살짜리 딸을 두고 떠났다. 크루코는 돌이켜봤을 때 브라운이 야구에서 겪었던 문제는 실패에 대한 두려움으로 심신이 쇠약해졌던 것이라고 생각한다.

케빈 '미치' 미첼은 평범한 미국인 야구 선수가 아니었다. 그는 샌디에이고의 사우스이스트^{Southeast}라는 지역에서 자랐다. 그곳은 거대한 임대 주택 단지였고, 흑인과 멕시코계 갱단들이 서로 싸우는 구역이었다. 그곳에서의 삶은 잡아먹거나 잡아먹히거나 둘 중에 하나였다. 미첼은 10대 때, 친한 친구들과 파이룰스^{Pierules}(파이 조각을 균등하게 나누어 가진다는 뜻—옮긴이)라는 갱단으로 활동하면서 라이벌 갱단과 싸웠다. 싸움을 굉장히 즐겼으며, 이를 통해 의리를 증명했다. 어떻게 보면 사랑을 위한 행동이다. 친구들은 무슨 일이 있어도 미첼의 편이었고, 미첼도 그들의 편이었다. 미첼은 그런 유대감을 몸을 바쳐 증명했다. 오른쪽 허벅지에 난 하얀 선은 38구경 총탄이 스친 자국이다. 등에 난 상처는 산탄총으로 쏜 암염 총탄에 맞아서 생겼다.

가장 오래된 상처는 오른쪽 손목에 났다. 그 상처는 사람을 함부로 믿을 수 없다는 교훈을 영원하게 남겼다. 아버지가 어머니를 폭행하려는 것을 막아보겠다고, 기름을 튀기던 궁중 팬을 던지다가 생겼다. 그가 9살 때 일이었다. 미첼은 집을 길거리보다 더 위험하다고 여겼다. 그래서 열 블록쯤 떨어져 있는 할머니 댁을 피난처로 삼았다. 그는 할머니 집의 진입로에서 공놀이를 하고, 할머니와 교회도 다니며, 일요일 만찬이 끝나면 설거지를 도맡아 했다. 미첼은 할머니에 대한 애정이 컸다. 그리고 궁중 팬 사건이 일어난 지 며칠 뒤에 짐을 챙기고 할머니 집에 가서 눌러앉아 버렸다.

미첼은 미식축구를 가장 즐겼다. 자기 동네의 험악한 삶을 스포츠로 승화시켰다고나 할까. 라이벌 남학생들끼리 주기적으로 만나서 서로에게 폭력을 가하는 것이 아닌가. 하지만 그는 단 두 가지 이유 때문에 야구를 계속했다. 하나는 할머니가 야구를 좋아한다는 것이고, 다른 하나는 방망이만 잡으면 그가 천재가 되었기 때문이다. 그는 팔뚝이 허벅지만 했고, 가운데로 들어오는 공을 부숴버렸다. 리틀 야구 시절에는 경기를 구경하던 아버지들이 20달러씩 주면서 홈런을 주문하기도 했다. 고등학교는 네 학교를 전전했지만, 어느 곳에서도 졸업하지 못했고, 야구부 활동도 거의 없었다. 매년 가을 학기에 미식축구부 활동을 했는데, 시즌을 마치기도 전에 낙제하거나 정학을 당했다. 그런 식으로 매년 봄 학기에 야구부 활동 자격을 상실했다.

그러던 어느 날 뉴욕 메츠의 한 스카우트가 그의 활약을 목격했다. 미첼이 샌디에이고주립대학교^{San Diego State University}에서 열린 동계 리그에 참가했던 때였다. 스카우트는 그 자리에서 계약금 2만 5,000달러에 입단을 제의했고, 미첼은 스카우트의 자가용 보닛을 책상 삼아서 계약서에 서명했다(과거에는 메이저리그 스카우트들이 빈 계약서 양식을 들고 다녔다. 지금은 MLB 사무국에서 모든 것을 전산화해서 통제한다—옮긴이). 그는 마이너리그에서 5년 간 기복이 심한 모습을 보이다가, 뉴욕 메츠가 대권에 도전했던 1986년에 메이저리그에 데뷔했다. 메츠의 스타 포수 개리 카터^{Gary Carter}는 미첼을 '월드^{World}'라고 불렀다. 여섯 개 포지션을 소화할 수 있기 때문이었다. 뉴욕 메츠가 월드 시리즈 7차전에서 보스턴 레드삭스를 꺾었을 때 기쁨과 애정이 클럽하우스에 넘쳤고, 미첼은 거기에 매료되었다. 그는 동료들과 어깨동무를 했다. 그 인연이 평생 갈 줄 알았다.

그런데 두 달 뒤에 그는 샌디에이고 파드리스로 트레이드되었다. 그러다가 다시 샌프란시스코로 넘겨졌다. 7개월 사이에 트레이드를 두 번이나 당했다. 길거리에 내놓은 쓰레기봉투가 된 느낌이었고, 야구를 그만두고 싶었다. 데이브 드라베키가 구슬려서 시카고행 비행기에 간신히 탈 수 있었다. 실제로 미첼을 구슬릴 수 있는 사람은 몇 없었다.

드라베키와 미첼은 믿기 힘들 정도로 친했다. 드라베키는 친절하고, 상냥하며, 독실한 기독교인이었지만 극우 보수 성향인 존 버치 소사이어티John Birch Society의 일원이었다. 그는 샌디에이고 시절에 미첼을 챙겼다. 미첼의 따뜻하지만 상처받기 쉬운 마음 때문에 다가갔다. 그랬기에 미첼은 드라베키에게 마음의 문을 열 수 있었다. 그는 뉴욕 메츠 동료들이 너무나도 보고 싶은 마음과 샌디에이고 래리 보와Larry Bowa 감독에게 무시당한 느낌을 털어놓았다. 샌디에이고 저지 안에 뉴욕 메츠 티셔츠를 입고 뛰었을 정도다.

미첼의 할머니는 드라베키에게 식사를 대접한 적이 있다. 드라베키는 미첼을 '부기 베어Boogie Bear(부기는 원래 블루스에 사용되는 리듬을 뜻하지만, 그 의미가 점차 파생되어서 그 당시에는 흑인 댄스 음악이나 흑인 그 자체를 일컫는 속어로 발전—옮긴이)'라고 불렀고, 미첼은 드라베키를 '스넥스Snacks'라고 불렀다. 드라베키의 로커 안에는 늘 간식거리들이 있었기 때문이다.

미첼은 리글리필드 원정 클럽하우스에 도착하는 순간까지도 야구를 그만둬야 하나 고민했다. 그는 함께 트레이드된 동료들이 과거에 알던 선수들과 포옹하는 모습을 목격했다. 자기는 전부 초면

이었다. 어차피 떠날 마음이니 상관없었다. 로커를 찾고 있는데, 크레이그 감독의 호출을 받았다. 미첼은 '물론 그러시겠지'라고 생각했다. 두 번이나 트레이드 당한 데다 평판도 좋지 못한 선수 때문에 올스타 3루수를 잃은 감독 아닌가. 얼마나 한 소리 하고 싶었을까.

크레이그 감독은 책상에서 일어나 커다란 손으로 미첼의 손을 잡았다.

"와줘서 기쁘다"라고 감독은 말했다. "야구 잘한다면서? 그러니까 모셔왔지. 그라운드에 나가서 잘 뛰고 즐겨. 함께 즐기면서 우리가 이루고자 하는 걸 얻자고. 동료들도 정말 괜찮은 친구들이야."

미첼은 감독실에서 나오자마자 크루코와 마주쳤다. "타석에서 네 얼굴을 더 이상 안 봐도 되니까 진짜 기쁘다." 크루코가 미소를 지으며 말했다. 미첼은 탈의하고 자이언츠 저지를 옷걸이에서 뺀 후 입었다. 등에 이름이 없었다. 드라베키와 레퍼츠를 바라봤다. 둘은 저지에 이름이 있었다. '역시나'라고 생각했다. '아무도 나를 원하지 않는구나.'

캥거루 재판과 미첼의 변화

그러던 어느 날, 팀이 홈으로 복귀하자 크루코와 다른 고참들이 기자들을 클럽하우스에서 내쫓는 일이 있었다. 누군가가 외쳤다. "캥거루 재판 시간이 돌아왔습니다!"

선수들은 의자를 끌어다 판사 행세하는 고참들 앞에 모여 앉았다.

크루코도 그중 하나였다. 밥 브렌리가 위반 사실 관리대장을 담당해 왔다. 선수들은 언제든지 동료나 코치, 클럽 관리인, 트레이너 등에게 혐의를 씌울 수 있었다. 그 당시에는 캥거루 재판을 운영하지 않는 팀이 없었다. 어떤 팀 판사는 영국 법조인을 웃기게 흉내 내겠다며 대걸레를 뒤집어쓰기도 했다. 캥거루 재판은 특히 불평분자들을 저격할 수 있는 자리이기도 했다. 불평분자들이 혐의도 가장 많이 받고, 벌금도 가장 많이 냈다. 즉, 계속 찡찡대면 앞으로도 계속 놀림 받고 벌금 낼 각오를 하라는 의도였다.

　브렌리는 관리 대장을 펼치고 혐의들을 쭉 읽었다. 재판을 진행하려면 광대 역할이 꼭 있어야 한다. 브렌리와 크루코는 유머 감각이 굉장히 풍부했다. 크리스 스파이어Chris Speier는 '씨발fuck'을 자꾸 '식빵frick'으로 말한다며, 횟수 당 15달러의 벌금을 선고받았다. 그밖에 샤워장에서 소변을 봤다거나, 경기 전에 상대팀 선수와 친목질을 했다거나, 팁을 제대로 주지 않았다거나, 출근길에 타이어에 바람이 빠졌다거나, 도루 사인을 놓쳤다는 등의 이유로 벌금을 낸 선수도 있었다. 게다가 일명 '진수성찬珍羞盛饌'이라는 죄명이 모든 팀에서 꼭 한 번씩 나오는데, 경기 후에 차린 뷔페에 알몸으로 나타나는 행위를 뜻하는 그들만의 법률 용어였다.

　이전 캥거루 재판을 무사히 넘겼다는 죄목도 있었다. 당시 신인 내야수였던 맷 윌리엄스는 영화 대사를 초인적으로 기억하는 능력이 있었다. 그래서 판사들이 유죄 판결을 내리면, 범법자에게 슬그머니 다가가서, 예를 들어 영화 〈스카페이스Scarface〉의 대사를 읊기도 했다.

　　　　　　　　　　　　　　　　　　　　　팀 케미스트리

"그래! 이 쓰레기 같은 새끼……."

미첼은 농담을 전혀 알아듣지 못했지만, 클럽하우스 뒤편에서 혼자 낄낄대고 있었다. 그러던 중 갑자기 자기 이름이 들렸다. 팀에 합류한 지 일주일도 되지 않은 상태였다. 관리 대장에 오를 만한 혐의가 벌써 생겼다고?

브렌리는 위반 사항을 쭉 읊었다.

- 저지에 이름을 안 쓰고 다님.
- 자이언츠 데뷔전에서 홈런 두 개 치고 자기 자랑함.
- 방탄 치아를 가지고 있음.
- 옷 한 벌로 동물 14종을 멸종 위기로 몰아넣었음.

혐의를 하나씩 읽을 때마다 미첼의 웃음은 점점 거세졌고, 발까지 동동 굴렀다. 크루코는 "미첼을 완전 박살냈는데, 너무 좋아하더라

■ 개인적으로 가장 마음에 들었던 캥거루 재판 이야기는 1960년대 볼티모어 오리올스 프랭크 로빈슨이 진행했던 것이다. 볼티모어에는 그 당시 제이 마조니(Jay Mazzone)라는 배트보이가 있었는데, 두 살 때 화상을 심하게 입고 양손을 절단하는 일을 겪었다. 그는 손 대신 '후크 선장'처럼 금속 갈퀴를 달고 일했다. AP통신 보도에 의하면 마조니와 프랭크 로빈슨이 친했지만, 다른 선수들은 마조니 근처에 가는 것을 어색하게 느꼈다고 한다. 마조니는 당시 상황에 대해 이렇게 말했다. "당시 로빈슨이 캥거루 재판을 진행했고, 벌금을 부과할지 말지 선수들의 투표를 통해 결정했는데, 엄지를 올리거나 내리는 방식이었어요. 투표를 전부 마치자 로빈슨은 내게 '마조니, 너는 투표를 안 해서 벌금'이라고 말했죠. 모두가 웃었어요. 그래도 그 이후에는 선수들이 나를 어색하게 대하지 않았습니다. 심지어 앞으로 투표에 참여할 수 있도록 하드보드지로 엄지를 치켜든 손 모양을 크게 만들어준 사람도 있었어요."

고요"라고 그때를 회상했다.

미첼은 시즌이 지나면서 더 만족스러웠다. 그렇지만 동료들과 너무 가까이 어울릴 필요는 없다는 것을 잘 알고 있었다. 야구에서 팀은 형제가 아니라 결국 비즈니스다. 하지만 두 달 후에 크루코가 그런 생각을 무참히 깨버렸다.

9월 중순에 샌디에이고가 방문했다. 미첼은 처음으로 친정팀을 상대하게 되었다. 1차전이 시작하기 전에 타격 케이지 뒤에서 샌디에이고 선발 투수 에드 휘트슨Ed Whitson이 미첼에게 갈비뼈에 강속구를 박아버릴 테니 조심하라는 식으로 농담을 던졌다. 미첼은 웃었다. 그는 휘트슨과 친분이 있다고 생각했다.

그렇지만 그날 자이언츠 선발이었던 크루코는 그 말을 듣고 못마땅하게 생각했다. 휘트슨은 고의로 타자들을 맞히기로 악명이 높았다.

1회 말에 자이언츠 선두 타자가 휘트슨을 상대로 홈런을 쳤다. 미첼이 다음 타자였다. 휘트슨은 눈도 뜰 새 없이 초구를 미첼의 등으로 던졌다. 미첼은 대응하지 않았다. 방망이를 떨어뜨리고, 배팅 장갑을 벗은 후에 1루로 나갔다.

2회에 크루코가 다시 마운드로 나갔다. 그때 불편했던 허리에 경련이 일어나기 시작했다. 고통스러워하는 모습이 더그아웃에 있던 크레이그 감독의 눈에도 들어왔다. 감독은 구원 투수를 준비시키라는 신호를 보냈다. 하지만 크루코는 마운드에서 내려올 생각이 없었다. 샌디에이고 타자가 타석으로 향할 때, 크루코는 3루수를 보던 미첼을 불러서 이렇게 말했다.

팀 케미스트리

"미첼, 이번 건 널 위한 거야."

크루코는 와인드업에 들어갔다. 그리고 손에서 나간 공은 타자를 놀이공원의 목표물처럼 가격했다.▪

크루코는 미첼 쪽을 보며 고개를 끄덕였다. 그리고 나서 비틀거리면서 더그아웃으로 들어갔다. 미첼은 크루코가 벌인 일에 대놓고 반응하지는 못했다. 고의로 맞히는 행위는 벌금이 셌다. 하지만 크루코는 미첼의 뒤를 봐줬고, 미첼은 지금도 그 순간을 잊지 못한다. 미첼의 집에는 여전히 벽 한쪽에 걸어 놓은 사진이 있다. 그날 크루코가 고통스러워하면서 마운드를 내려오는 모습을 담은 사진이다.

그러던 어느 날 미첼은 감독이 게시한 타순지를 보다가 크루코에게 물었다. "감독님은 왜 제가 어떤지 물어보지도 않고 타순에 넣으시는 겁니까?"

질문이 조금 별났다. 감독들은 보통 선수들의 상태를 일일이 확인하러 다니지 않는다. 만일 몸이 좋지 못한 선수가 있으면, 트레이너들로부터 보고를 받는다. 따라서 아무 이야기가 없으면, 출전해도 좋다는 뜻이다. 크루코가 이 점을 직접 알려줄 수도 있었지만, 이번

▪ 공교롭게도 크루코가 제대로 조준해서 던진 공에 맞았던 타자는 다름 아닌 크리스 브라운이었다. 브라운은 미첼처럼 공이 등을 맞도록 몸통을 돌리지 않고, 오히려 투구 쪽으로 몸을 숙였다. 공이 브라운의 손을 어찌나 세게 맞혔는지, 공은 손을 맞고 그라운드에 한 번 튕긴 후에 파울 지역까지 가버렸다. 브라운은 고통에 손을 부여잡고 몸을 웅크렸다. 샌디에이고 트레이너는 얼른 뛰어 나와 브라운의 손을 검사했다. 브라운은 1루 선상을 걸어가면서 헬멧을 집어던졌다. 나중에 진단한 결과, 손이 골절되었다.

일만큼은 크레이그 감독에게 알렸다. 보통 유능한 감독 옆에는 이를 보조해주는 선수가 존재한다. 시즌이 길다 보니, 선수가 선수를 잘 알 수밖에 없다. 감독이 신경 쓰지 못하는 부분도 많다. 크루코는 "화장실 변기 칸에 앉아 있으면 밑에 보이는 발만 봐도 옆 칸에 누가 있는지 안다"고 말한 적이 있다. 어쨌든 미첼도 크루코의 답변보다는 감독의 답변이 듣고 싶었다.

다음 날 크레이그 감독은 타순지를 공지하기 전에 미첼의 로커 앞으로 가서 상태가 어떤지 물었다. 이날 이후로도 미첼에게 항상 가서 물었다. 그러면 미첼은 "어젯밤 너무 늦게 잤습니다"라던가 "감독님, 오늘 다리가 정말로 아픕니다"라는 식으로 대답하곤 했다.

그때마다 크레이그 감독은 "미첼, 우리는 네가 필요해"라며 격려했다. 그러면 미첼은 컨디션이 좋지 않아도 경기에 나섰다. 감독도 알고 있었다. 미첼은 이전에 내야에서 배팅 수비를 하다가 손가락이 탈골된 적이 있었는데, 손가락을 다시 맞추고 배팅 수비를 계속했던 그런 선수다. 단지 자기를 신경 쓰고 있다는 것만 확인받고 싶었던 것이다. 감독으로서 하루에 1분씩만 투자하면 되는 일이었다.

물론 감독이 미첼을 응석받이로 기른다며 불만을 가진 선수도 있었다. 그러나 응석받이로 길렀던 선수가 더 성장한다면, 응석받이로 기른 것이 아니다. 오히려 감독 일을 영리하게 했다고 봐야 한다. 몇 년 전에 크레이그 전 감독 집을 방문한 적이 있다. 그는 정원을 돌보면서 이렇게 말했다. "미첼에게 특별하게 대해준 부분이 있었죠. 우리한테 정말 중요한 선수였으니까요. 마음이 따뜻한 친구예요. 참 마음에 들었던 선수였습니다. 그런데 제대로 다루지 않으면, 자기만의 동굴 안으로 들어갔어요." 숫자가 그것을 증명했다. 전반기 샌디에이고의 래리 보와 감독 밑에서 뛸 때 미첼은 62경기 동안 0.245에 7홈런을 치고, 26타점을 올렸다. 그러나 후반기에 자이언츠의 크레이그 감독 밑에서 뛸 때는 0.306에 15홈런을 치고, 44타점을 올렸다. 그리고 이것은 시작에 불과했다.

사람은 상대가 주는 관심만큼 상대의 지식에 관심을 가진다

리더십에 대한 생각을 정리하려고 피라미드를 그린 적이 있었다. 피라미드의 가장 아래 칸에는 '신뢰'라고 적었다. 바로 위 칸에는 '적응력'이라고 적었다. 선수가 리더에게 맞추는 것이 아니라, 리더가 선수에게 맞출 필요가 있다. 물론 반드시 그래야 하는 것은 아니다. 적응을 위한 적응은 바람직하지 않다. 목적의식이 있어야 한다. 크레이그 감독이 미첼의 특이한 요청을 받아들인 이유는 그 기저에 깔린 정서를 이해했기 때문이다. 선수가 자기 로커 앞에 더 커다란 텔레비전을 설치해달라는 요청을 들어주는 것과는 차원이 다르다. 그래서 '적응력'을 지우고, 다른 개념으로 바꿨다. 외우기에는 조금 어렵다.

'두 가지 기본 개념에 대한 이해 및 활용: 인간의 본능이 가지는 항상성과 실제 인간의 예측 불가능한 가변성.'

다시 말해 인간은 공통된 성향과 욕구를 가지지만, 이 두 가지를 표현하는 방법은 수없이 많다. 리더가 개개인의 독특한 욕구를 파악하고 거기에 맞출 줄 안다면, 개인의 실력을 높이는 기술과 재능을 각성시킬 수 있다. 패트 서미트 전 테네시대학교 여자 농구부 감독은 천부적인 재능을 가진 한 선수 때문에 당황했던 적이 있다. 그 선수는 1학년짜리 서미카 랜들Semeka Randall이었다. 서미트 감독은 1997~1998년도 우승 시즌에 대한 회고록에 이렇게 적었다. "랜들의 태도만 잘 관리하면 포스트시즌은 술술 풀릴 것 같았다. 랜들의 감정을 미러링하는 것이 팀의 전체적인 분위기였다. (중략) 그녀가 풀이 죽으면, 선수단의 분위기도 죽었다." 결국 서미트 감독은 랜들의 고등학교 시절 감독에게 조언을 구했고, "그 아이는 안아줘야 한다"라는 답변을 들었다. 이후에 서미트 감독은 랜들과 면담할 때 이렇게 말했다. "랜들, 나를 믿어." 거기에 랜들은 아무 말도 하지 않았다. 그래서 감독은 물었다. "그러면, 이렇게 하자. 나를 믿어달라고 안 할게. 대신에 내가 너를 믿어줄 거야. 또 필요한 건 없어?"

랜들은 그제서야 고개를 들었고, 이렇게 대답했다. "안아주세요." 이후로 서미트 감독은 랜들을 자주 안아주었다.

노스캐롤라이나대학교University of North Carolina 여자 축구부 감독 앤슨 도런스Anson Dorrance는 대학 여자 축구 감독 가운데 역대 최다승을 기록했다. 도런스 감독은 선수 한 명이 자기 책상에 쪽지를 남기고 간 이야기를 들려줬다. 사실 그 선수는 감독과 불화가 있었다.

■ 에이브러햄 매슬로(Abraham Maslow)의 피라미드 모델 '욕구 계층 이론'은 인간의 본능과 동기 부여의 복잡함을 분류한 도표로 남았다. '욕구 계층 이론'은 1943년에 미국의 《심리학 평론 학술지(Psychological Review Journal)》에 게시된 '인간 동기 부여 이론'이라는 논문을 통해 소개되었다. 매슬로는 이 이론을 계속해서 보완해왔다.

감독 입장에서는 그녀가 자신의 지도 방식을 거부하고 태도가 불량한 선수였다고 한다. 그녀가 남긴 쪽지에는 "사람은 상대가 주는 관심만큼 상대의 지식에 관심을 가집니다"라고 적혀 있었다. 도런스 감독은 남들이 자기를 거만하고 거슬리는 사람이라고 생각할 수 있다는 점을 인정한다. 선수를 지도할 때 정서적인 공감 능력은 노력해서 습득해야 한다. "그 선수가 말하고 싶었던 건 '나한테 관심도 없는데, 내가 왜 당신 이야기를 들어야 하냐'는 거였죠. 굉장히 훌륭한 교훈이었습니다. 전혀 틀린 말도 아니고, 정신 차릴 필요가 있었어요."

인터뷰를 진행할 때, 선수와 지도자 모두 '사랑'이라는 표현을 많이 썼다. 군인도 마찬가지였다. NBA 명예의 전당 감독 필 잭슨Phil Jackson은 우승팀을 위한 필수 요소로 사랑을 꼽았다. 명예의 전당 감독 타라 밴더비어도 비록 여유 있고 차분한 성격을 소유하지는 않았지만, 비슷한 말을 했다.

"높은 실력이 필요한 일들은 '맞다', '틀리다'만으로 딱 떨어지지는 않습니다. 정서적으로 어떻게 느끼느냐, 상황을 어떻게 처리하느냐가 더 중요하죠. 동기 부여가 저절로 생기는 일들을 생각해보세요. 그중에 하나가 사랑입니다. 사랑하는 사람한테는 더 많은 걸 해주려고 하잖아요?" 밴더비어 감독은 여동생의 유소년 팀에서 처음 지도자로 일했다. 그곳에서 선수를 지도하는 데 가장 중요한 교훈을 얻었다고 한다. "모든 선수가 누군가의 언니, 여동생, 딸이기 때문에 우리 언니, 내 동생, 내 딸처럼 지도해야 한다는 걸 확실히 배웠습니다."

데이브 로버츠는 2015년 11월에 로스앤젤레스 다저스의 감독으로 부임하자, 그동안 존경해왔던 감독들에게 리더십에 관한 조언을 구했다. 그중에는 NBA 골든스테이트 워리어스의 스티브 커 감독과 로스앤젤레스 레이커스와 뉴욕 닉스의 패트 라일리 전 감독, NFL 시애틀 시호크스의 피트 캐럴Pete Carroll 감독 등이 있었다. 이후에 로버츠 감독은 자기가 필기한 내용을 보면서 다음과 같은 결론에 이르렀다. '선수는 지도자에 대해 세 가지를 알고 싶어 한다. 나한테 관심이 있는가? 내가 믿을 수 있는가? 나를 성장시킬 수 있는가?'

"이 세 가지를 모두 해주면, 선수에게 많은 걸 얻을 수 있습니다. 저는 비시즌에 선수들에게 전화를 쭉 돌립니다." 로버츠 감독은 전지훈련지로 출두하기 전에 25명 정도 되는 선수들과 통화하고, 대여섯 명과 직접 면담했다. 텍사스주까지 날아가서 스타 투수 클레이턴 커쇼와 그의 식구들을 만나기도 했다. 21살 1라운더 신인 유격수 코리 시거와 이야기를 나누기도 했다. 감독은 시거의 부모에게 직접 전화까지 했다. 누군가가 아들에게 관심 갖고 있다는 사실을 싫어하는 부모는 없다. 감독은 정규 시즌 동안에도 타격 연습 때마다 그라운드를 누비며 선수들의 근황을 물었다. "아기는 건강해?", "아버지의 수술은 잘된 거지?" 짚고 넘어가야 할 사항이 있으면, 사무실로 끌고 들어가기보다 눈에 띄지 않는 곳에서 조용히 전달했다. 이렇게 선수들을 알아가고, 그들의 신뢰를 얻었던 것이 큰 효과가 나타났다. 스탠리 매크리스털이 《팀 오브 팀스》에 적었듯이 "신뢰감과 목적의식이 효율적이지는 않다. (중략) 그러나 팀들은 이러한 비효율성을 통해 능력과 적응력을 높은 수준으로 발휘할 수 있다.”

2016년 7월에 커쇼가 허리 부상으로 부상자 명단에 올랐을 때, 몇몇 선수들은 로버츠가 팀 회의를 소집해서 이 소식을 심각하게 전할 줄 알았다. 커쇼는 팀의 전사였기 때문이다. 하지만 로버츠는 여느 때처럼 선수들의 안부를 물으며, '나머지 선수들이 커쇼의 공백을 메워줄 것'으로 믿었다. “선수들이 '스타 선수를 잃었지만, 뭐 어쩔 수 없는 것'이라면서 자기들도 할 수 있다고 느꼈던 것 같습니다. 그러면서 선수들이 잘했습니다.” 다저스는 향후 11경기에서 8승 3패였고, 그해 내셔널리그 챔피언십 시리즈까지 진출했다. 하지만 아쉽게도 그해 우승팀 시카고 컵스에 패했다.

이제 다저스 감독 4년차(2023년 현재 8년차)인 로버츠는 여전히 선수들의 안부를 묻고 다닌다. “사람들은 젊은 세대 선수들의 이야기를 많이 합니다. 친해지거나 지도하기 힘들다고 그러죠. 하지만 저는 동의할 수 없습니다. 그냥 제대로 사랑받지 못하고 자란 세대일 뿐이에요.”

클럽하우스나 로커룸, 직장은 지금까지 언급했던 원시 공동체나 유럽의 고아원, 에이머스 트버스키와 대니얼 카너먼의 협력 관계와 크게 다르지 않다. 서로를 필요로 하고, 서로를 변화시킨다. 뱅크오브아메리카^{Bank of America} 콜센터 매니저는 전화상담팀의 직무 수행을 높이는 방법을 고민하다가, MIT 연결 과학 및 인간 역동성 연구소 앨릭스 '샌디' 펜틀랜드^{Alex "Sandy" Pentland} 교수를 찾았다.[8] 펜틀랜드 교수는 사회분석학계의 빌 제임스 같은 인물이라고 할 수 있다. 《포브스^{Forbes}》는 펜틀랜드 교수를 세계에서 가장 영향력 있는 데이터과학자 7위에 올렸다. 인간의 상호 교류에 관한 덕후라고 할 수 있다.

펜틀랜드 교수의 연구진은 콜센터 직원들에게 감지기 '배지'를 착용시켜서 그들의 움직임과 대화, 몸짓, 어조 등 수많은 데이터를 수집했다. 그들은 데이터를 분석해서 높은 직무 수행으로 이어지는 행동과 낮은 직무 수행으로 이어지는 행동들을 가려냈다. 그 결과, '작업장 밖'에서 동료들과 대화한 시간이 전화상담팀의 성과를 예측하는 데 가장 유효하다는 것을 알아냈다. 데이터에 의하면, 사적인 상호 작용이 개인 지능과 성격, 직무 능력, 대화 주제 등을 모두 합친 것만큼이나 직무 수행에 영향을 줬다. 잡담을 나누는 일은 웃음도 그렇지만, 인간끼리의 털 고르기라고 할 수 있다. 유인원끼리는 벌레를 다 떼고 나서도 털을 몇 시간씩 더 골라주는데, 무의식적으로 서로 신뢰를 쌓고 스트레스를 풀어주는 것이다. 뱅크오브아메리카 직원들은 서로를 통해 이런 효과를 보면서, 정보와 조언도 얻었던 셈이다.

그래서 펜틀랜드는 콜센터 매니저의 고민을 독특하게 해결해보고자 했다.

상담원들에게 휴식 시간을 교대로 주지 말고, 다함께 쉬는 것을 제안했다. 매니저 입장에서 모든 상담원이 자리를 비운다는 일은 비효율적이고, 어떻게 보면 미친 짓이었다. 그런데 놀랍게도 효과가 있었다. 직무 능률이 높아졌다. 전화 응대도 빨라져서 일일 응대 횟수가 늘었다. 뱅크오브아메리카의 콜센터 열 곳의 휴식 시간을 모두 변경하자 연간 1,500만 달러의 경제적 효과를 낳았다. 이후에 펜틀랜드는 이 연구 결과를 스타트업 기업과 병원 등으로 확대해서 적용했다.

파벌이 형성되다

1987년도 샌프란시스코 자이언츠는 90승을 올리고 16년 만에 지구 우승을 차지했다. 불과 2년 전만 해도 100패를 당했던 팀이었다. 하지만 크루코는 점점 노쇠해지고 있었다. 어깨가 갈수록 버티기 힘들어졌다. 그래도 크레이그 감독은 그를 신뢰했기에 세인트루이스 카디널스와의 내셔널리그 챔피언십 시리즈 4차전에 크루코를 선발로 내세웠다. 그는 포스트시즌 경험이 없었고, 샌프란시스코도 1승 2패로 뒤지고 있었기 때문이 부담이 컸다. 그래도 크루코는 기대에 부응하며 완투했고, 팀은 4 대 2로 승리를 거두었다. 시리즈 최종전에서 패해 탈락했지만, 세인트루이스를 7차전까지 몰고가는 저력을 보여주었다. 그리고 로즌 단장은 내셔널리그 최우수 임원상을 받았다.

1988년도 시즌에는 드라베키가 개막전 완봉승을 던지면서 팀의 에이스로 등극했다. 하지만 일곱 번째 선발 등판에서 어깨 인대가 손상되어 수술대에 올랐고, 시즌을 일찍 마감했다. 게다가 크루코마저도 시즌 절반을 어깨 부상에 시달렸다. 심지어 타선에도 부상자가 발생했고, 팀은 지구 4위로 시즌을 마감했다.

드라베키는 비시즌에 고향인 오하이오주로 돌아갔다. 오른팔에 혹이 생겨서 클리블랜드 종합병원Cleveland Clinic에서 진료를 받았다.

사실 혹을 시즌 내내 달고 있었지만, 큰 문제가 없다는 진단만 받았다. 반흔 조직으로 판단했던 모양이다. 그러나 알고 보니 악성 종양이었고, 삼각근까지 전이되었다. 삼각근은 공을 던지는 데 기본적으로 사용하는 근육이다. 종양을 제거하기 위해 삼각근의 절반을 도려내야 했다. 그리고 전이된 암세포를 죽이기 위해 상완골(위팔뼈)을 얼리기도 했다. 상완골은 어깨에서 팔꿈치까지 구성하는 뼈를 말한다.

근육 일부가 없어지고, 그 밑에 있는 뼈까지 약해지자, 드라베키는 선수 생활을 더 이상 이어나가지 못한다는 말을 들었다. 담당 의사는 "운이 좋으면 뒷마당에서 아들과 캐치볼 정도는 할 수 있을지도 모른다"고 전했다.

드라베키의 소식을 들은 동료들은 모두 충격에 빠졌다. 그는 스타였고, 동료들이 애정을 가졌던 선수였다. 크루코는 그가 자이언츠에 입단했을 때부터 지켜봤다. 늘 자기 일을 묵묵히 하고, 날이 갈수록 좋은 인상을 남겼다. 크루코는 미첼이 드라베키와 함께 있는 모습도 보고 있었다. 한번은 로즌 단장이 클럽하우스에 인스턴트 가공 식품을 금지시킨 적이 있었다. 미첼은 드라베키가 자신이 붙인 '스낵스'라는 별명처럼 군것질 없이는 못 산다는 것을 알았다. 그래서 미첼은 어느 날 도넛을 잔뜩 사들고 나타났다.

드라베키를 따르는 독실한 기독교 팀원들도 점점 늘어나서 팀의 3분의 1을 차지하게 되었다. 이 3분의 1은 음주와 욕설, 유희를 멀리했다. 나머지 3분의 2가 가장 즐겼던 것들이었다. 그렇지만 드라베키는 남을 함부로 판단하지 않았다. 그는 팀의 버디였고, 모든 선수들의 친구였다. 그리고 그라운드에서는 최선을 다해 뛰었다. 크루코는 '최고의 동료'에 늘 드라베키를 꼽는다.

기자들은 자이언츠의 독실한 기독교 신자들을 '하나님의 군대'라고 불렀다. 1970년대 말에서 1980년대 초에도 자이언츠에 동일한 별명으로 불렸던 '하나님의 군대' 1기 선수들이 있었다. 당시에 샌프란시스코의 한 지역지 칼럼니스트가 농담조로 하나님께 기도해도 팀이 구원을 받지 못하는 것 같으니 사탄을 숭배해보는 것은 어떠냐고 쓴 적이 있었다. 이때 1기 부대원 중 한 명은 그 기사에 놀라지 않았다고 언급했다. "베이에어리어는 미국의 악마 숭배와 극단주의, 동성애 수도입니다. 매우 사악한 지역이죠."

드라베키의 형제들은 좀 더 온건한 성향을 띠었다. 하나님의 군대 부대원이었던 투수 애틀리 해머커^{Atlee Hammaker}는 일요일 아침마다 투수 마이크 '버피' 라코스^{Mike 'Buffy' LaCoss}의 로커 앞에 미소를 지으며 나타났다. 라코스는 성격이 완고한 자이언츠의 행동대장이었다. 태업하거나 팀 스트레칭에 지각하는 선수가 보이는 즉시 한소리를 날렸다. 남들이 자기를 무례하다고 생각해도 신경 쓰지 않았다.

"버피 형, 20분 후에 채플인 거 아시죠?" 해머커는 항상 이렇게 물었다. 그럴 때마다 라코스는 딱 잘라서 대답했다. "2년 동안 내가 채플에 참석한 것 본 적 있어? 그런데도 왜 계속 물어보는 거야?" 그러면 해머커는 씨익 하고 웃었다.

드라베키의 형제들이 회의실에서 채플을 진행하는 동안, 크루코의 무리는 옆에 있던 주방에서 원시인 퀴즈를 진행했다. '원시인'은 돈 로빈슨^{Don Robinson}의 별명이다. 그도 팀의 광대였다. 로빈슨은 웨스트버지니아주 깡촌에서 온 투수로 몸집이 크고, 유머 감각도 있으며, 투지도 있었다. 당시 29살이었던 그는 온몸이 수술 자국투성였다. 크루코가 "상완근이 세 군데나 부러져도 3이닝을 막아 줄 투수"라며 그를 설명한 적이 있다.[9]

《샌프란시스코 크로니클^{San Francisco Chronicle}》 신문은 일요일자마다 상식 퀴즈를 실었다. 그때마다 '원시인' 로빈슨은 퀴즈 질문을 큰소리로 낭독했다. 그런데 글을 잘 읽지 못해서 너무 엉터리로 읽는 바람에 거기에 모인 사람들을 웃음바다로 만들었다. 기독교 형제들도 벽을 뚫고 나오는 웃음소리를 들을 수 있었다. 어느 일요일, 채플에 꾸준히 참석하던 선수 한 명이 '원시인 퀴즈'로 갈아탔다. 그다음 일요일에는 두 명이 개종하며 (크루코의 말을 빌자면) "천당에서 지옥으로 전향했다." 머지않아 채플에 참석하는 선수들은 극소수에 달했다. 드라베키는 크루코를 잠시 불렀다.

"형, 이러지 맙시다. 채플에 아무도 안 오잖습니까!"

"뭐, 어때?" 크루코가 대답했다. "너무 재밌잖아. 이걸 어떻게 그만둬?"

"그러니까요!" 드라베키가 말했다. "사실 저도 가고 싶잖아요. 그러니 채플이 끝나면 하도록 합시다."

그렇게 크루코는 채플이 끝난 뒤 '원시인 퀴즈'를 진행하기로 합의했다.

선수들이 1989년도 시즌을 준비하려고 2월 전지훈련에 참가할 때, 드라베키의 로커에는 43번이 달린 그의 저지가 걸려 있었다. 비록 드라베키는 없지만, 아직 자이언츠 소속이라는 것을 일깨워주기 위한 장치였다. 그러던 어느 날 드라베키가 클럽하우스 문을 열고 들어왔다.

동료들은 드라베키에게 몰려들며 "좋아 보인다"고 덕담하며 반가움을 표시했다. 서로 악수도 나누고, 조심스럽게 포옹도 했다. 드라베키는 팔 상태를 보여주려고 상의를 벗었다. 클럽하우스에는 정적이 흘렀다. 팔 윗부분의 절반이 없어졌다. 피부 이식과 봉합으로 살이 주름지고 변색되었다.

"세상에!" 미첼이 정적을 깼다. "아니, 조스한테 물린 것 같아요!"

드라베키는 웃었다. 크루코는 그때 더플백을 발견했다. 드라베키는 글러브와 장비들을 로커에 넣고, 훈련복으로 갈아입었다.

"지금 뭐 하는 짓이야?" 크루코가 물었다.

"몸 만들어야죠." 드라베키가 대답했다. "다시 던질 겁니다. 따라잡아야 할 게 많네요."

크루코와 팀 동료들은 일단 맞춰주기로 했다. 드라베키 스스로가 복귀할 수 있다고 믿는다면, 그들도 당연히 믿어주기로 했다. 트레이너실과 웨이트장에서 그나마 남아 있던 삼각근을 쓸 때마다 드라베키의 얼굴에는 고통과 진땀이 퍼졌다. 삼각근을 보완하기 위해 많이 쓰지 않았던 근육들도 보강해야 했다. 투구 동작도 이런 근육을 사용하는 방향으로 바뀌었다.

이맘때, 로즌 단장은 투수진을 강화하기 위해 과거에 자이언츠에서 뛰던 밥 네퍼^{Bob Knepper}를 재영입했다. 네퍼는 대체로 사람이 좋았지만, 성경을 문자 그대로 해석하는 극단주의적 신앙을 가져서 동료들의 가치관과 충돌하는 일이 잦았다. 예를 들면, 여성이 남성에게 순종하는 것이 하나님이 세운 질서라는 점을 신봉했다. 덕분에 전미여성기구National Organization for Women 휴스턴 지부가 그를 '올해의 구석기 사람' 후보에 올린 적이 있었다. 네퍼의 영입은 조그만 교란이 재앙으로 이어진다는 로렌스의 나비 효과를 예고했다.

아니나 다를까, 그 이후 '기독교도 팀원들이 그들이 생각하는 도덕적인 잣대로 동료들을 비난한다'는 말이 돌았다. 음주가무를 즐겼던 집단은 이를 납득하지 못했고, 심지어 기독교도 팀원들이 경기에 질 때마다 '하나님의 뜻'이라며 대수롭지 않게 넘겨버렸던 것에 불만을 품었다. 실제로 그런 발언을 했는지는 확실하지 않다. 설상가상으로 크레이그 감독과 로즌 단장은 경기 시간 직전에는 채플을 진행하지 말라고 지시했다. 경기 직전의 채플이 승부욕과 적극성을 떨어뜨린다고 생각한 것이다. 드라베키와 형제들은 하는 수 없이 채플 시간을 조정했지만, 기분은 상했다.

그렇게 두 파벌이 생기면서 클럽하우스에 금이 가기 시작했다. 크루코는 이렇게 설명했다. "선수단이 둘로 갈라지면 안 됩니다. 다 함께 뭉쳐야지, 안 그러면 팀이 힘들어져요."

선수들 사이의 단층은 계속해서 벌어졌다. 이는 감독이나 코치가 해결해줄 수 있는 문제가 아니었다. 관련자 한 사람이, 이 경우에는 두 사람이 총대를 메야 했다. 크루코와 여전히 재활 중이었던 드라베키는 이 문제를 해결하기 위해 팀 회의를 소집하지는 않았다. 대신에 여기서 대화를 조금씩 하고, 저기서 농담을 조금씩 던지는 방식으로 풀어나갔다. 둘은 선수단의 현자이자 행동대장이었고, 일부는 광대와 버디의 모습도 있었다.

"우리가 교인이면 저들에게 입으로 비판하면 안 됩니다. 생활로 보여줘야 합니다." 드라베키는 이 말을 여러 가지 형태로 기독교인 팀원들에게 전했다.

한편, 크루코는 '하나님의 군대'를 매번 옹호했다. "저 친구들은 너희를 위해 싸울 거야. 우리 다 같은 동료잖아. 그것보다 더 중요한 사실이 어디 있어?"

두 명의 노련한 리더가 갈라진 부분을 빈틈없이 메워서 아무 일도 일어나지 않은 것처럼 보였다. 그 과정에서 정규 시즌 동안 매 경기가 끝나고 경기 내용을 토론하는 일종의 비밀회의가 생겼다. 열두 명 안팎의 선수들이 옷도 입다 말고 모여서 진행했다. 여기에 팀원들이 하나둘씩 참석하면서 '서클The Circle'이라는 모임으로 발전했다. 그들은 실수나 기회를 놓친 상황, 전략, 노력 등 누가 경기에서 최선을 다했고 누가 설렁설렁 뛰었는지 이야기를 나누었다. 조언과 피드백도 서로 주고받았다. "왜 상대 주자들이 내가 던질 때 뛸까?" "내가 던질 때 무의식중에 나오는 특별한 습관이 있나?" 등을 논의했다. 그리고 다음 경기의 상대 타자와 투수들을 분석했다. "이 선수를 누가 상대해봤지?" "이 선수의 특징에 대해 알려줘" 나중에는 불참하는 선수들이 거의 없었다. 신인들은 모임을 통해 해야 할 일과 하지 말아야 할 일을 배우기도 했다. 팁을 주는 방법이나 옷을 차려입는 방법, 안 좋은 모습을 보이고 나서 다시 추스르는 방법, 신고식을 침착하게 대응하는 방법 등도 배울 수 있었다. 그리고 가르침에 대한 보답으로 선배들을 위해 냉장고에서 맥주를 날랐다.

원정에서는 동료끼리 식사를 하거나 호텔 바에서 술을 한 잔씩 했다. 기독교도 팀원들이나 음주가무를 즐겼던 팀원들이나 서로 웃고 떠들려고 함께 갔다. 라코스는 "저 친구들은 차를 마셨고, 저는 맥주를 여러 캔 비웠어요"라고 말했다.

크루코와 드라베키의 부상

크루코는 이전 시즌부터 선수 생명이 끝나간다는 것을 느꼈다. 그는 어깨 통증으로 인해 머리를 빗을 수가 없어서 그라운드 밖에서도 항상 모자를 쓰고 다녔다. 전지훈련 내내 총 3이닝밖에 소화하지 못했다. 그리고 부상자 명단에서 시즌을 맞이했다. 원래 11명이었던 투수진은 크루코와 드라베키 없이 아홉 명만 샌프란시스코로 향했다. 로스앤젤레스 다저스가 내셔널리그 서부 지구를 2년 연속 우승하고, 돈을 쏟아부은 샌디에이고 파드리스와 신시내티 레즈가 그 뒤를 이을 것이라는 시즌 전망이 나왔다. 자이언츠는 지구 4위로 예상했다.

5월이 되자 크루코가 복귀했다. 이제 그의 커터와 커브는 구위를 간신히 유지하고 있었다. 그는 "심판이랑 캐치볼 하는 것처럼 보일까 봐, 웬만하면 강속구는 던지지 않았다"고 했다. 등판하지 않는 날에는 공에 손도 대지 않았다. 던질 수 있는 횟수가 정말 얼마 남지 않았다는 것을 느꼈기에 불펜 투구로 낭비하고 싶지 않았다. 관록과 진통제만으로 5월까지 4승 2패를 올렸다.

1989년 6월 4일 애틀랜타전. 5회였다. 크루코는 대럴 에번스[Darrell]

Evans를 상대로 강속구를 던졌는데 근육이 파열되는 소리가 들렸다. 고통과 슬픔으로 눈시울이 축축해진 채, 마운드에서 쓰러졌다. 축 늘어진 팔을 감싼 채 그라운드에서 벗어나 클럽하우스로 들어갔다. 로즌 단장이 그곳에서 기다리고 있었다. 언제나 무뚝뚝한 표정이었지만, 그날만큼은 눈물을 보였다.

"단장님, 죄송합니다. 여기까지인 것 같습니다." 크루코가 말했다.

그날 밤 구단 버스는 크루코를 따로 내려주기 위해 공항 일반 터미널에서 한 번 정차했다. 진료를 받기 위해 혼자 샌프란시스코로 돌아가야 했다. 나머지 선수단은 신시내티행 전세기를 탈 예정이었다. 크루코는 버스에서 내리고 스무 발짝 가서 뒤를 돌아보았다. "동료들이 전부 창문에 붙어 있더라고요. 터미널로 들어가는데 눈물이 그치지를 않았습니다."

그는 수술을 받고 나서 팔걸이를 찼다. 그리고 클럽하우스로 복귀하지 않기로 결심했다. 선수들이 부상당한 동료 근처에 있으면 부정 탄다는 징크스가 있다. 동료들은 매일 같이 전화해서 복귀는 언제 하는지 묻고, 클럽하우스 분위기가 예전 같지 않다는 말을 전했다. 그래도 크루코는 갈 생각이 없었다. 팀이 6월에 연승을 달리고 있었다. 지난 12경기 동안 7연승을 포함해 10승을 올렸고, 지구 3위에서 1위로 껑충 뛰었다. "부정 타게 할 순 없었어요. 제가 갔다간 팀 케미스트리가 엉망이 될 것만 같았습니다. 그때 드라베키가 나타나서 저를 살려줬죠."

드라베키는 6월부터 타자 앞에서 라이브로 던졌고, 그 이후에는 연습 경기에 등판했다. 캘리포니아주 스톡턴^{Stockton}의 마이너리그 구장에서 등판한다고 했을 때 입장권이 매진되었고, 공중파 뉴스에 소개되었다. 그는 마이너리그에서 등판을 이어나가면서 이전 모습을 점점 되찾았다. 드라베키의 이야기가 점점 화제가 되자, 크루코도 거기에 편승해 클럽하우스에 복귀하기로 결심했다. 메이저리그 역사상 가장 위대한 컴백을 놓치고 싶지 않았다.

1989년 8월 10일. 드라베키는 수술한 지 10개월 만에 캔들스틱파크 마운드에 올랐다. 3만 4,000명의 관중은 눈물을 머금고 응원했다. 전 세계의 언론이 기자실과 사진 기자석을 가득 메웠다. 드라베키는 신시내티를 상대로 7회까지 무실점으로 막고 8회에도 등판했다. 3 대 1 리드를 물려주고 마운드를 내려올 때 열렬한 기립 박수를 받았다. 자이언츠는 4 대 3으로 승리했다.

5일 후에 드라베키는 캐나다 몬트리올^{Montréal}에서 또다시 등판했다. 5회까지 3안타 무실점으로 3 대 0 리드를 가져갔다. 6회 말에는 선두 타자에게 홈런을 내주고, 두 번째 타자에게 몸에 맞는 공으로 출루를 허용했다.

다음 타자 팀 레인스^{Tim Raines}를 상대로 강속구를 던지려고 와인드업에 들어갔다. 그런데 공이 손에서 떠나기도 전에 드라베키의 팔이 부러졌다. 나뭇가지가 부러지는 듯한 끔찍한 소리가 그 당시 그라운드에 있던 모든 사람을 괴롭혔다. 드라베키는 그라운드 위에 쓰러졌다. 팔이 공과 함께 포수 뒤쪽까지 날아갔다는 생각이 갑자기 들었다. 팔을 만져보았다. 다행히 아직 그 자리에 있었다. 동료들이 마운드로 우르르 달려 나왔다. 크레이그 감독도 트레이너와 함께 뛰어나갔다.

드라베키는 "팔이 부러졌어"라고 말했다. 고통 때문에 얼굴을 펼수 없었다. 위팔뼈가 두 동강 났다.

그는 들것에 실려 나가면서 크레이그 감독에게 이렇게 말했다. "감독님, 오늘 경기 꼭 이겨주십시오. 오늘 승리 투수가 되고 싶습니다." 자이언츠는 3 대 2로 승리를 거두었다.

드라베키의 기적 같은 컴백이 끔찍한 결말로 이어지자 자이언츠의 분위기가 급격하게 악화될 위기에 놓였지만, 선수단은 오히려 더 강해졌다. 선수들은 '승리는 항상 가까이 있고, 한 선수도 빠짐없이 기여해야 이긴다'는 생각으로 뛰었다. 크레이그 감독이 그렇게 믿자, 팀원들도 그렇게 믿었다. 심지어 후보 선수들도 믿음을 가졌다. 일반적인 일은 아니다. 팀에서 불평이 가장 많은 사람들은 보통 후보 선수들인 경우가 많다. 이해할 수 있는 일이다. 유니폼을 입고 9이닝 동안 해바라기 씨 껍질로 산만 만들다 퇴근하는 날이 많다. 하지만 자이언츠의 후보 선수들은 자신의 역할을 받아들이며 스스로를 '킬러 B$^{Killer B's}$'로 불렀다. 전지훈련 때 B조에 편성되었던 선수들이라는 점에서 착안했다. 그들은 매일 내야 수비 연습 때 '서비스^{Service}'라는 게임을 진행했다. 크리스 스파이어와 그레그 리턴$^{Greg\ Litton}$, 도널 닉슨$^{Donell\ Nixon}$, 어니 라일스$^{Ernie\ Riles}$, 빌 베이스 Bill Bathe, 마이크 라가$^{Mike\ Laga}$, 켄 오버크펠$^{Ken\ Oberkfell}$로 구성된 킬러 B들은 3루 뒤에 줄을 서서 내야 땅볼을 수비했다. 당시 웬들 킴 $^{Wendell\ Kim}$ 코치(한국계이며, 1989~2004년에 메이저리그 구단에서 코치로 활동—옮긴이)가 공을 있는 힘껏 쳐줬다. 그리고 실책을 가장 많이 한 선수가 경기 후에 다른 선수들에게 음료를 사야 했다. 그레그 리턴은 "그해 음료수를 정말 많이 샀다"고 말했다.

9월 4일 신시내티전에서는 킬러 B들이 자이언츠의 전설로 남았다. 7회에 점수 차가 이미 0 대 8로 벌어지자, 크레이그 감독은 주전 선수들을 대거 교체하고 킬러 B들을 기용했다. 그들은 한 달 동안 쳐야 할 안타를 그날 전부 몰아쳤다. 크루코는 나머지 동료들과 함께 더그아웃 난간에 서서, 베이스를 계속해서 돌던 킬러 B들을 응원했다. "감독님께서 더그아웃을 왔다 갔다 하면서 이런 식으로 지휘하셨어요. '자, 이렇게 하는 거야. 쟤가 2루타를 치면…….' 뭐 이런 식이었죠." 최종 점수는 9 대 8. 자이언츠의 승리였다. "믿을 수 없었습니다. 그 이후로 천하무적이 된 느낌이었죠."

화려했던 샌프란시스코의 1989년 시즌 마무리

한편 케빈 미첼과 윌 클라크는 최고의 한 해를 보냈다. 클라크는 타율 0.333를 치며, 정규 시즌 마지막 날까지 샌디에이고의 토니 그윈과 내셔널리그 타격왕 자리를 다퉜다. 아쉽게도 그윈에 이어 타율 2위에 그쳤지만, OPS 0.953, 23홈런에 111타점이라는 엄청난 성적을 거뒀다. 내셔널리그에서 클라크보다 성적이 더 좋았던 선수는 미첼뿐이었다. 미첼은 홈런(47)과 타점(125), 장타율(0.635), OPS(1.023), 루타(345), 고의사구 이상 여섯 개 공격 부문에서 1위를 차지했다. 그해는 둘 다 팀의 전사 역할을 했다. 그리고 둘 다 내셔널리그 MVP 수상이 유력했다. 둘은 서로를 지지했다.

팀 케미스트리

클라크는 기자들에게 이렇게 말했다. "케빈 미첼이 MVP를 받아야 합니다. 우리를 석 달 동안 이끌었습니다. 미첼 없이는 저도 이런 성적을 내기 힘들었을 겁니다."

미첼은 어깨를 으쓱하면서 말했다. "받으면야 좋죠. 그런데 어차피 저는 상이랑은 인연이 없어서 못 받아도 괜찮습니다. 제가 받아야 한다면 클라크도 받아야 합니다." 최종적으로 미첼이 MVP로 선정되었다.

자이언츠는 서부 지구를 손쉽게 평정하고, 시카고 컵스를 다섯 경기 만에 누르며 내셔널리그도 우승했다. 선수들이 그라운드에서 자축할 때, 드라베키도 마운드 쪽으로 달려 나갔다. 여전히 팔걸이를 한 상태였다. 그런데 그때 누군가가 뒤에서 부딪혔다. 드라베키는 팔이 또 다시 부러졌다는 것을 바로 느꼈다.■ 그는 다시 수술을 받았고, 퇴원하자마자 팀에 합류했다. 동료들이 역사를 쓸 순간이 오는데, 가만히 있을 수 없었다.

자이언츠는 그렇게 27년 만에 월드 시리즈에 진출했다. 상당히 강팀이었던 오클랜드 애슬레틱스를 상대했다. 아니나 다를까 오클랜드는 누적 점수 10 대 1로 1, 2차전을 가져갔다. 3차전은 캔들스틱 파크에서 열렸고, 그날따라 유난히 따뜻하고 평온했다. 그런데 경기

■ 1989년도 시즌이 끝나고 한 달 뒤에 암이 재발했고, 드라베키는 공식적으로 은퇴를 선언했다. 그리고 향후 2년 동안 고통과 감염에 시달리다가 1991년 6월 18일에 왼쪽 어깨와 팔을 절단해야 했다. 그는 지금 기독교인들을 대상으로 하는 강연의 강사 겸 작가로 활동하며, 샌프란시스코 자이언츠의 지역 홍보 대사로 일하고 있다.

가 시작되기 직전에 규모 6.9의 지진이 강타하면서 구장 전체가 흔들렸다. 나는 그 당시 만석이었던 3층 상단 기자석에 있었다. 기자들은 자리에 앉은 채 15초 동안 이리저리 휘청거렸다. 지진을 겪는 사람 입장에서는 영겁처럼 느껴지는 시간이었다. 지진이 멈추자, 구역질난다던 '존 C. 홈스 기념관'은 튼튼하게 버티고 있었다. 그러자 기쁨의 환호와 "얼른 경기를 개시합시다!"라는 구호가 여기저기서 울려 퍼졌다.

하지만 샌프란시스코 마리나 지구Marina District에 발생한 화재로 인해 저 멀리 연기가 보였다. 월드 시리즈를 상징했던 샌프란시스코-오클랜드 베이 브리지San Francisco-Oakland Bay Bridge는 일부가 붕괴되었다. 오클랜드의 한 고속도로는 상판이 붕괴되면서 아래를 지나던 운전자들을 덮쳐버렸다. 이 지진으로 65명이 사망했고, 3,000여 명이 부상당했으며, 약 100억 달러의 피해가 발생했다. 월드 시리즈는 당분간 연기되었다. 자이언츠 선수와 코치들은 이재민 수용소를 돌며 사람들의 이야기를 들으러 다녔다. 크루코는 "그 모든 비참함 속에 야구가 있었다"고 회상했다.

월드 시리즈는 열흘 후에 캔들스틱파크에서 재개되었다. 오클랜드가 3차전을 13 대 7 그리고 4차전을 9 대 6으로 승리하면서, 4연승으로 손쉽게 우승했다. 자이언츠의 흥분되고 가슴 조렸던 시즌은 그렇게 막을 내렸다. 연고지에 참사가 일어났기에 월드 시리즈 패배가 그렇게 쓰라리지는 않았다. 하지만 수개월 전부터 함께한 역전승과 캥거루 재판, 원시인 퀴즈, 드라베키의 복귀, 수많은 회식, 서클, 킬러 B, 그리고 수백만 가지의 대화와 웃음과 이야기 등은 1989년도 시즌이 그들에게 최고의 시즌이었다는 점을 확신시켜주었다.

해설 위원이 된 크루코와 자이언츠의 새 홈구장 건너편에서 점심 식사를 함께한 적이 있었다. 그는 이제 64살이다. 그렇지만 중년의 피부 밑에는 앳된 소년의 모습이 남아 있어서 하얗게 센 머리카락과 턱수염이 멋들어지게 보였다. 키가 여전히 자라고 있는 청소년처럼 팔다리가 길었다. 그는 지팡이를 식탁에 기대고, 196센티미터나 되는 몸집을 의자에 구겨 넣으며, 양손으로 보조기를 찬 다리를 안으로 옮겼다. 그는 2006년에 근육에 생기는 퇴행성 질병인 봉입체 근염을 진단받은 뒤 다리가 점점 쇠약해졌다. 손에서도 힘이 빠지기 시작했다. 계단을 이용하고 관중 사이를 빠져나오는 일이 위험해질 수 있다 보니 멀리 이동하는 일을 피했다. 그래서 홈경기 해설만 맡고 있었다.

크루코는 그 당시를 이렇게 회상했다. "1989년도 팀이 정말 특별하고 남들과 달랐던 점은 서로에 대한 애정이 깊었다는 것입니다. 저희가 뛰는 모습을 봤던 사람들도 그런 정서를 느꼈을 겁니다. 그 팀은 주황색과 검정색을 입어야 멋있다는 인식을 다시 심어줬습니다. 그때를 다시 떠올리면 참 아름답고 따뜻한 느낌이 듭니다. 다들 자기 방식대로 팀에 기여했어요. 다른 팀에서 우승을 경험했던 친구들은 그 분위기를 우리 선수단에 전파했죠. 테리 케네디의 샌디에이고 파드리스와 켄 오버크펠의 세인트루이스 카디널스도 있었어요. 미첼의 뉴욕 메츠도 있었고요. 거기서 체험한 이기는 야구를 저희에게 일부 공유했습니다."

2010년에 마침내 샌프란시스코 자이언츠라는 이름으로 첫 우승을 이루었을 때 크루코는 중계 부스에 있었다. 그리고 2012년과 2014년에도 마찬가지였다. 세 우승팀 모두 팀 케미스트리가 좋았던 것으로 알려졌다. 그래서 나는 크루코에게 화합이 잘 되는 팀들이 가지는 공통점이 있는지 물었다.

"한 가지 있습니다. 이건 책에 꼭 쓰셔야 해요. 선수가 뛰는 목적은 다양합니다. 돈 때문에 뛸 수도 있고, 관중을 위해 뛸 수도 있고, 여자를 만나려고 뛸 수도 있고, 부모님을 기쁘게 해드리려고 뛸 수도 있어요. 그런데 100퍼센트 동료를 위해 뛰어야만 진정한 팀 케미스트리가 나옵니다. 저희끼리는 서로에 대한 존경과 존중이 있었고, 기대감도 있었습니다. 진정한 기쁨이 있었어요. 말도 안 되는 가짜 기쁨이나 질투하는 기쁨, 립서비스로 하는 기쁨 말고요. 누가 잘하면 나도 모르게 기뻤어요. 진실된 기쁨이었죠. 그리고 잘못을 하면 거기에 책임을 졌습니다. 잘못이 왜 일어났는지 파악하고, 침체된 상태를 회복하려고 노력했죠. 매일 하루를 새롭게 시작한다는 생각을 가졌습니다. 시즌이 끝나고 가족과 재회하러 집으로 돌아갔는데, 클럽하우스 동료들이 굉장히 보고 싶더라고요."

크루코는 크레이그 감독과 로즌 단장이 클럽하우스 문화를 바꾸고, 재능과 헌신을 쥐어짜기 위해 한 일들을 언급했다. 나는 자이언츠가 크레이그 감독과 로즌 단장 없이도 월드 시리즈에 진출할 수 있었을지 물었다.

"두 분 없이 우리끼리만 갈 수는 없죠." 크루코는 미소를 지었다.

팀에 화학적 합성이
일어나다

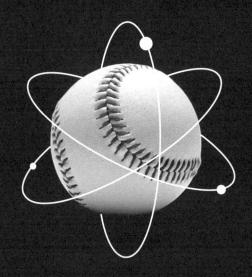

"사고의 시나리오에는 세부적인 정보가 무한하다.
개인의 독특한 성장 배경과 생리에 따라 시나리오의 내용은 진화한다.
그 모든 것을 컴퓨터 안에 담는다는 것이 말이 되는가?"

- 생물학자 에드워드 윌슨의 《통섭Consilience》에서

왕조를 이을 골든스테이트 워리어스

골든스테이트 워리어스의 옛 훈련 시설과 사무실은 캘리포니아주 오클랜드 시내에 위치한 대규모 전시장의 주차 전용 건물 위에 있었다. 당시 홈구장이었던 오라클아레나^{Oracle Arena}까지 고속도로를 이용하면 약 9분 걸리는 거리에 위치했다.[•] 주차 건물의 승강기 문이 열리자 잘 꾸며진 로비의 모습이 드러났다. 색종이 조각이 흩날리는 퍼레이드와 미쳐서 열광하는 팬들, 놀란 얼굴로 서로에게 뛰어드는 선수들 등 구단을 완벽하게 설명하는 대형 사진들이 걸려 있었다. 해맑은 안내 데스크 직원이 내 운전 면허증과 방문객 명단을 대조한 뒤 복도를 지나 우측으로 가라고 안내했다.

　일반 기자와 사진 기자들의 무리가 벽 쪽에 모여 있었다. 닫혀 있

■ 골든스테이트는 2019년 가을에 샌프란시스코에 위치한 체이스센터(Chase Center)로 경기장과 사무실을 모두 이전했다.

는 쌍여닫이문 밖에서 농구화가 삑삑거리고, 농구공이 나무 바닥에 탕탕거리며, 슛들이 농구대에 덜컹거리는 소리들이 들렸다. 늘 얼굴 도장을 찍는 전담 기자들은 모두가 이미 아는 내용과 더불어 내부 알짜 정보를 조금씩 흘리고 있었다. 스포츠 기자들의 영원한 서열 경쟁에서는 알짜 정보를 쥔 기자의 서열이 잠시나마 높아진다. 나와 같은 나머지 외부인들은 쌍여닫이문 너머로 입 다물고 곁눈질을 할 뿐이다.

2019년 2월 초, 어느 수요일 아침이었다. 골든스테이트에 관한 기사를 마지막으로 썼던 시기가 스포츠 기자로 근무했던 1990년대 말이었다. 12시즌 연속으로 5할 승률을 넘기지 못했던 때였다. 그러나 지금은 지난 4년 동안 NBA 우승을 세 번이나 달성했다. 이렇게 연이은 성과는 구단주와 운영부, 감독 모두 새롭게 교체된 시기와 맞물렸다. 감독으로는 49살 스티브 커가 새로 선임되었다.

커는 TNT 방송사에서 총 8년 동안 NBA 경기 분석가로 근무했다. 하지만 골든스테이트는 다른 이력 때문에 커를 감독으로 선택했다. 그는 선수 생활 15년 동안 우승을 다섯 번 경험했고, 은퇴 후에는 3년간 단장으로 일한 적이 있었다. 2014년에 감독 제의를 받기 전까지는 지도 경력이 전혀 없었다. 하지만 선수 지도에 관한 자기 생각과 이론을 노트나 컴퓨터 문서에 항상 적어놓았다. 그는 경기도 많이 보고, 책도 많이 읽었다. 게다가 이타적이고, 헌신적이면서도 실력 있는 팀을 육성한 감독들과 대화를 많이 나누었다. 그중에는 NBA의 필 잭슨 전 감독과 그레그 포퍼비치Gregg Popovich 감독, NFL의 피트 캐럴 감독이 있었다.

비록 골든스테이트가 지구 6위에 그치고 플레이오프 1회전에서 탈락했지만, 커 감독은 재능이 풍부한 팀을 물려받았다. 감독은 시즌이 시작하기 몇 달 전부터 구단의 데이터 전문가 새미 겔팬드 Sammy Gelfand와 손잡고, 기대 이하의 성적을 보이는 팀을 끌어올릴 방법을 고민했다. 다른 직원들과 함께 개선이 필요한 지표를 몇 시간 동안 뒤졌다. 커 감독은 샌안토니오 스퍼스처럼 볼 이동이 많은 스타일을 추구했다. 하지만 패스가 많으면 승리로 이어진다는 확실한 증거가 없었다. 겔팬드가 이 부분을 면밀히 조사하자 놀랄 만한 결과가 도출됐다.

골든스테이트는 직전 시즌에 경기 당 평균 패스를 247회를 기록했는데, 이 부문에서 단연 NBA 최하위였다. 하지만 공격권을 가질 때 선수들이 4회 이상 패스하면, 공격권 당 득점이 리그 1위였다. '막을 자가 없는 수준'이었다. 그래서 겔팬드에게 가장 이상적인 경기 당 평균 패스가 몇 회인지 알아봐달라고 부탁했다. 그렇게 해서 나온 수가 '300'이었다.

커 감독은 그 결과를 보고 골든스테이트의 새로운 문화를 조성할 수 있겠다는 생각이 바로 들었다. 데이터 분석과 팀 케미스트리를 합성해보기로 했다. 경기 당 평균 300패스라는 기준은 업무 능률이 높은 조직들이 가진 이원성을 잘 담아냈다. 첫째, 이 기준은 겔팬드가 계산한 것처럼 더 많은 득점을 의미했으며, 둘째, 패스를 늘리면 선수들은 공을 수시로 공유하는 과정에서 하나의 목표로 단합하고, 팀을 우선시하는 사고방식을 가질 수 있다. 지식을 이용한 전략과 서로에 대한 집단적 의존성을 결합시켰다.

커 감독은 선수들에게 지표를 설명하면서 경기 당 300회의 패스를 주문했다. 처음 1, 2주에는 부주의한 실책이 나오기도 했지만, 선수들은 점차 새로운 리듬에 적응하면서 공을 정교하고 빠르게 전달하기 시작했다. 다시 말해, 즉흥적으로 패스하기보다 안무라고 생각하고 패스했다. 그렇게 해서 골든스테이트는 시즌 말미에 경기 당 평균 315.9회의 패스를 기록했고, 직전 시즌보다 70회 가까이 늘렸다. 이로 인해 팀 공격 효율(공격권 100회 당 득점—옮긴이)은 리그 전체 2위, 팀 수비 효율(상대 공격권 100회 당 실점—옮긴이)은 1위를 차지하면서 40년 만에 첫 NBA 우승을 바라보았다.

스포츠 매체와 팬들은 선수들의 팀 케미스트리를 높이 평가했고, MIT 슬론 스포츠 데이터 분석 회의에서는 골든스테이트를 '데이터 분석 활용 최우수 사례'로 선정했다. 데이터 분석과 팀 케미스트리가 함께 가야 한다고 봤던 커 감독은 앞서나가는 리더의 모범으로 등극했다. 그는 왕조를 건설하겠다는 야심찬 모험에 나섰다. 골든스테이트는 2015~2016년도 시즌에 73승 9패(NBA에서는 한 팀이 정규 시즌에 82경기를 치른다—옮긴이)를 올리며 단일 시즌 팀 최다승 기록을 세우고 다시 한번 결승에 진출했다. 하지만 클리블랜드 캐벌리어스에게 아쉽게 우승을 내주고 말았다. 그러자 구단은 안 그래도 탄탄한 선수단에 당대 위대한 선수로 꼽혔던 포워드 케빈 듀랜트를 영입했다. 그렇게 해서 2016~2017년도와 2017~2018년도 시즌을 연속으로 우승했다. 아울러 4년이라는 기간 동안에 골든스테이트보다 승리를 더 많이 챙긴 구단은 역사적으로 없었다. 드디어 단순히 뛰어난 구단에서 왕조로 도약한 것이다.

2018년 가을. 커 감독 체제 5년차가 시작되었다. 골든스테이트는 두 시즌 연속 우승의 기세를 몰아 세 시즌 연속 패권을 노렸다.

그러나 NBA에서 가장 영리하고, 충실하며, 재능 넘치는 구단에 금이 가버렸다. 드레이먼드 그린^{Draymond Green}과 케빈 듀랜트 두 사람의 관계로 인해 권위가 무너지고 말았다.

듀랜트와 그린 사이에 생긴 단층의 영향력

마침내 문이 열리고 체육관의 조명이 복도로 새어나오자, 기자들은 안으로 몰려 들어갔다. 느슨한 티셔츠를 입은 선수들이 두세 조로 나뉘어서 코트에 설치된 여덟 개의 골대에서 각각 슛 연습을 진행했다. 커 감독은 반대편 골대 뒤에서 초록색 짐볼 위에 앉았다. 그는 마른 체형이었지만, 운동으로 다져진 몸이었다. 외모는 소년 같은 면이 있지만, 고통으로 인한 그림자가 얼굴을 알게 모르게 덮었다.

커 감독은 2015년과 2016년에 허리 수술을 받았고, 통증이 너무 심해서 2년 동안 정규 시즌 43경기와 포스트시즌 11경기를 빠져야 했다. 두 번째 수술은 첫 번째 수술이 잘못되어서 진행한 재수술이다. 편두통도 심했지만 언급하지는 않았다. 커 감독은 자기중심적인 프로 스포츠 속에서도 미국 중서부 출신 교사처럼 친절하고 현실적인 성격을 잘 살렸다.

트위터 프로필에는 다음과 같은 문장으로 자신을 압축했다. '자랑스러운 아버지, 남편, 그리고 지도자.' 팔로워는 50만 명 정도고, 골든스테이트 소식보다는 정치적인 발언을 더 많이 게시했다. 도널드 트럼프^{Donald Trump} 대통령을 맹렬하게 비판하거나 성 소수자나 BLM 운동(Black Lives Matter. 흑인에 대한 공권력 남용 반대 운동―옮긴이), #MeToo 운동, 총기 규제 등 미국 진보 진영의 주장들을 공개적으로 지지하는 글이 많았다. 그의 아버지 맬컴 커^{Malcolm Kerr}는 베이루트의 아메리칸대학교^{American University of Beirut} 총장이었는데, 커 감독이 일곱 살 때 테러범에게 암살되었다.

선수들이 코트를 뜨자, 나는 커 감독이 있는 곳으로 안내받았다. 사전에 감독과 인터뷰하기로 약속을 했기 때문이다. 몇 미터 떨어진 곳에는 스테픈 커리^{Stephen Curry}가 후보 선수들이 슛하는 모습을 지켜보고 있었다. 그는 몇 시간 후에 정규 시즌 경기에 출전하기 위해 홈구장으로 이동해야 했다. 집에 가서 몇 시간이라도 휴식을 취할 수도 있었지만, 동료들과 어울리겠다며 남았다.

나는 커 감독에게 팀 케미스트리가 정말 효과가 있는지 물었더니 이런 대답을 받았다.

"당연하죠. 15년을 뛰고 5년을 지도하니, 그런 게 느껴집니다. 팀마다 고유한 심장박동 같은 게 있어요. 뭔가 살아 있다는 증거죠. 시즌이 점점 흘러가면서 좋은 일도 있고 나쁜 일도 있습니다. 선수 구성이 좋으면 경기 내용이 안 좋게 흘러가더라도 툭툭 쳐주면 다시 긍정적인 방향으로 가도록 유도할 수 있습니다."

"편안함과 행복감이 생기는 환경을 조성할 수 있습니다. 선수들이 매일 나와서 동료들과 함께 협력하고 싶어지게끔 말이죠. 그렇게 되면 서로를 위해 희생하고, 더 열심히 뛸 가능성이 커집니다. 그리고

팀 케미스트리

훈련 캠프 때는 서로 잘 모르기 때문에 할 수 있는 것들이 제한되지만, 서로를 위해서 뛰면 많은 것이 가능해집니다."

"좀 유치하게 들리겠지만, 저는 농구 시즌을 하나의 생명체처럼 여깁니다. 저희 팀을 보십시오. 시즌 초반에 그린과 듀랜트가 한바탕했잖습니까. 그다음에 바로 4연패를 했는데, 그럴 만한 이유가 있는 거죠. 팀이 정신적으로 상처를 입었었습니다. 영혼에 상처를 입었던 겁니다."

그가 마지막에 말한 시합은 2018년 11월 초, 지구 라이벌 로스앤젤레스 클리퍼스와의 시합이었다. 마지막 쿼터도 이제 몇 초 남지 않았고, 점수는 동점이었다. 골든스테이트의 파워포워드 드레이먼드 그린이 리바운드를 잡았다. 케빈 듀랜트가 마지막 슛을 던지기 위해 패스하라는 신호를 보냈다. 그런데 그린은 패스하지 않고 자신이 직접 속공을 하다가 공을 놓쳐버렸고, 경기 시간은 종료되었다.

듀랜트는 분노가 치밀어 올랐다. 팀이 모여서 작전 회의를 하는 동안 그는 그린에게 플레이가 이기적이었고 자기 혼자 이겨보려고 했다면서 화를 냈다. 그린도 마찬가지로 폭발했다. 비시즌 때 듀랜트가 새로운 계약서에 서명한 것이 굉장히 못마땅했다. 새 계약서에 의하면, 듀랜트는 그해를 끝으로 팀을 떠날 수 있게 된 것이다. 그린은 충성과 헌신을 가장 중요한 가치로 생각했는데 이미 짐을 싸놓은 상태나 다름없는 듀랜트가 자기에게 이기적이라고 말할 자격이 있는가? 그 자리에서 그린은 큰소리로 듀랜트를 '계집애'라며 계속 불렀다. 동료와 코치들이 두 선수를 떼어놓아야 했다. 팀 케미스트리로 잘 알려진 골든스테이트로서는 굉장히 충격적인 장면이었다. 방송 카메라들은 그 모든 과정을 담았다.

골든스테이트는 결국 연장전에서 패했다. 그리고 싸움은 로커룸에서도 이어지면서 심각해졌다. 그린은 더 날카롭고 악랄하게, 개인 감정을 실어서 듀랜트를 비난했다. 듀랜트가 없었을 때도 우승했다며, 그가 떠나도 우승할 것이라고 큰소리쳤다. 듀랜트도 그린의 거칠고 파멸적인 행동에 울분을 토했다. 그린은 영리한 플레이를 만들고, 치열한 승부욕도 보이며, 지쳐 있는 동료들에게 용기를 주는 등 탁월한 면도 있지만, 극단적으로 무모하고 무례한 모습을 보일 때도 있었다. 코트에서도 자주 격분했다. 특히 상대 선수의 중요 부위를 발이나 무릎으로 가격하는 것으로 악명 높았다. 2016년도 NBA 결승전 4차전에서는 클리블랜드의 르브론 제임스의 다리 사이에 주먹을 날려서 자동으로 5차전 출전이 금지되었다. 골든스테이트는 3승 1패로 앞선 상황에서 5차전은 물론 6, 7차전까지 패하며 우승을 내주게 되었다.

듀랜트는 그린과 정반대였다. 내성적이고 말을 항상 부드럽게 했다. 그는 올스타로 열 번이나 선정되었고, 플레이하는 모습은 효율적이고 예술 같았다. 2미터 9센티미터의 몸으로 코트를 활공했고, 점프슛을 할 때마다 농구공은 긴 손가락에서 나비처럼 섬세하게 날아올랐다. 듀랜트도 그린만큼이나 승부욕이 불탔지만, 겉으로 드러내는 일은 드물었다. 그는 그린이 매 쿼터, 매 경기마다 심판들에게 큰소리치고, 상대 선수와 소동을 벌이고, 활력을 낭비하며, 팀의 흐름을 끊는 일에 진저리가 나 있었다. 그날 어떻게 시간이 종료될 때

팀 케미스트리

까지 드리블만 했는지, 왜 그렇게 정신 나간 플레이를 했는지 짐작할 수조차 없었다. 이번만큼은 그린이 선을 넘었다고 생각했다.

커 감독은 '팀 케미가 벼랑 끝에 내몰렸다'고 느꼈다.[1] 그린은 한 팀이 된다는 존엄성을 훼손한 것이었다. 그래서 감독은 이례적으로 그린에게 1경기 무급 출전 정지라는 징계를 내렸다. 그 출전 정지로 그린은 12만 달러 이상을 손해보았다.

"가족이 다쳤을 때처럼 기운이 쫙 빠져버렸다"고 커 감독은 말했다. 선수들이 기운 빠지는 모습은 마치 연극을 구성하는 짤막짤막한 스케치들처럼 하나둘씩 나타났다.

"루스 볼이 생겨도 몸을 던져서 살린다거나 사활을 거는 모습을 볼 수 없었어요. 책임감에 대한 느낌이 달라졌기 때문입니다. 팀이 하나로 단합하면 플레이를 더 잘 실행할 수 있습니다. 스크린도 잘 서게 되죠. 스크린을 잘 서면 동료가 슛하기 좋은 공간이 생길 확률도 커집니다. 별 것 아닌 것처럼 보이겠지만, 티끌 모아 태산이지 않습니까? 농구 인생 동안 이런 걸 수없이 봤습니다. 팀이 화합하면 플레이 수준이 확실히 달라집니다."

시합에서 말싸움이 일어난 지 나흘째가 되던 날, 듀랜트와 그린은 댈러스Dallas의 호텔 크레센트코트Hotel Crescent Court에서 만나 와인을 함께 마셨다. 그린은 듀랜트가 팀에 충분히 헌신하지 않는다고 다시 한 번 말했다. 그는 워리어스다움이란 서로에 대한 의리에서 나오며, 모두가 거기에 동참하지 않으면 아무것도 이룰 수 없다고 생각했다. 듀랜트는 자기도 거기에 100퍼센트 동의하고, 그 부분을 더 드러냈어야 했다고 인정했다.

이제 듀랜트가 마음에 담았던 것을 쏟아냈다. 듀랜트는 그린이 코트 안팎에서 격노하는 모습을 보이는 것은 방종이고, '농구에 대한 열정'이라는 가면을 쓰고 그렇게 행동하는 것을 그만둬야 한다고 말했다. 그러면서 듀랜트는 그린이 그것보다는 잘할 수 있는 사람이라고 지적했다.[2]

이후로 듀랜트와 그린 사이에 조금이라도 교류가 일어나면 기자들은 그것을 분석하느라 정신없었다. 경기장으로 가면서 잡담을 나누거나, 작전 회의 때 같이 웃거나, 둘만의 하이파이브 방식을 다시 선보일 때마다 관계가 호전되고 있다고 알렸다. 그러나 한 시즌에 9패만 당했던 골든스테이트는 11월에만 7패를 당했다. 12월에는 거기에 5패를 추가했다. 커 감독과 코치진이 몇 년에 걸쳐 회복하는 문화를 다졌기에 팀은 어떻게든 결속했지만, 여전히 불안했다. 그래도 1월에는 11연승으로 반등하면서 서부 컨퍼런스 1위에 안착했고, 다시 이전의 모습을 보였다.

그러다가 플레이오프 1라운드 2차전에서 로스앤젤레스 클리퍼스에 '3쿼터'까지 31점차로 이기고 있던 경기를 패하는 일이 발생했다. 역대 NBA 포스트시즌 최다 점수 차 역전이었다. 후반전에만 85득점을 허용했다. 듀랜트는 야투를 시도한 횟수(8)보다 실책 횟수(9, 해당 시즌 단일 경기 최다)가 더 많았다. 팀은 방황했다. 커 감독은 어디서부터 잘못되었는지 설명하려고 했다. "적극성도 당연히 없었고요. 연대감도 당연히 없었습니다."

듀랜트와 그린 사이에 생긴 단층으로 인한 지체 효과가 원인이었던 것으로 보였다. 그렇지만 팀은 하나의 복잡계며, 목표를 이루는

데 크고 작은 장애물을 수없이 직면한다. 2015년에 오랜만에 처음 우승하고 나서 커 감독과 그의 선수들은 이런 위협 요소들에 맞서 잘 싸워왔다. 그런데 성공 그 자체가 그 가운데 가장 큰 문제였다.

왕조를 이루는 것이 쉽지 않은 이유

왕조가 드문 이유에는 여러 가지가 있다.

첫째, 이긴다는 것은 매우 피곤한 일이다. 골든스테이트는 NBA 결승에 5회 연속 진출하면서 정규 시즌 외에 106경기를 더 치러야 했다. 한 시즌을 더 뛰고, 거기에 24경기를 추가로 진행한 셈이다. 커 감독은 "처음 3년은 꿈같았다"고 말했다. "이기는 농구를 한다는 신기함, 그리고 위대함이 주는 재미가 원동력이었습니다." 그러나 선수들은 그만큼 수백, 수천 시간을 코트와 웨이트장에서 보내야 했다. 그리고 4, 5년째가 되자 거기에 대한 대가가 선수들의 몸에 나타나기 시작했다. 권태기까지 겹치면서 선수들은 인내심의 한계에 부딪혔고, 서로를 포용하는 마음도 수명을 다했다. 처음에는 작은 짜증들이 생겼고, 나중에는 짜증의 크기가 커졌다.

그러나 심리적인 대가가 사실 더 심하다. 신체적인 대가보다 더 은연중에 나타난다. 성공은 사람을 변화시키기 때문이다.

전년도 우승팀이 선수 이동 없이 다음 시즌에 임할 때, 경기력이 저하되는 이유가 무척 궁금했다. 그러다 그 선수들이 같은 선수가 '아니기' 때문이라는 것을 알게 되었다. 그들은 어느 순간부터 공식 석상이나 홍보를 위한 자리에 나와 달라는 부탁을 받는다. 그러면 자신이 사랑받고, 특별하며, 권력이 있다고 느낀다. 자신과 주변 사람에 대한 기대치도 그만큼 달라진다. 서로가 대하는 방식도 달라지기 때문에 로커룸의 분위기도 그만큼 변한다.

"참 아이러니한 게, 성공이 실패를 부릅니다. 팀 케미에 악영향을 입히기 때문에 치명적입니다."《선한 권력의 탄생The Power Paradox》을 쓴 대커 켈트너 UC버클리 교수는 이렇게 말했다. 여기에 대해 더 배우고자 그를 찾아갔다.

책으로 뒤덮인 켈트너의 사무실에 들어갔다. 따뜻한 여름 아침이었고, 자전거 헬멧과 배낭이 바닥에 널브러져 있었다. 카고 반바지에 티셔츠, 금발에 구릿빛 얼굴은 학계에 50년을 몸담은 사람의 일반적인 모습은 아니었다. 켈트너 교수는 인간의 감정에 대해서는 전문가다. 스탠퍼드대학교에서 박사 학위를 취득하고, UC샌프란시스코에서 안면 코딩의 개척자로 불리는 폴 에크만Paul Ekman의 연구실에서 박사 후 연구 과정을 밟았다. 또한 픽사에서 인간의 감정을 다룬 애니메이션 〈인사이드 아웃Inside Out〉의 제작 과정에 과학 컨설턴트로 참여했고, 달라이 라마를 두 번이나 만났다. 교수는 달라이 라마를 '궁극의 팀 플레이어'라고 주장했다.

켈트너 교수는 집단에서 권력을 쥐는 사람들을 20년간 연구했다. 켈트너 교수는 그들이 타인의 감정이나 정서를 읽는 능력이 탁월하고, 열정이 넘치며, 타인이 하는 말을 경청할 줄 안다. 그리고 언제나 집단의 안녕을 우선순위에 두고 있다는 행동을 보인다고 말했다.

켈트너 교수는 다른 양상을 한 가지 더 발견했다. 성공적인 리더는 비즈니스나 연예계, 정치계, 스포츠 등 분야에 상관없이 자신을 리더로 만들어준 특성들을 잃는 경우가 많다는 점이었다. 연구 결과 사람은 권력을 갖게 되면 남을 흉내 내는 능력을 유지하지 못한다. 따라서 타인의 감정과 의도를 읽어내지 못하고, 공감하고 동정하는 것이 서툴러진다. 오히려 자신이 뛰어나고 특별하다고 느낀다. ("일반 승용차를 타라고? 리무진 어디 있어?") 규칙이나 사회적 규범은 자신과 더 이상 관계없다고 여긴다.[3] 켈트너의 연구생들은 독특한 실험을 하나 한 적이 있는데, 거기에서 상당히 의미 있는 결과가 나왔다.[4]

캠퍼스 근처에 차가 많이 다니는 길에서 학생 한 명을 잘 보이는 건널목에 배치했다. 캘리포니아의 주법에 따르면, 운전자는 보행자에게 반드시 양보해야 한다. 이때 다른 학생들이 주변에서 그 모습을 촬영하면서 어떤 차가 멈추고, 어떤 차가 보행자를 무시했는지 파악했다. 연구생들은 가격대별로 차들을 구분했다. 그 결과 가격이 비싼 차들은 50퍼센트 이상이 보행자를 무시하고 지나갔다. 이에 반해 저렴한 차들은 매번 건널목 앞에 멈춰섰다. 권력과 특권만으로 누가 자기 멋대로 행동할지 예측할 수 있는 것이다.

켈트너는 운동선수들에 대해 이렇게 설명했다. "이것이 권력의 역설입니다. 스타가 될수록 더 이기적으로 변합니다. 원정 가서 더 많은 여자와 잠자리를 가지고, 더 큰 계약을 따내고 싶으며, 동료들에게 더 공격적인 말투를 던집니다. 그래서 조직이 권력을 맛볼수록, 내부에 팀을 먼저 생각하는 사람은 점점 줄어듭니다."

즉, 클럽하우스의 환경이 바뀐다는 것이다. '우리만을 위하여'라는 생각은 분열된다. 신뢰감과 연대감이 부식된다는 것은 더 불안하고 직무 수행 능력이 더 떨어지는 사람들이 많아진다는 뜻이다. "스트레스는 사람을 피로하게 만듭니다. 조심스러워지고 경직됩니다. 결정적인 순간에 발목을 잡죠. 신체적인 부작용도 생기고요. 스트레스를 많이 받는 몸은 약할 수밖에 없습니다. 스트레스의 생리학은 긍정적인 감정의 생리학과 상반되는 개념인 셈이에요."

타인의 상태를 바꾸는 능력으로 권력을 정의하는 사람도 있다. 철학자 해나 아렌트Hannah Arendt는 그것을 "집단 행위로 가도록 타인을 흔드는" 능력으로 정의했다. 감독과 선수가 2인 체제로 그런 권력을 발휘한 팀들이 생각난다. NFL 뉴잉글랜드 패트리어츠의 빌 벨리체크Bill Belichick 전 감독과 톰 브레이디, 샌프란시스코 자이언츠의 브루스 보치 전 감독과 버스터 포지, 그리고 골든스테이트의 커 감독과 스태픈 커리가 있다. 사실 커리만큼 동료들을 성공이 주는 파멸로부터 분리시킬 줄 아는 선수는 드물다. 게다가 매우 드물게도 슈퍼 매개자인 슈퍼스타다. 커리는 본래 성격이 현실적이고, 밝으며, 승부욕이 치열해서 이를 통해 주변 사람을 모두 끌어올린다.

커 감독에게 내가 만든 역할 원형을 보여줬더니, 커리는 일곱 가지 원형을 모두 보인다고 말했다. 즐겁게 뛰는 아이이자 후보 선수들과 어울리는 버디이고, 두려움을 유발하는 전사며, 주변 사람들을 흥분시키는 점화자다. 그리고 필요에 따라 행동대장과 현자, 심지어 광대가 되기도 한다. 커리는 모든 슈퍼 매개자와 마찬가지로 이타심을 발휘해 모범을 보인다. 듀랜트가 골든스테이트에 입단하자, 사람들은 두 MVP 수상자가 우위를 점하기 위한 신경전을 벌일 것이라고 전망했다. 그러나 커리는 오히려 듀랜트를 환영했다. 공격할 공간이 생겨도 계속해서 새로 합류한 듀랜트에게 공을 넘겼다. 그랬더니 어느 날 듀랜트는 커리에게 그만하라고 말했다. "괜히 네가 하던 방식을 바꾸지 마. 네가 하던 대로 해." 커리가 환영하고 타인을 생각하는 행동을 보이자, 내부 라이벌 구도는 생기지 않았다.

켈트너 교수는 말한다. "물론 행동 자체가 전염되는 건 아닙니다. 행동과 함께 드러나는 감정을 모방하는 거죠. 전염된다는 건 그렇게 시작합니다."

골든스테이트가 우승을 거듭하고 상대팀들을 가볍게 누르고 다니자 선수들의 명성과 권력 또한 커졌다. 커 감독은 권태와 안일함을 막기 위해 부단히 노력했다. 2018년에 한 달 가까이 집중력이 떨어지는 모습과 부주의한 플레이들이 계속해서 나오자, 하루는 꼴찌 팀 피닉스 선스를 상대할 때 감독이 1쿼터 도중에 작전 타임을 불렀다. 그러고 나서 노장 안드레이 이궈달라^{Andre Iguodala}에게 검정색 보드마커와 클립보드를 건네주고 뒤로 빠져서 주머니에 손을 넣은 채 고개를 숙이고 있었다. 이궈달라는 얼떨결에 동료들 앞에 쭈그리고 앉아서 플레이를 그려나가기 시작했다. 그 뒤로 남은 시간을 선수들이 지도했다. 사이드라인에서 서로 번갈아서 작전을 세우고 소리쳤다. 그날 골든스테이트가 129 대 83으로 승리했다.

커 감독은 "제 목소리가 질렸을 거예요. 저도 제 목소리가 질리는데요. 지난 몇 년간 많이 고생했죠. 뭔가 전달이 잘 안 되는 것 같아서 색다른 걸 해보기 좋은 날이라고 생각했습니다. 어차피 선수들의 팀 아닙니까? 그들도 스스로 주인의식을 가져야죠"라고 설명했다.

커 감독은 선수 시절부터 데이터 분석의 한계를 인지하고 있었다. 선수 경험이 없는 리더들은 여기까지 오는 데 시간이 좀 더 걸리기도 한다.

28살에 역대 메이저리그 최연소 단장이 된 시오 엡스타인은 프로야구에서 뛰거나 지도해본 경험이 없었다. 그 대신에 아이비리그 학위와 비용 절감 속에서 기량이 뛰어난 팀을 구축하기 위한 데이터 활용법을 보스턴 레드삭스에 선보였다. 그는 데이터 분석에 열중한 나머지 데이터 분석의 고수로 알려진 빌 제임스를 일찍부터 영입했다. 그러고 나서 2년 후에 보스턴은 1918년 이후 첫 월드 시리즈 우승을 차지했다. 3년 후에는 두 번째 우승을 거머쥐었다. 그리고 그는 2011년에 시카고 컵스로 이직했다. 컵스는 2016년에 108년 만에 첫 우승을 달성하면서 메이저리그 역대 최장 기간 우승 가뭄에 단비를 내렸다.

그리고 2017년 5월. 맑은 월요일 아침이었다. 엡스타인 단장은 모교인 예일대학교에서 졸업식 연설을 했다.

"이 일을 시작했을 당시 저는 선수를 자산으로 생각했습니다. 미래의 성적을 예측하기 위한 숫자로 여겼습니다. 그리고 스프레드시트를 만들어서 팀에 주는 영향력을 정확하게 계산했는데, 거기에 들어가는 숫자로 치부했습니다. 저는 유가 증권 자산 또는 선수라는 자산을 모아놓은 것이 구단이라고 생각했죠. 구단이 성과를 낼 수 있도록 예측 결과에 부합하는 성적을 내기 위해 선수들이 돈을 받는다고 생각했습니다. 하지만 이제는 고개를 숙이고 있습니다. …… 그런 근시안적인 접근 방식은 처음에는 효과를 보였지만, 한계가 확실히 있었습니다. 저는 그동안 성장했고, 팀을 구성하는 저만의 철학도 다졌습니다. 사실은 우리 팀이 클리블랜드(월드 시리즈에서 컵스의 상대)에서 증명했다시피 선수들의 인성을 무시할 수 없습니다. 심장이 뛴다는 것을 무시할 수 없습니다. 두려움과 열망도 무시할 수 없습니다. 서로에게 주는 영향도 무시할 수 없습니다. 선수가 만드는 분위기도 무시할 수 없습니다. 관계를 이루겠다는 마음도 무시할 수 없습니다. 파벌을 해체하고 고정관념을 극복하는 것도 무시할 수 없습니다. 여러분이 누구인지, 여러분이 사람들 속에서 어떻게 살아가는지, 이 모든 것을 무시할 수 없습니다."[5]

사고방식이 이렇게 바뀐다고 데이터 분석의 유용성마저 부정하자는 뜻이 아니다. 데이터 분석은 매우 중요하다. 눈으로만 봐서는 알 수 없는 실력의 패턴을 알 수 있기 때문이다. 시간이 지나면서 실제로 일어나는 일을 알려주기 때문에, 인간이 편향적으로 볼 수밖에 없어서 생기는 오해와 왜곡을 줄일 수 있다. 구단 프런트가 팀의 약점을 파악하고, 상대팀의 약점을 파헤칠 줄 아는 수학 귀재를 채용한다는 것은 어쩌면 당연한 일이다.

그러나 기업이나 구단이 데이터 분석에 '너무' 의존하면, 기량을 향상시키기는커녕 오히려 떨어뜨릴 수 있다. 통계를 사용하는 데 있어서도 과유불급의 원칙이 통용된다.

호주의 환경운동가 데이비드 솔트David Salt와 브라이언 워커Brian Walker는 공동 저서 《리질리언스 사고Resilience Thinking》에서 다음과 같이 설명한다. "인간은 훌륭한 최적화 알고리즘이다. 소나 주택, 유가증권 등 주변에 있는 모든 것을 보고 어떻게 하면 가장 많은 수익을 얻을 수 있을지를 고민한다."

"우리가 다루는 것을 작은 단위까지 분해해서 각 부품이 어떻게 기능하는지, 무엇을 투입해야 가장 큰 생산물을 낼 수 있는지 알아내는 것이 인간의 수법이다. …… 하지만 인간과 자연이라는 복잡계의 요소들을 특정 목표를 위해 최적화시킬수록 그만큼 복잡계가 가지는 복원력은 손상된다. 따라서 전체적인 체계가 충격이나 장애물에 취약해진다."[6]

정신과 의사 토머스 루이스 교수가 말하기를 "인간은 환원주의자의 칼날에 양보하지 않"는다.

야구에서 투수 운용의 최신 트렌드를 살펴보자. 데이터에 의하면, 투수는 상대 타선을 세 바퀴째 돌 때 피안타를 더 많이 허용한다. 타자들은 투수가 던지는 공의 속도와 움직임에 적응해서 공을 맞힐 확률이 높아진다는 이론이다. 이로 인해 두 가지 전략이 파생되었다. 팀들은 선발 투수가 타선을 세 번째 상대하기 전에 구원 투수로 교체한다. 보통 6회 정도가 된다. 아니면, '오프너opener'라고 부르는 구원 투수를 1회 혹은 2회까지 수위 타자들을 상대하기 위해 기용한다. 그러고 나서 평상시에 선발로 나오는 투수를 등판시키면, 이닝을 더 길게 끌고 갈 수 있는 효과가 있다.

분명히 여기서 몇 실점, 저기서 몇 실점 막다 보면 한두 경기 더 이길 수도 있을 것이다. 그러나 이러한 전략은 장기적으로 보면 팀을 약화시킬 수 있다. 선발 투수는 팀을 짊어지고 싶어 하고, 승부를 위해 태어난 사람들이다. 6회만 되면 선발 투수를 내리는 일이 당연시되면, 그들은 능력이 그 이상 되지 않는다고 여기게 된다. 응석

팀 케미스트리

받이로 큰 아이들이 '학습된 무력감'을 가지는 것과 비슷하다. 투수는 험난한 시기를 이겨내는 경험이 없으면, 자신뿐만 아니라 동료들도 고무시키는 전사 본능을 잃어버린다. 홈경기의 경우, 선발 투수가 전투 지휘관처럼 나머지 야수들을 이끌고 그라운드로 나가면서 경기 개시를 알린다. 팀이 오프너를 기용하면, 선발 투수는 벤치에서 다른 사람이 병사들을 이끄는 모습을 봐야 한다. 노히터나 퍼펙트게임은 물론 완투할 기회마저 사라진다. 재능을 만개하고, 마음을 시험하는 데서 느끼는 보람을 박탈당하는 것이다. 자신의 가장 특별하고 영웅적인 부분이 떨어져나가는 기분이 든다. 매디슨 범가너가 2014년도 월드 시리즈 7차전에서 중견수 쪽 불펜을 나와 마운드를 향해 성큼성큼 걷는 그런 모습, 이틀 휴식 후 구원 투수로 등판해 5이닝 동안 마지막 아웃 카운트까지 공 하나하나씩 맹렬하게 던지면서 알고리즘을 거스르는 그런 모습을 앞으로도 볼 수 있을까?

데이터 분석은 하나의 도구다. 렌치나 망치처럼 구체적인 용도가 있다. 데이터 분석은 전략을 구상하는 용도로 쓰이지, 전략을 실행하지는 못한다. 그것은 인간만이 할 수 있는 일이다. 이것이 데이터 분석에 집착하는 리더들이 방황하는 모습을 보이는 이유다. 눈부시고 혁신적인 경기 전략을 만들지만, 인간적인 면을 고려할 생각조차 하지 않는다. 전략을 실행하는 것은 누구일까? 영리한 머리로 동기 부여가 되고, 헌신적이고, 협력하는 인력을 육성하지 못하면, 그토록 노력해서 얻고자 했던 성과와 점점 거리가 멀어진다. 에드워드 윌슨이 말하기를 정보의 홍수에 빠져 허덕이지만 지혜를 갈망하고 있는 것이다.

비록 로스앤젤레스 클리퍼스에게 31점차 리드를 역전 당하기는 했지만, 골든스테이트는 로스앤젤레스와 휴스턴을 물리치고 서부 컨퍼런스 결승전에 진출했다. 그리고 포틀랜드 트레일블레이저스와 격돌했다. 쉽게 이기기는 힘든 상황이었다. 케빈 듀랜트가 종아리 근육 파열로 무기한 결장해야 했기 때문이다.

단체 종목에서는 선수들이 부상을 당하거나 슬럼프에 빠지거나, 결정적인 상황에서 실패한 동료의 '몫까지 해낸다'는 풍조가 있다. 자기 기량을 한층 더 높여서 부족해진 득점 생산을 만회하려고 하는 것이다. 아울러 동료가 모두를 실망시켰다는 마음을 내려놓을 수 있도록 해준다.

듀랜트가 결장하자 드레이먼드 그린이 자신의 경기력을 한 단계 끌어올렸다. 포스트시즌을 준비하며 3월(NBA 포스트시즌은 보통 4월 중순에 시작―옮긴이)에 10킬로그램을 감량했는데 그 효과를 톡톡히 봤다. 그는 지칠 줄 몰랐다. 공격 페이스를 끌어올리고, 지친 동료들을 독려하고, 루스 볼을 향해 몸을 던지고, 리바운드를 잡으려고 달렸다. 그렇지만 겉으로 드러난 모습만 바뀐 것이 아니었다. 평소 보이던 불같은 모습이 드러나지 않았다. 심판에게 소리치는 일이 거의 없었다. 상대 선수의 중요 부위를 걷어차는 일도 보이지 않았다.

포틀랜드 원정에서는 20득점과 13리바운드, 12도움을 기록한 경기가 있었다. 농구에서 트리플 더블$^{triple-double}$이라고 불리는 단일 경기 성적이다. 그린은 정규 시즌에서 한 번도 기록하지 못한 트리플 더블을 포스트시즌에서만 세 차례 기록했다. 게다가 그 경기에서 3반칙(5반칙이면 해당 경기에서 퇴장―옮긴이)과 2실책밖에 범하지

팀 케미스트리

않았고, 테크니컬 파울(비신사적인 행위에 대해 주어지는 파울. 한 선수가 두 번 받으면 해당 경기에서 퇴장—옮긴이)이 없었던 모습 또한 놀라웠다. 자신의 새로운 태도에 자신감이 생겼는지, ESPN 중계 때 경기 중에 마이크 착용도 허락했다.

나이가 어린 조던 벨$^{Jordan Bell}$에게 패스를 완벽하게 연결한 순간이 있었다. 하지만 단독 기회를 맞이한 벨이 덩크슛을 실패했다. 이후에 그린이 벨에게 야단치는 듯한 모습이 잡혔다. 하지만 ESPN의 마이크 덕분에 시청자들은 그린이 실제로 무슨 이야기를 했는지 들을 수 있었다. "괜찮아. 슛 하나 놓친 것뿐이야. 우리도 다 한 번씩 놓쳤어. 세상에 완벽한 사람은 없어."

그린이 그 정도의 경기력을 보인 적은 드물었다. 어쩌면 처음이었을지도 모른다. 커 감독은 경기 후 인터뷰에서 이렇게 설명했다. "절제하는 모습을 보였고, 자신을 통제하는 모습을 보였습니다. 심판의 콜이나 슛 미스, 실책이 나와도 흔들리지 않았습니다. 그냥 다음 플레이로 바로 이어가는 모습이었죠." 동료 클레이 톰프슨$^{Klay Thompson}$은 그린의 그날은 "말도 안 되는 성적"이었다고 언급했다. 커리는 이렇게 경탄했다. "눈이 여덟 개 달린 줄 알았습니다. 모든 걸 다 보더라고요."

그런 와중에 그린은 주목할 만한 행동을 보였다. 최고의 순간을 보냈던 날에 최악의 순간을 돌이켜보기로 결심한 것이다. 방송 카메라와 전국적으로 모인 기자들 앞에서 시즌 초반에 듀랜트에게 공격적인 발언을 한 것에 대해 뉘우쳤다고 털어놓았다.

"어느 순간 경기에 집중하기보다 울분을 토했던 적이 더 많았다는 것을 깨달았습니다. 여러분이 보기에도 분명히 불쾌했을 겁니다. 왜냐면 저도 불쾌한 마음으로 경기에 임했거든요." 그는 자신이 심판에게 입을 삐쭉 내밀거나 거칠게 항의하는 영상을 본 적이 있었는데, 보면서 무척 창피함을 느꼈다.

자신의 행동을 돌이켜보는 데 약혼녀와 어머니, 심지어 어린 아들의 영향이 있었다고 말했다. 하지만 그런 자기반성의 시간은 사실 댈러스에서 듀랜트와 마신 스페인산 와인 한 잔에서 비롯되었다.

"재미있는 게 뭐냐면, 올해 듀랜트 형이랑 그런 일을 겪으니까, 다들 '아, 그린은 원래 저래. 다혈질이야'라면서 웃었어요. 그런데 형이 저한테 말했죠. '넌 다혈질이 아니야. 네가 심판한테 한 마디도 안 하고 경기에 집중하는 모습을 난 봤어. 그러니까 난 남들처럼 그냥 그런 식으로 못 넘겨.' 그 말이 머릿속에 꽂혀버렸죠."

그린과 듀랜트가 시즌이 종료될 때까지 주장을 굽히지 않고 분노를 키웠더라도 이상한 일이 아니다. 이는 프로 스포츠에서는 흔히 일어나는 일이다. 어떻게 보면 스타 선수만의 특권이다. 실제로도 NBA 스타들은 기분이 상하면, 자기가 원하는 구단으로 트레이를 요청하고, 정말로 그 구단으로 이적하는 것이 요즘 트렌드다. 그렇지만 듀랜트와 그린은 대화로 풀었다. 그렇게 결심하려면 자신이 상처받은 감정보다 서로와 팀을 신경 쓰는 마음이 더 커야 한다. 듀랜트는 자기 생각을 솔직하게 말했고, 그린은 좋은 동료가 되고 싶다고 밝혔다. 이는 서로 신뢰하는 관계에서만 있을 수 있는 일이다. 그리고 이렇게 한 사람이 상대방을 발전시키는 것이 팀 케미스트리의 본질이다.

그린은 계속해서 불붙어서 팀이 포틀랜드를 물리치고 다섯 번째 최종 결승전에 진출하는 데 기여했다. 하지만 결승전에서는 토론토 랩터스를 상대로 1승 3패까지 몰렸다. 듀랜트는 그때까지 33일 동안 출전하지 못했다. 하지만 이제는 더 이상 물러설 수 없는, 반드시 이겨야 하는 상황이었다. 그래서 담당 의사와 상담하고, 연습을 통해 몸 상태를 점검한 뒤 5차전에 출전하기로 결정했다.

초반에 12분 동안 11득점을 올리고, 3점 슛도 세 번을 모두 성공시키는 등 생기 있고 부드러운 모습을 보였다.

그런데 평범한 크로스오버 동작에서 듀랜트는 갑자기 오른쪽 종아리를 부여잡고 코트 바닥에 천천히 주저앉았다. 아킬레스건이 파열된 것이다. 그 경기에서 골든스테이트는 106 대 105로 간신히 승리하며 탈락은 면했다. 하지만 6차전에서는 듀랜트에 이어 클레이 톰프슨도 십자인대가 파열돼 전력에서 이탈하고 말았다. 이틀 사이에 득점력이 뛰어난 두 선수가 부상으로 이탈한 것이다. 커 감독은 "무자비하다"라고 표현했다. 결국 골든스테이트는 토론토에 우승컵을 내주고 말았다.

골든스테이트의 패배는 데이터 분석이 한계가 있는 것처럼 팀 케미스트리에도 한계가 있다는 점을 일깨웠다. 팀 케미스트리는 재능을 증폭시키지만 만들어내지는 못한다. 결승전에서 듀랜트가 12분을 제외하고는 부재했고, 톰프슨이 6차전에서 부상을 당하자, 골든스테이트는 이기는 농구를 할 만큼의 능력이 없었다.

그렇게 패하고 나서 불과 며칠 뒤에 듀랜트는 브루클린 네츠와 계약했다. 평소 친하게 지냈던 카이리 어빙Kyrie Irving과 디안드레이

조던^{DeAndre Jordan}도 브루클린으로 함께 이적했다. 머지않아 안드레이 이궈달라도 트레이드되었고, 숀 리빙스턴^{Shaun Livingston}은 웨이버로 공시되었다. 그렇게 골든스테이트의 핵심 선수 세 명이 연달아 빠져나갔다.

새로운 워리어스의 이야기가 시작되다

골든스테이트 워리어스 사무실 로비에 걸려 있던 웅장한 사진들은 불과 몇 달 전까지만 해도 잘나가는 구단의 이야기를 담고 있었지만, 이제는 갑자기 그리움의 향기만 퍼뜨리고 있었다. 앨릭스 퍼거슨 맨체스터 유나이티드 전 감독은 성공적인 팀의 생명은 4년 정도라고 생각했다. 즉, 팀의 결속력이 다양한 난관을 극복하더라도 시간 앞에서는 결국 굴복한다는 점을 시사한다. 왜냐하면 팀 케미스트리는 생리학적인 현상이 주를 이루기 때문에 오래가지 못한다. 사람은 시간이 흐르면서 바뀐다. 따라서 타인에게 끼치는 영향 또한 바뀐다. 활력을 잃거나, 다른 형태의 활력을 가지기도 한다. 신체 능력도 점점 배신하면서 이전만큼의 기량을 내기가 힘들어진다. 마음이 소위 흑화되기도 한다. 팀 동료든 직장 동료든 본인의 역할에 지루함을 느끼고 소원해지도 한다.

물론 오클랜드 훈련 시설에서 인터뷰를 진행했을 당시에도, 커 감독은 이듬해에 재능이 다소 부족한 팀을 맡게 될 것을 이미 알았다. 듀랜트와 이궈달라, 리빙스턴이 떠나기 전이었음에도 불구하고 말이다. 커 감독은 앞으로 대부분 25세 이하인 선수들로 구성된 팀을 지도할 예정이다. 감독에게는 새로운 경험이다. 전략과 전술을 어린 선수들의 재능과 경험에 맞춰서 조정하고, 새로운 화합물을 제조해야 한다. 커리와 그린, 톰프슨을 주축으로 팀을 다시 만들어나갈 예정이다. 커 감독은 셋의 원형을 각각 슈퍼 매개자와 점화자 겸 행동대장, 광대로 분류했다. 이들 셋은 보이지 않는 실로 팀을 바느질하는 데 귀재들이고, 하루가 다르게 실을 단단하게 꿰맨다. 팀이 화합하는 방식은 달라질 것이다. 시간이 지나면 선수들끼리 서로 더 잘 알고, 서로를 챙겨줄 것이다. 그러면 로커룸은 호르몬과 신경 펩티드의 색다른 조합은 물론 목소리와 표정, 태도의 색다른 상호 작용으로 가득 차게 된다. 이에 따라 로커룸은 사기가 올라가거나 꺾이고, 기운이 생기거나 풀이 죽는다. 어쩌면 그린이 현자로 떠올라 이 귀달라의 빈자리를 메울 수도 있다. 어쩌면 골든스테이트 유니폼을 아직 입지 않은 선수가 광대였던 리빙스턴과 전사였던 듀랜트의 역할에 들어갈 수도 있다. 선수단의 관계망이 탄탄할수록, 필요한 부분을 채워줄 사람은 자연스럽게 나타날 것이다.

커 감독은 "모든 일을 비유하는 데 농구만큼 좋은 것이 없다"고 말했다. "선수 다섯 명이 제각각 조금씩 다른 일을 합니다. 다섯 명이 모두 똑같은 일을 하면 제대로 돌아가지는 않을 거예요. 저희 팀이 잘 돌아가는 이유는 퍼즐 조각들이 잘 맞아 떨어지기 때문입니

■ 사실 톰프슨을 광대로 분류한 것은 의외였다. 거기에 대해 스티브 커 감독은 톰프슨을 다음과 같이 설명했다. "매체를 상대할 때는 굉장히 조용한데, 은근히 유머 감각이 뛰어납니다. 다들 톰프슨을 좋아해요. 모두 끊임없이 웃게 만듭니다."

다. 서로 재능도 다르고, 기술의 수준도 다르고, 기술의 조합도 다르지만 서로 보완하고 있습니다."

커 감독은 이제 경기 전 기자 회견을 위해 자리에서 일어났다. 후보 선수들은 연습 코트에 여전히 있었다. 이제는 서로 장난도 치며, 말도 안 되는 슛을 던져보기도 했다. 벤치를 쳐다봤는데, 스테픈 커리도 아직 있었다. 그는 후보 선수들에게 장난치면서 웃고, 후보 선수들도 슈퍼스타가 자신에게 장난치자 그것이 즐거웠는지 발을 동동 굴렀다. 커리는 그곳을 뜰 생각이 전혀 없었다.

팀 케미스트리에 관한
세 가지 질문

10년 전 나는 다음 세 가지 질문을 갖고 이 프로젝트를 시작했다. 팀 케미스트리는 존재하는가? 존재한다면 무엇인가? 그리고 직무 수행에 어떤 영향을 미치는가? 물론 이 질문들을 책에서 다루었지만, 좀 더 간단하게 요약해보자.

팀 케미스트리는 존재하는가?

팀 케미스트리를 정량화해서 이 질문을 답한 사람들이 있다. 카트리나 베즈루코바 교수와 체스터 스펠 교수는 4장에서 언급했듯이 인구통계학적 집단 사이의 '단층선'을 조사해서 팀 케미스트리의 비밀을 알아내고자 했다. 노장과 신인 선수, 미국인과 외국인 선수 등 각기 다른 집단끼리 겹치는 부분이 많은 팀이 성적이 잘 나왔다. 두 교수의 알고리즘에 의하면, 메이저리그에서 팀 케미스트리는 162경기를 기준으로 4승의 가치를 가진다.《ESPN 더 매거진

ESPN The Magazine》 잡지는 2014년도 시즌이 시작하기 전에 월드 시리즈 우승팀을 예측해보기 위해 두 교수를 초대했다. 두 교수는 탬파베이 레이스가 6차전 끝에 세인트루이스 카디널스를 꺾고 우승한다는 예측을 내놓았다. 하지만 샌프란시스코 자이언츠가 캔자스시티 로열스를 7차전까지 가는 접전 끝에 누르고 우승했다. 가설을 잘 세우고 정밀하게 계산했지만, 시작부터 신뢰할 만한 결과를 얻기 힘든 구조였다. 연구는 사회학적 요소에만 초점을 맞추었고, 데이터도 대부분 매체를 통해 수집했기 때문이다. 지금은 팀 케미스트리가 생물학적·심리학적·사회학적 영향력의 상호 작용이라는 사실을 알기 때문에, 데이터를 실시간으로 실제 사람들로부터 얻어야 한다. 이는 거의 불가능에 가까운 작업이나 다름없다.

 UC버클리에서도 팀 케미스트리를 정량화해보려는 시도가 있었다. 연구원들은 선수들이 하이파이브나 포옹, 주먹 인사 등 신체 접촉 횟수를 바탕으로 NBA 구단들의 성적을 예측했다. 신체 접촉은 결속력을 나타내는 지표고, 결속력은 집단의 직무 수행을 향상시키는 효과를 보여왔다. 연구원들은 2007~2008년도 시즌 초반에 모든 팀이 한 경기에서 보인 신체 접촉 횟수를 세고, 유형별로 나누어서 코드를 부여했다. 그렇게 해서 신체 접촉이 많은 팀이 성적이 좋을 것이라고 예상했다. 정규 시즌이 끝나자, 부상과 기타 변수를 보정했을 때, 신체 접촉이 많은 팀이 적은 팀보다 지구 우승을 할 확률이 2.3배 많았다.[1] 하지만 이 역시 단층선 연구처럼 데이터 수집에 한계가 있었다. 연구원들은 텔레비전 화면에 비춰진 신체 접촉만 확인할 수 있고, 로커룸이나 팀 전용기, 연습 코트에서 이루어진 상호 작용은 놓칠 수밖에 없었다.

또 다른 UC버클리 연구원 후리아 저자에리^{Hooria Jazaieri}는 그러한 한계점을 하나라도 극복해보려고 색다른 전략으로 접근했다. 2017년도 마이너리그 야구 시즌을 대상으로 삼았다. 그녀는 샌프란시스코 자이언츠 산하 싱글A 구단 새너제이 자이언츠의 홈구장에 카메라 세 대를 설치했다. 우선 고프로^{GoPro} 소형 액션 카메라 두 대를 홈 팀 더그아웃 양쪽 끝에 달았다. 그리고 세 번째 카메라는 원정팀 더그아웃 지붕에 홈팀 더그아웃 쪽을 향하도록 설치했다. 그렇게 해서 경기 내내 선수들의 모습을 관찰할 수 있었다. 관람하기가 힘들었던 경기는 마이너리그 중계 서비스인 MiLB.TV의 중계 화면을 녹화했다. 그러고 나서 선수들의 수천 가지 상호 작용에 코드를 부여하는 일을 할 대학원생들을 모집했다.

고프로 촬영은 저자에리가 팀 케미스트리가 경기력에 미치는 영향을 정량화해보려는 노력 중 하나였다. 그녀는 2017년도 메이저리그 연간 미디어 가이드에 실린 기자와 방송인 2,000명에게 전부 이메일을 보내기도 했다. 팀 케미스트리에 가장 도움이 되었던 선수와 그렇지 못한 선수를 꼽아달라고 요청했다. 팀 케미스트리는 존재하지 않는다며 사람들의 귀중한 시간을 뺏지 말라고 회신한 사람도 꽤 있었다. 어쨌든 그렇게 해서 47명이 응답했고, 총 101명의 메이저리거가 언급되었으며, 그 중에 67명은 개막전 등록 명단에 들었다. 저자에리는 개막전에 출전한 67명의 경기 영상을 사용해서 그라운드와 더그아웃에서 보인 행동을 전부 분류해서 코드를 부여했다. 고프로 영상이든 중계 영상이든 한 경기에서 한 선수의 행동들을 전부 코딩하는 데 세 시간이 들었다. 한 선수를 코딩할 때 편향을 최소화하기 위해 세 명이서 진행했다. 즉, 67명의 메이저리거면 201개(67×3)의 개별 코딩 구간으로 이루어지고, 총 603시간(201×3)을 작업해야 한다. 게다가 저자에리는 마이너리그 선수들과 면담하고, 시즌 동안 설문 조사도 진행했다.

새너제이 홈구장에서 만났을 때, 그녀는 농담처럼 말했다. "이래서 아무도 안 하는 거였네요."

그래서 그 많은 작업을 하고 나서는 어떻게 되었을까? 저자에리는 현재 노스웨스턴대학교 켈로그경영대학원Kellogg School of Management at Northwestern University에서 박사 후 과정 전임 연구 교수로 일한다. 그녀는 유의미한 결론을 내리기에는 데이터가 충분하지 않다고 판단했다. "또 다른 팀이나 또 다른 시즌을 뽑아내지 않으면 대조할 수 있는 기준이 없습니다."

나도 개인적으로 팀 케미스트리가 경기력에 미치는 영향을 측정해보겠다며 고생한 적이 있다. 데이터를 너무나도 사랑하고, 메이저리그 구단에서 일한 경력도 있는 영리한 하버드대학교 졸업생의 도움으로, 다양한 각도로 측정할 수 있는 방법을 접근했다. 팀 케미스트리가 좋은 팀에서 뛸 때 개인 단일 시즌 최고 성적을 낸 선수가 몇 명이고, 그때 성적이 몇 승의 가치를 지녔는지 계산해봤다. 이때 부상과 연령에 대한 보정도 거쳤다. 연승과 연패를 정리해서 화합이 잘되는 팀이 연승을 더 이어나가고, 연패를 끊는 능력이 있는지, 결과적으로 더 많은 승리를 거두는지도 확인했다. 시즌 전 전망보다 전적이 좋은 팀들을 살펴보고, 그 차이가 팀 케미스트리 때문이었는지도 고민했다. 이때도 각종 변수들에 대한 보정을 거쳤다. 하지만 확실한 답변을 구하지는 못했다.

몇 달이 지나자, 팀 케미스트리를 세이버메트릭스로 경기력을 계산하듯이 구한다는 것은 헛짓거리라는 것을 깨달았다. 두 방식의 차이는 속도와 사랑을 측정하는 차이나 다름없었다. 팀 케미스트리는 정량화할 수 없기 때문에 실재하지 않는다는 논리는 그만 주장할 때가 되었다. 실재한다는 것은 정량화와 아무런 관련이 없다. 우주 과학자들이 빛의 파장을 측정하고 빛의 속도를 계산하기 전까지는 빛이 실재하지 않았던가? 당연히 아니다. 팀 케미스트리라는 것도 결국 측정할 수 있는 도구가 언젠가는 나오지 않겠는가.

그렇다면 팀 케미스트리가 실재한다는 것을 우리는 어떻게 알 수 있을까?

첫째, 팀 케미스트리가 우리가 이미 증명한 지식과 일치한다. 인간은 개방형 존재이자 독립적인 존재다. 개인은 외부의 영향을 통해 완성된다. 호흡과 호르몬 생성, 심박수, 신진대사, 활력, 감정, 수면, 생산력 등 모든 면이 서로에게 영향을 받는다. 우리 두뇌는 거대하고 사회적이다. 따라서 목소리의 어조가 미세하게 바뀔 때, 또는 안면 근육이 움직일 때 그 의미를 해석하는 데 탁월하다. 그러면 우리도 목소리나 안면 근육을 스스로 재조정해 가면서 거기에 응답한다. 그렇게 긴장감이나 침착함, 의심이나 신뢰감, 불쾌함이나 행복감을 유발한다. 친구가 미간에 주름을 잡으면, 우리는 그것을 미러링한다. 동료가 열정과 활력이 넘치면, 우리도 사기가 올라간다. 사실상 우리의 모든 행동은 전염성을 가진다. 독방에 감금된 것이 아니라면, 우리 삶의 모든 면이 타인에게 깊은 영향을 받는다.

둘째, 우리는 팀 케미스트리를 경험해왔기 때문에 그 존재를 알 수 있다. 식구들과 함께 있을 때나 친구들 사이에서, 직장이나 종교 활동에서 팀 케미스트리를 경험한다. 특히 성인이 되어서 스포츠 경기를 관전하러 만원 관중인 경기장에 갈 때 통감한다. 우리는 응원하는 팀과 응원하는 팬들이 느끼는 결속력에 의해, 에드워드 윌슨의 말처럼 "집단 도취에 빠진다."[2] 이런 결속력은 우리가 좀 더 커다란 존재가 되고자 하는 열망과, 소속감을 가지고자 하는 열망을 자극한다. 그야말로 팀원이 실제로 된 것처럼 우리도 선수들이 입는 저지를 똑같이 입는다. 게다가 선수들의 이름까지 등에 새긴다.

셋째, 선수와 지도자의 증언을 통해 우리는 팀 케미스트리의 존재를 알 수 있다. 그들은 최전선에서 팀 케미스트리를 목격하고 체험하는 사람들이다. 특정 분야의 수많은 전문가들이 한 주제에 대해 동일한 결론을 낸다면, 일단 믿어봐야 하지 않을까? 19세기 생물학자 토머스 헉슬리Thomas Huxley는 "과학은 잘해야 상식일 뿐"이라고 말하지 않았던가.

팀 케미스트리란 무엇인가?

우선 팀 케미스트리의 정의를 내리기 전에 그 기능을 분명히 할 필요가 있다. 처음에는 사람이 더 노력하는 마음이 들도록 만드는 것이 팀 케미스트리의 기능이라고 생각했다. 하지만 시간이 지나면서 언제나 그렇지 않다는 것을 깨달았다. 때로는 스트레스와 두려움으로 인해 노력에 대한 욕구가 생기기도 한다. 슬럼프에서 빠져나오려고 매 경기 전에 연습장에서 방망이를 수백 번씩 돌렸던 스타 선수가 기억난다. 그런데 오히려 더 심한 슬럼프에 빠져버렸다. 경기가 시작할 때 몸은 이미 지쳐 있었기 때문이다. 타격 연습장과 그라운드에서는 어마어마한 노력을 보였겠지만, 몸은 이미 지쳤고 마음은 의심과 불안에 사로잡혀 버렸다. 따라서 노력 그 자체는 팀 케미스트리의 기능이라고 할 수 없다.

그렇다면 노력을 포함해 경기를 이기기 위한 모든 필수 요소들을 결합시키는 것이 팀 케미스트리의 기능이 아닐까? 하지만 '모든' 필수 요소라고 하기에는, 데이터 분석과 재능도 경기를 이기는 데 중요한 요소들이지만 팀 케미스트리와 아무런 관련이 없다.

칼의 기능이나 의자의 기능, 구원 투수의 기능처럼 팀 케미스트리의 기능도 좀 더 엄밀하게 정의할 필요가 있었다. 집필을 위해 조사하면서 팀 케미스트리에 대한 설명들을 모아놓은 것을 다시 한 번 찾아서 읽어봤다.

"모든 사람은 팀 케미스트리를 통해 자기 할 일을 하고, 자기 일에 대한 자부심을 가지며, 서로에게 책임을 맡긴다."

– 맷 윌리엄스, 워싱턴 내셔널스 전 감독

"좀 유치하기는 하지만 선수들끼리 기본적으로 서로 신뢰하고 돌본다는 것이 팀 케미스트리를 가장 잘 설명하는 말이다."

– 토니 라 루사, 명예의 전당 감독

에필로그

"집단 전체의 행복을 위해 개인의 영광을 희생하겠다는 열망이다. (중략) 모든 선수가 서로를 특별히 좋아해야 잘 뛰는 것은 아니다. 하지만 팀의 행복을 위해 서로를 존경하고 존중하며, 이기심을 버려야 한다."

- 존 우든, UCLA 남자 농구부 전 감독이 말하는 '팀 정신'

팀 케미스트리를 설명하는 데 헤맨 사람들이 꽤 있었다. 그들은 단순히 "느끼는 순간이 온다"면서 얼버무렸다.

그렇다면 신뢰감과 이타심을 강화하는 것이 팀 케미스트리의 기능이 아닐까? 하지만 이렇게 말하는 것은 '날카로워지는 것이 칼의 기능'이라고 말하는 것과 다름없다. 날카로움은 칼의 특성이고, 무언가를 자르는 것이 칼의 유일한 기능이다. 신뢰감과 이타심은 팀 케미스트리의 특성이다. 그러면 팀 케미스트리의 유일한 기능은 무엇인가? 무엇을 위해 존재하는가?

너무나도 당연한 답이 갑자기 떠올랐다.

'경기력을 끌어올리는 것이 팀 케미스트리의 기능이다.'

선수들끼리 아무리 즐겁게 지내더라도, 아무리 자기들만의 손짓과 농담을 즐기더라도 경기력이 향상되지 않으면, 팀이 화합했다고 말할 수 없다. 스포츠에서는 팀 케미스트리를 동료애와 혼용하는 경향이 있다. 비즈니스 세계에서는 응집이라는 표현을 종종 사용한다. 둘 다 틀린 표현이다. 동료애는 집단원들 사이의 우정을 뜻한다. 응집은 존재 상태를 뜻한다. 둘 다 정적인 상태를 표현한다. 하지만 화합이라는 것은 끊임없이 진행하고 변화한다. 계속해서 작업성과에 변화를 주고 있다. 다시 말하면, '작업성과가 개선되지 않으면 팀 케

미스트리도 존재하지 않는다.'

이렇게 팀 케미스트리의 기능을 밝혔더니 정의를 쉽게 세울 수 있었다. 수십 차례 정리한 결과 다음과 같이 정의 내렸다.

'팀 케미스트리란 경기력을 끌어올리는 생리학적·사회학적·정서적 효력 사이의 상호 작용이다.'

여기서 주목해야 할 점은 팀 케미스트리가 '높은 수준'의 경기력이 아니라, '상승된' 경기력을 창출한다는 점이다. 높은 수준의 경기력은 재능이 어느 정도 따라줘야 한다. 하지만 팀 케미스트리는 재능을 창출할 수 없다. 다만 팀이 이미 보유한 재능에 불을 붙여서 선수들이 최선을 다할 때 전체적인 경기력을 상승시키는 것이다.

하지만 더 많은 뇌 기능이 밝혀질수록 내가 내린 정의도 분명히 바뀔 것이다. 감정도 알고 보니 빛처럼 보이지 않는 파장으로 이루어져 있다던가, 개미처럼 수천 년간 진화를 통해 복잡한 사회 정보를 갈아넣은 페로몬으로 이동한다고 밝혀질 수도 있다. 아니면 이런 상호 작용을 '관찰하고' 정량화 하는 방법이 언젠가 발견할 수도 있다. 《뉴욕타임스》의 로저 로젠블랫[Roger Rosenblatt] 기자는 우리 삶에 작용하는 지대한 영향력들은 대부분 보이지 않는다는 것을 몇 년 전에 언급했다. "자기장이나 전류, 중력 등은 전부 보이지 않는 가운데 작용한다. 사고나 성향, 열정, 정신, 취향, 기분, 도덕 등을 조정하는 내부의 존재도 그와 마찬가지다. 그리고 영혼도 그 존재를 믿는다면 그러하다. 이렇게 보이지 않는 세계가 보이는 세계를 통치한다. 마치 숨겨졌지만 전 세계에 영향력을 행사하는 정체불명인 국가와 같다."[3]

팀 케미스트리는 직무 수행에 어떤 영향을 미치는가?

직무 수행 능력을 한두 가지 기술로 판별할 수 있다면 얼마나 간편할까? 사람을 채용할 때 시험을 출제해서 점수가 높은 사람만 선택하면 될 것이다. 스포츠야말로 이런 방식이 효과가 있다. 모든 선수의 경기력을 기록하고 정량화하기 때문이다. 어느 누구나 오로지 선수들의 성적과 부상 이력만 보고도 명단을 대충 채워서 선수단을 구성할 수 있다. 이런 방식을 실제로 사용하는 구단이나 기관도 있다. 특히 올림픽이나 세계선수권대회 대표팀을 선발할 때 많이 볼 수 있는데, 결과가 엇갈리게 나온다.

2014년 소치 동계 올림픽 때 러시아 남자 아이스하키 대표팀 감독은 득점력이 정상급인 선수들, 가장 압도할 만한 선수들만 선발했다. 그러나 실력이 한참 떨어졌지만, 응집력이 강했던 핀란드 대표팀에 패했다. 2004년 아테네 올림픽 때 '드림팀Dream Team'으로 불리는 미국 남자 농구 대표팀은 르브론 제임스와 카멜로 앤서니Carmelo Anthony, 팀 덩컨Tim Duncan, 드웨인 웨이드Dwayne Wade, 앨런 아이버슨Allen Iverson 등으로 포진했지만, 첫 경기에서 푸에르토리코에 19점차로 패했다. "피라미에게 먹히다"라는 헤드라인을 쓴 기사까지 등장할 정도였다. 드림팀은 이후에도 리투아니아와 아르헨티나에 패하면서 동메달에 만족해야 했다.

드웨인 웨이드는 이후에 기자들에게 이렇게 이야기했다. "머리를 저었죠. 하나하나 다 뛰어난 선수들이었는데, 같이 붙여놓으니까 잘 안 되더라고요. 어울리지 않는 음식들의 조합 같았어요. (중략) 전부 경기에 들어가고 싶어 하다 보니 저희들끼리 많이 싸웠습니다."

팀 케미스트리

2014년에 컬럼비아대학교에서 '재능 넘침 효과Too-much-talent Effect'라는 제목으로 연구를 진행한 적이 있다.[4] 연구원들은 농구나 축구처럼 상호 의존도가 큰 종목에서는 재능만으로 경기력을 높이는 데 한계가 있다는 점을 발견했다. 재능으로만 선수단을 구성하면 결국 재능이 주는 혜택은 점점 줄어들어서 마이너스 효과가 나타난다. 압도적인 선수들은 닭장 안의 암탉들처럼 입지를 굳히려고 다투기 때문이다. 사육 조류학자들은 산란율이 높은 암탉이 너무 많으면 먹이와 공간을 위한 싸움이 잦아져서 달걀 생산이 오히려 감소한다는 것을 밝힌 적이 있다. 이런 현상은 미국 월스트리트 증권가에서도 나타난다. 2011년 하버드대학교 연구에 의하면, 한 사무실에 정상급 주식 분석가들이 너무 많으면 협동심에 악영향을 끼쳐서 사무실의 전체적인 직무 수행에 타격을 준다.[5]

물론 재능이 넘치는 팀들은 꾸준히 이긴다. 1992년 바르셀로나 올림픽 때부터 시작한 '농구 드림팀'은 2004년도 대회를 제외하면 모두 금메달을 땄다. 그렇지만 1980년 레이크플래시드 동계 올림픽 때 미국 남자 아이스하키 대표팀 허브 브룩스Herb Brooks 감독이 '빙판 위의 기적Miracle on Ice'팀(미국 대표팀이 소련 대표팀을 꺾었던 경기. 당시 소련 대표팀은 5연속 올림픽 금메달을 노렸으나 실패했다—옮긴이)을 어떻게 구성했는지 참고할 필요는 있다. 브룩스 감독은 선수단을 올스타로 채우기보다는 서로 잘 아는 선수들로 구성했다. 한 집단은 자기가 지도하는 미네소타대학교University of Minnesota 소속 선수들이었고, 나머지 집단은 대부분 보스턴대학교Boston University에서 뛰는 선수들이었다. 감독은 공격 라인이 서로를 잘 이해하고 신뢰해야 된다고 생각했다. 게다가 감독은 선수들을 혹독하게 훈련시켰다. 선수들이 동료들보다 자기를 더 싫어하면, 결속력이 더욱 탄탄해질 것이라고 생각했다. 그렇게 이룬 화합이 위대한 활약을 소환할 수 있기를 바랐다.

결속력과 신뢰감이 직무 수행에 미치는 영향을 군대만큼 연구한 조직은 없다. 군인들은 수백 년 동안 동료끼리 서로 잘 알고 신뢰하는 팀이 임무 수행을 잘한다고 주장해왔다. 게다가 군에서 진행한 연구들이 그것을 뒷받침한다. 스탠리 매크리스털 전 미 육군 대장은 "그런 신뢰감이 없으면 특수부대 팀은 몸짱 군인들의 집합소에 지나지 않는다"고 설명했다.

신뢰하고 수용하는 조직 문화 내에서는 오브리 허프나 패트 버럴처럼 한물갔다고 여긴 선수도 다시 꽃피울 수 있다. 두 선수는 2010년도 샌프란시스코 자이언츠에서 그렇게 재기할 수 있었다. 테리사 에드워즈는 비록 한물간 선수라고는 할 수 없지만, 1996년 애틀랜타 올림픽 미국 여자 농구 대표팀에서 자신의 최고 기량을 선보였다. 에드워즈는 타라 밴더비어 감독과 서로 신뢰하고 인정하기로 한 이후, 가장 위대한 여자 농구 대표팀의 심장이 되었다. 결승전에서 브라질 대표팀을 상대했을 때 에드워즈와 그녀의 동료들은 완벽할 정도의 기량을 펼쳤다. 이를 운동선수가 '몰입 상태'에 들어갔다고 표현한다.[6] 자신감과 집중력, 그리고 두려움이 없는 상태가 합쳐져서 심신이 완벽하게 평온해진 상태를 말한다. 팀 전체가 몰입 상태에 둘러싸인다는 것도 팀이 화합된 상태라고 볼 수 있다.

그렇게 화합을 이룬 선수단은 스트레스 상황을 위협으로 여기지 않고, 도전으로 받아들인다. 내 지식이 맞다면, 이때 선수들의 두뇌는 전투 준비 태세를 갖추려고 혈관을 이완하는 호르몬을 분비해서 뇌와 근육에 혈액을 추가로 공급한다. 선수는 대담해지면서 기량을 몰아붙여서 발생할 위험을 감수한다. 만일 실패하더라도 동료들이 지지해준다는 것을 알기 때문이다.

자신을 신뢰하는 사람들이 주변에 있으면, 자기도 자신을 믿게 된다. 우리 몸은 마음먹기에 따라 움직인다. 조니 곰스와 같은 슈퍼 매개자가 팀 전체의 사기를 올려준다고 믿으면, 실제로 경기력이 상승하는 경우도 있다. 2013년도 보스턴 레드삭스가 그것을 몸소 보여줬다.

또 다른 예를 들자면, 교사가 가진 학생의 학업 능력에 대한 기대치가 학생의 학업 성취에 영향을 준다는 이야기는 앞서 언급했다. 의사의 경우에도, 의사의 기분이 의료 업무의 질을 결정하기도 한다. 뱅크오브아메리카의 사례를 보면, 직장 동료들과 대화를 나누는 것이 개인의 지능과 성격, 업무 기술, 회의 내용 등의 요소들을 모두 합친 것보다도 업무 성과에 더 큰 영향을 준다.

팀은 한 인간처럼 복잡한 생물임을 알게 되었다. 구성원들끼리는 정확하고 정해진 방향대로만 교류하지 않는다. 한 팀에서 화합을 깨뜨리고 경기력에 악영향을 끼치는 행동이, 다른 팀에서는 별다른 영향을 주지 않을 수도 있다. 그렇기 때문에 동료들끼리는 서로 호전적이더라도 팀이 우승하는 모습을 볼 수 있다. 사회적인 화합은 형편없지만, 업무 화합은 환상적인 경우라고 할 수 있다. 그라운드에 서만큼은 열심히 승부할 것이라고 서로 믿기 때문이다.

이기는 경기를 하는 팀은 반드시 업무 화합을 이룬다. 그러나 우승하는 팀은 대부분 결속력이나 신뢰감, 관심 등 사회적인 화합도 함께 이룬다. 선수들은 이런 마음으로 타석에 들어가고, 자유투 라인에 선다. 혼자가 아니라는 것을 안다. 제이크 피비가 말했듯이, 동료들이 함께 있기 때문에 스스로는 끌어낼 수 없는 강한 무언가를 불러일으킬 수 있다.

인간의 본능은 무한하고, 다양하며, 예측 불가능하기 때문에 팀은 거기에 맞춰서 화합해야 한다. 팀은 선수들로 구성된 초개체다. 미식축구나 농구, 축구, 아이스하키는 종목이 가지는 특성과 출전 선수가 다르기 때문에 야구와는 다른 형태로 팀이 화합한다. 남자 팀과 여자 팀이 화합하는 방식도 성별에 따른 문화적인 잣대와 생화학적 현상 때문에 어느 정도 차이가 난다.

화합이 잘 이루어지는 팀에서는 일곱 가지 역할 원형이 나타난다. 집단마다 필요한 부분이 다르기 때문에 각 원형의 영향력 또한 다를 것이다. 따라서 특정 원형에 '끼워 맞출' 의도로 누군가를 채용한다는 것은 어불성설이다. 집단이 가지는 독특한 구성에서 화학 반응이 일어나면, 사실상 그로부터 각 원형이 만들어진다. 즉, 집단에 특정 원형을 주입한다고 화합이 이루어지는 것은 아니라, 집단에 역할 원형이 자연스럽게 나타날 때 팀이 화합되는 것이다. 아울러 그 역할 원형들은 집단에 신뢰감을 더하고, 활력을 불어넣는 팀 케미스트리 강화제가 될 것이다.

때로는 운도 따라야 한다. 적절한 시기에 적절한 감독 아래에서 적절한 선수들이 모여야 한다. 이들의 호르몬과 성격, 감정, 경험 등이 조합을 이루어서 경기력을 한 단계 상승시키는 것이다. 그리고 그런 조합은 선수 이동이 발생하거나, 분위기가 바뀌거나, 장애물에 부딪힐 때마다 수시로 바뀐다. 신산업 스타트업 회사 애너플랜 Anaplan 설립자 더그 스미스 Doug Smith 는 이렇게 말했다. "한 해는 직원들끼리 서로 무슨 말을 할지 다 짐작하다가도, 이듬해에는 다시 서먹해지기도 합니다. 사람들은 다른 모습으로 나타나기도 하고, 항상 맡았던 역할에서 벗어나기도 하고요. 한 가지 요소만 바뀌도 갑자기 많은 부분이 덩달아 바뀔 확률이 큽니다." 물론 변화는 양면적이다. 한 가지 요소만 바뀌도 갑자기 좋은 방향으로 바뀌기도 한다. 조니 곰스처럼 문을 열고 입장하자마자 전혀 색다른 팀으로 바꿀 수도 있다. 그렇게 문을 열고 입장한 사람이 수 버드가 될 수도 있고, 마이크 크루코가 될 수도 있다.

그라운드에서든 작업장에서든 날마다 타인이 우리를 각성시키고, 활력을 불어넣으며, 싸움에 대한 목적의식을 심어주리라고 믿는다. 화합이 잘되는 팀에서는 의미 부여나 목적의식이 금메달을 딴다거나 역사를 쓴다는 일에 그치지 않는다. 동료들이 의미와 목적이 된다. 진정한 유대감과 집중력, 승부욕으로 무장된 집단에 기여할 수 있다는 사실에 기쁨과 활력을 느낀다. 그들과 같은 임무를 맡는 순간, 완벽한 자아가 된다는 느낌과 완전해진다는 느낌을 받게 된다.

이 책을 마이크 크루코에게 바친다. 산더미 같은 연구 자료 속에서 길을 헤매는 듯한 기나긴 날을 보낼 때마다 크루코를 떠올렸다. 이 책을 통해 표현하고자 했던 모든 것을 갖춘 사람이다. 1985년에 캔들스틱파크 클럽하우스에서 처음 만난 날부터 우정을 쌓았다. 나는 정말 사람 복이 많은 사람이다.

감사의 말을 전하고 싶은 사람이 많다. 이 책을 구상하는 데 수많은 분들의 작품과 아이디어가 도움되었다. 모든 이들을 이 공간에 적으려고 노력했으나, 혹시 언급되지 않았다면 우선 사과의 말씀부터 드리겠다. 이후에라도 수정해서 포함시킬 수 있도록 연락joan@joanryanink.com을 꼭 부탁드린다.

오랫동안 에이전트를 맡아온 베치 러너Betsy Lerner에게 큰 감사를 표하고 싶다. 끈기를 갖고 이 책과 나를 믿어주었다. 그리고 베치의 지혜로운 조언과 위로하는 목소리 덕분에 여러 차례 위기를 모면할 수 있었다. 이 책을 구상하고 진행하는 데 도움을 준 글렌 슈워츠

Glenn Schwarz 편집자님께 감사드린다. 그리고 집필한 부분을 매번 읽어주고, 항상 느낌이 좋다고 격려해준 켄 코너Ken Conner 편집자님과 로버트 로즌솔Robert Rosenthal 교수님께도 감사드린다.

레이 래토Ray Ratto와 엘리스 메이저스Elise Magers, 제니 맥도널드 Jennie MacDonald, 더그 스미스Doug Smith, 로나 스티븐스-스미스Lorna Stevens-Smith, 로이 아이젠하트Roy Eisenhardt, 제프 애플먼Jeff Appleman, 수잰 엥겔버그Suzanne Engelberg 이상 초기 독자들에게 감사드린다.

나만의 무리라고 할 수 있는 가족과 친구들에게도 감사하다. 특히 아들 라이언Ryan과 의붓딸 앤디Andi와 레이니Lainie에게 감사하다. 언제나 곁에서 지지한다는 것을 기억해주기 바란다. 아이들을 사랑하는 마음은 이루 표현할 수 없다.

리틀, 브라운 앤드 컴퍼니Little, Brown and Company 출판사의 필 마리노Phil Marino 편집자와 그의 팀원 아이라 부다Ira Bouda, 크레이그 영Craig Young, 베치 유리그Betsy Uhrig, 사브리나 캘러핸Sabrina Callahan, 얼리사 퍼슨스Alyssa Persons에게 감사드린다.

샌프란시스코 자이언츠와 언제나 시간을 내주신 스테이시 슬로터Staci Slaughter 선임 고문께 감사드린다.

그리고 특별히 언급하고 싶은 사람이 있다. 브랜던 벨트Brandon Belt는 'Intangibles(원서 제목)'라는 제목을 떠올린 천재적인 친구다.

남편 배리Barry에게 언제나 고맙다. 남편 없이는 되는 일이 없다. 남편과 함께 커피를 마시며 대화하는 것으로 시작해서 칵테일을 마시며 대화하는 것으로 끝내야 즐거운 하루를 보냈다고 할 수 있다. 35년째 진행 중인 우리의 대화는 소재가 떨어지려면 한참 멀었다.

감사의 말

내가 가야 할 길을 인도하고, 경험과 전문성을 공유하고, 복잡한 연구를 해석해주며, 이론들을 연결할 수 있도록 아래와 같이 도움을 주신 정말 수많은 분들에게 큰 감사를 전한다.

필 가너Phil Garner, 마크 가드너Mark Gardner, 마이크 가예고Mike Gallego, 스콧 개럴츠Scott Garrelts, 페드로 고메즈Pedro Gomez, 예샤야 골드파브 Yeshaya Goldfarb, 조니 곰스Jonny Gomes, 행크 그린월드Hank Greenwald, 코너 길레스피Conor Gillespie, 필 네빈Phil Nevin, 켈리 다운스Kelly Downs, 숀 던 스턴Shawon Dunston, 조니 데이먼Johnny Damon, 휴 델러핸티Hugh Delehanty, 앤슨 도런스Anson Dorrance, 데이브 드라베키Dave Dravecky, 토니 라 루사 Tony La Russa, 마이크 라코스Mike LaCoss, 브렛 러빈Bret Levine, 노마 러로 사Norma LaRosa, 제프 레너드Jeff Leonard, 크레이그 레퍼츠Craig Lefferts, 데 이브 로버츠Dave Roberts, 케빈 로버츠Kevin Roberts, 돈 로빈슨Don Robinson, 코디 로스Cody Ross, 앨 로즌Al Rosen, 하비에르 로페스Javier López, 지미 롤린스Jimmy Rollins, 밥 루리Bob Lurie, 토머스 루이스Thomas Lewis, 저스틴 루지아노Justin Ruggiano, 마크 르탄Mark Letendre, 그레그 리턴Greg Litton, 짐 릴런드Jim Leyland, 찰리 매뉴얼Charlie Manuel, 조 매던Joe Maddon, 브 랜던 매카시Brandon McCarthy, 잰 매커두Jan McAdoo, 스탠리 매크리스털 Stanley McChrystal, 커트 맨워링Kirt Manwaring, 마이크 머피Mike Murphy, 밥 멜빈Bob Melvin, 마이크 모스Mike Morse, 브랜던 모스Brandon Moss, 제프 모 어래드Jeff Moorad, 벤지 몰리나Bengie Molina, 케빈 미첼Kevin Mitchell, 조던 밀러Jordan Miller, 딜런 바Dylan Barr, 해리 바커-포스트Harry Barker-Fost, 앤드루 배걸리Andrew Baggarly, 타라 밴더비어Tara VanDerveer, 마빈 버나 드Marvin Bernard, 엘리스 버크스Ellis Burks, 앤드루 버터스Andrew Butters,

팀 케미스트리

브렛 버틀러Brett Butler, 카트리나 베즈루코바Katrina Bezrukova, 래리 베어Larry Baer, 더스티 베이커Dusty Baker, 로브 베커Rob Becker, 매케나 베커McKenna Becker, 에린 베커Erin Becker, 커린 벤더스키Corinne Bendersky, 브랜던 벨트Brandon Belt, 라이언 보걸송Ryan Vogelsong, 브루스 보치Bruce Bochy, 배리 본즈Barry Bonds, 루시 볼턴Ruthie Bolton, 메이올라 볼턴MaeOla Bolton, 스콧 브레이브Scott Brave, 밥 브렌리Bob Brenly, 버드 블랙Bud Black, 케빈 비카트Kevin Bickart, 마크 서턴Mark Sutton, 브라이언 세이비언Brian Sabean, 마이클 셔피로Michael Shapiro, 존 셰이John Shea, 제러미 셸리Jeremy Shelley, 마이크 소샤Mike Scioscia, 헨리 슐먼Henry Schulman, 데이브 스튜어트Dave Stewart, 크리스 스파이어Chris Speier, 체스터 스펠Chester Spell, 코리 시거Corey Seager, 마크 아이스Mark Eys, 멜러니 애런슨Melanie Arenson, 제러미 애펠트Jeremy Affeldt, 크레이그 앤더슨Craig Anderson, 보비 에번스Bobby Evans, 켄 오버크펠Ken Oberkfell, 샌디 올더슨Sandy Alderson, 제니퍼 에이지Jennifer Azzi, 마이크 올드레티Mike Aldrete, 조시 울리Josh Woolley, 제이슨 워스Jayson Werth, 론 워터스Ron Wotus, 랜디 윈Randy Winn, 맷 윌리엄스Matt Williams, 게일 이브내리Gail Evenari, 폴 잭Paul Zak, 브루스 젱킨스Bruce Jenkins, 즉흥극단 더 세컨드 시티The Second City Improv, 믹 챈틀러Mick Chantler, 캐슬린 캐스토Kathleen Casto, 루크 캔톨라Luke Kantola, 스티브 캔톨라Steve Kantola, 질 캔톨라Jill Kantola, 캐럴 캘런Carol Callan, 스티브 커Steve Kerr, 팸 커윈Pam Kerwin, 팀 커크지엔Tim Kurkjian, 네드 컬레티Ned Colletti, 맷 케인Matt Cain, 제프 켄트Jeff Kent, 조지 콘토스George Kontos, 스탠 콘티Stan Conte, 마크 크라우스Mark Kraus, 로저 크레이그 Roger Craig, 브랜던 크로퍼드Brandon Crawford, 스티브 클라인Steve Kline,

윌 클라크Will Clark, 앤 킬리언Ann Killion, 저스틴 터너Justin Turner, 밥 튜크스버리Bob Tewksbury, 앨릭스 패블로비치Alex Pavlovic, 존 파슬리John Parsley, 릴런드 파우스트Leland Faust, 개리 앨런 파인Gary Alan Fine, 재럿 파커Jarrett Parker, 데이브 퍼론Dave Perron, 헌터 펜스Hunter Pence, 케빈 프랜드센Kevin Frandsen, 로라 프레이저Laura Fraser, 피에로 프로카치니Piero Procaccini, 미키 프리먼Micky Freeman, 제이크 피비Jake Peavy, 롤리 핑거스Rollie Fingers, 스튜어트 하우저Stewart Hauser, 키스 허낸데즈Keith Hernandez, 클린트 허들Clint Hurdle, 오브리 허프Aubrey Huff, 제프 헤드Geoff Head, 맷 호브디Matt Hovde, 리치 힐Rich Hill.

팀 케미스트리

요즘 조직 문화를 다룰 때 MZ세대라는 표현을 참 많이 사용한다. 나는 오래전부터 우리나라는 팀워크나 단결력을 중시하고, 때로는 이들을 팀 케미스트리와 혼동하거나 혼용하는 경향이 있다고 생각해왔다. 그런 이유로 조직 내에서 세대 간의 갈등이 일어나고 있는 것이 아닐까. 이 책을 번역하면서 그런 생각이 다시 충전된 느낌을 받았다.

우리나라 조직들은 개인의 희생을 강요하고, 조직을 위해 맹목적이고 획일적으로 움직여주기를 바란다. 그리고 회식이나 멤버십 트레이닝이라는 이름으로 조직원들을 억지로 한곳에 모아놓으면 자연스럽게 단결된다는 착각에 빠져 있다.

팀 케미스트리는 사람들 간의 상호 작용이다. 그것이 궁합이라고 할 수도 있고, 죽이 잘 맞다거나 코드가 잘 맞다고 표현할 수도 있다. 개인의 희생을 강요하기보다 서로 다름을 받아들이고, 서로의 장점을 인정하고 신뢰하면서 일하는 환경을 조성하는 것이 미덕이

된다. 이 점을 염두에 두고 이 책을 읽어주기를 바라는 마음이다.

이 책을 번역하면서 또 한 가지 느낀 점은 서양 스포츠에서 중시되었던 팀 케미스트리와 같은 무형의 가치가 최근 과학 기술의 발전으로 인해 등한시되고 있다는 것이다. 특히 우리가 현재 겪고 있는 21세기는 '데이터과학'이 지배하고 있다고 해도 과언이 아니다. 모든 일을 행할 때 데이터를 수집하고 확률이 가장 높은 방법을 진행하는 것이 일종의 정석처럼 여겨지고 있다.

야구도 시대에 발맞춰서 최근 10~15년 동안 수많은 변화를 겪었다. 세이버메트릭스라고 불리는 야구 통계학이 각광받은 것을 시작으로 과학 기술을 기반으로 경기 전략을 세우고, 선수를 평가하며, 더 나아가 선수를 육성하고 있다. 게다가 야구 관계자들의 배경도 다원화되었다. 사실 여기에 몇 자 적어서 최근 야구계가 어떻게 발전했는지 표현하기에는 터무니없이 부족하다. 아무튼 야구계는 최근에 그런 식으로 앞만 바라보고 열심히 달렸다.

이 책은 팀 케미스트리라는 주제로 야구계가 앞만 향해 달리면서 그들도 모르게 떨어뜨렸던 물건은 없었는지, 그들이 놓치고 있었던 부분은 없었는지 되돌아보는 시간도 가진다. 숫자와 장비로 선수를 얼마든지 평가할 수 있겠지만, 야구도 결국에는 인간이 하는 것이다. 클럽하우스 내에서 선수들 간의 관계가 경기력에 반영될 수밖에 없다.

책에 언급되는 내용이지만, 인간은 복잡계를 이루기 때문에 최신 유행에 모두 똑같이 반응하지는 않는다. 선수도, 관계자도 프로그램된 대로 움직이는 기계들이 아니다 보니, 흐름을 따라가기도 하겠지만 비판적인 시각으로 바라보기도 한다. 기술이 아무리 발전하더라도, 시간이 지나면서 자성의 목소리가 나오고 거기에 대응할 수 있는 것이 인간이 가진 힘이다. 이 책도 그런 자성의 목소리가 아닌가 싶다. 앞으로도 야구계에서 성찰의 목소리를 내는 책들이 계속해서 출판될 것이라고 생각한다.

사실 그런 이유로 이 책을 번역했다. 앞서 내가 번역한 《스마트 베이스볼》이나 《MVP 머신》은 야구계의 기술적인 발전을 다룬 내용들이었다. 물론 그 안에 비판적인 목소리가 없었던 것은 아니지만, 발전에 대한 내용이 주를 이루다 보니 아마 많은 독자들이 신경 써서 읽지 않았을 것이라고 생각한다. 그래서 이번에는 자성의 목소리에 힘이 실린 책을 선택했고, 독자들이 야구에 대해 균형 잡힌 시각을 가졌으면 하는 바람이다.

이렇게 좋은 내용을 국내 독자들에게 전달할 수 있도록 도움을 주신 분들이 있다. 우선 백정훈 KIA 타이거즈 스카우트와 엄종수 경기상업고등학교 야구부 코치님, 엄형찬 캔자스시티 로열스 선수, 유지호 연합뉴스 기자님 덕분에 내용의 오류를 잡아내고, 현장 용어를 배워서 번역의 질을 높일 수 있었다. 손윤 야반도주 칼럼니스트님 덕분에 관계자들과 어렵지 않게 소통을 할 수 있었다. 아울러 필립 데일Philip Dale 캔자스시티 로열스 아시아·태평양 스카우팅 팀장님의 지지 덕분에 마음 편하게 번역에 임할 수 있었다.

그리고 야구 관련 번역서에 남다른 애정을 쏟고 계신 한승훈 네이버 스포츠 콘텐츠 매니저 겸 SPOTV MLB 해설위원님께 감사의 말씀을 전한다. 현재까지 70여 권의 야구 관련 도서가 국내에 번역

되었는데, 120년이 넘은 야구 역사를 보유한 나라치고는 턱없이 부족한 숫자라고 할 수 있다. 그나마도 야구의 최신 트렌드보다는 아동서나 보편적인 지식을 알리는 책이 대부분이다. 앞으로 야구 관련 도서가 활발하게 번역될 수 있기를 희망한다. 이런 작은 움직임도 국내 야구 발전에 큰 도움이 될 수 있다고 생각한다.

마지막으로 번역이라는 고된 작업을 할 수 있도록 옆에서 항상 인내심으로 배려해주는 식구들에게 사랑하고 고맙다는 말을 전한다.

프롤로그: 팀 케미스트리를 찾아 떠나는 여정

1   Dacher Keltner, Born to Be Good: The Science of a Meaningful Life (New York: W.W. Norton, 2009).

2   Rene A. Spitz, "Hospitalism: An Inquiry into the Genesis of Psychiatric Conditions in Early Childhood," The Psychoanalytic Study of the Child 1, no. 1 (1945): 53-74; Rene A. Spitz and Katherine M. Wolf, "Anaclitic Depression: An Inquiry into the Genesis of Psychiatric Conditions in Early Childhood, II," The Psychoanalytic Study of the Child 2, no. 1 (1946): 313-42.

3   H. F. Harlow, R. O. Dodsworth, and M. K. Harlow, "Total Social Isolation in Monkeys," PNAS 54, no. 1 (1965): 90-97.

4   Giuseppe di Pellegrino et al., "Understanding Motor Events: A Neurophys iological Study," Experimental Brain Research 91, no. 1 (1992): 176-80; Vittorio Gallese et al., "Action Recognition in the Premotor Cortex," Brain 119, no. 2 (1996): 593-609.

5   Christian Keysers et al., "A Touching Sight: SII/PV Activation During the Observation and Experience of Touch," Neuron 42, no. 2 (2004): 335-46.

1장 네가 있으니까, 내가 있는 거야

1   Robin Dunbar, "The Social Role of Touch in Humans and Primates: Be havioural Function and Neurobiological Mechanisms," Neuroscience & Biobehavioral Reviews 34, no. 2 (2010): 260-8.

2장 싱고니움, 환경에 맞춰 변화하다

1   Scott S. Wiltermuth and Chip Heath, "Synchrony and Cooperation," Psy chological Science 20, no. 1 (2009): 1-5.

2   Dora L. Costa and Matthew E. Kahn, "Health, Wartime Stress, and Unit Cohesion: Evidence from Union Army Veterans," Demography 47, no. 1

(2010): 45-66.

3 Adam Bernacchio, "The Pat Burrell Era Ends In Tampa Bay," Bleacher Report, May 17, 2010, https://bleacherreport.com/articles/393131-the-pat-burrell-era-ends-in-tampa-bay.

4 Jean-Claude Dreher et al., "Testosterone Causes Both Prosocial and Antisocial Status-Enhancing Behaviors in Human Males," PNAS 113, no. 41 (2016): 11633-38.

5 Pranjal Mehta and Robert A. Josephs, "Testosterone and Cortisol Jointly Regulate Dominance: Evidence for a Dual-Hormone Hypothesis," Hormones and Behavior 58, no. 5 (2010): 898-906.

6 Kathleen V. Casto, David K. Hamilton, and David A Edwards, "Testosterone and Cortisol Interact to Predict Within-Team Social Status Hierarchy among Olympic-Level omen Athletes," Adaptive Human Behavior and Physiology 5, no. 3 (2019): 237-50.

7 Gary Alan Fine and Michaela de Soucey, "Joking Cultures: Humor Themes as Social Regulation in Group Life," International Journal of Humor Research 18, no. 1 (2005): 122.

3장 슈퍼 매개자, 조니 곰스라는 특별한 사례

1 Sam Walker, "The Art of Winning Everywhere," Wall Street Journal, September 8, 2018.

2 John Wooden and Jack Tobin, They Call Me Coach (New York: McGraw-Hill, 2004).

4장 슈퍼 교란자, 배리 본즈라는 더 이상한 사례

1 Simple Sabotage Field Manual: Strategic Services (Provisional), prepared by the US Office of Strategic Services (Washington, DC, 1944), https://www.cia.gov/news-information/featured-story-archive/2012-featuredstory-archive/CleanedUOSSSimpleSabotage_sm.pdf.

2 Roy F. Baumeister et al., "Bad Is Stronger Than Good," Review of General Psychology 5, no. 4 (2001): 323–70.

3 Dacher Keltner, Born to Be Good: The Science of a Meaningful Life (New York: W.W. Norton, 2009).

4 Jay Jaffe, "Prospectus Hit and Run: Overachieving Yet Again," Baseball Prospectus, September 15, 2009, https://www.baseballprospectus.com/news/article/9529/pros pectus-hit-and-run-overachieving-yet-again/.

5 Katerina Bezrukova et al., "The Effects of Alignments: Examining Group Faultlines, Organizational Cultures, and Performance," Journal of Applied Psychology 97, no. 1 (2012): 77–92; Katerina Bezrukova and Chester Spell, "Cracking Under Pressure: A Context-Centered Attention-Based Perspective on Faultlines," International Association for Conflict Management, Leiden, Netherlands (2014).

6 Thomas J. DeLong and Vineeta Vijayaraghavan, "Cirque du Soleil," Harvard Business School Case 403–006 (2002).

7 David Grann, "Baseball Without Metaphor," New York Times Magazine, September 1, 2002.

8 The Lost Interview of the Great Ted Williams, hosted by Bob Lobel (Las Vegas: DK Productions, 2009), DVD.

9 Richard Hoffer, "It's Time to Play the Feud!" Sports Illustrated, July 2, 2007.

10 Joan S. Ingalls, "Mental Training: Building Team Cohesion," Rowing News 5, no. 16 (1998): 23.

11 Hans Lenk, "Top Performance Despite Internal Conflict: An Antithesis o a Functionalistic Proposition," in Sport, Culture, and Society: A Reader on the Sociology of Sports, eds. John W. Loy and Gerald S. Kenyon (Toronto: Collier-Macmillan, 1969), pp. 393–96.

12 Anita Elberse, "Ferguson's Formula," Harvard Business Review, October 2013, https://hbr.org/2013/10/fergusons-formula/ar/1.

13 Amy Langfield, "How California Can Save Water and Beat the Drought: Psychology," MoneyWatch, May 18, 2015; Paul J. Ferraro and Michael K.

Price, "Using Nonpecuniary Strategies to Influence Behavior: Evidence from a Large-Scale Field Experiment," Review of Economics and Statistics 95, no. 1 (2013): 64-73.

5장 일곱 가지 원형

1   Theo Epstein, "Class Day Remarks" (speech, Yale University, New Haven, CT, May 21, 2017), https://news.yale.edu/sites/default/files/d6_files/imce /Yale%20 Class%20Day.pdf.

2   Shanti Fader, "A Fool's Hope," Parabola Magazine 26, no. 3 (2001): 48-52.

3   Dacher Keltner, Born to Be Good: The Science of a Meaningful Life (New York: W.W. Norton, 2009)

4   Robin Dunbar, "The Social Role of Touch in Humans and Primates: Behavioural Function and Neurobiological Mechanisms," Neuroscience & Biobehavioral Reviews 34, no. 2 (2010): 260-68.

5   Cassandra J. Cope et al., "Informal Roles on Sport Teams," International Journal of Sport and Exercise Psychology 9, no. 1 (2011): 19-30.

6장 우리만을 위하여

1   Adam M. Grant, "Employees Without a Cause: The Motivational Effects of Prosocial Impact in Public Service," International Public Management Journal 11, no. 1 (2008): 48-66.

2   Barry Schwartz, "Rethinking Work," New York Times, August 28, 2015, https://www.nytimes.com/2015/08/30/opinion/sunday/rethinking-work.html.

3   Stanley McChrystal, Team of Teams (New York: Portfolio/Penguin, 2015), 96.

4   Joachim Huffmeier and Guido Hertel, "When the Whole Is More Than the Sum of Its Parts: Motivation Gains in the Wild," Journal of Experimental Social Psychology 47, no. 2 (2011): 455-59.

5   Emma E. A. Cohen et al., "Rowers' High: Behavioural Synchrony Is Correlated

with Elevated Pain Thresholds," Biology Letters 6, no. 1 (2010): 106-8.

6 R. H. Roy, "The Canadian Military Tradition," in The Canadian Military: A Profile, ed. Hector J. Massey (Toronto: Copp Clark, 1972), pp. 51-65.

7 Sebastian Junger, War (New York: Hachette, 2010).

8 Sara Corbett, Venus to the Hoop (New York: Anchor Books, 1998).

9 Ibid.

10 Ad Vingerhoets, Why Only Humans Weep: Unravelling the Mysteries of Tears (Oxford: Oxford University Press, 2013).

11 Melissa Dahl, "Why Do Women Cry More Than Men?" New York Magazine, January 7, 2015, https://www.thecut.com/2015/01/why-do-women-cry-more-han-men.html.

12 Pat Summitt and Sally Jenkins, Raise the Roof (New York: Three Rivers Press, 1998).

13 Corbett, Venus to the Hoop.

7장 피그말리온 효과와 1989년의 샌프란시스코 자이언츠

1 Steve Kroner, "20th Anniversary: Brad Gulden/The Original Humm-Baby," San Francisco Chronicle, April 9, 2006, https://www.sfgate.com/sports/article/20TH-ANNI VERSARY-Brad-Gulden-The-orginal-The-2537623.php.

2 Robert Rosenthal and Kermit L. Fode, "The Effect of Experimenter Bias on the Performance of the Albino Rat," Behavioral Science 8, no. 3 (1963): 183-89.

3 Robert Rosenthal and Lenore Jacobson, "Teachers' Expectancies: Determinants of Pupils' IQ Gains," Psychological Reports 19, no. 1 (1966): 115-18.

4 Christine M. Rubie-Davies et al., "A Teacher Expectation Intervention: Modelling the Practices of High Expectation Teachers," Contemporary Educational Psychology 40, no. 1 (2015): 72-85.

5   Robert Rosenthal and Elisha Y. Babad, "Pygmalion in the Gymnasium," Educational Leadership 43, no. 1 (1985): 36–39, http://www.ascd.org/ASCD/pdf/journals/ed_lead/el_198509_rosenthal.pdf.

6   Stanley McChrystal, Team of Teams (New York: Portfolio/Penguin, 2015).

7   Edward N. Lorenz, "Deterministic Nonperiodic Flow," Journal of the Atmo spheric Sciences 20, no. 2: 130–41.

8   Alex "Sandy" Pentland, "The New Science of Building Great Teams," Harvard Business Review, April 2012.

9   Matt Johanson, Game of My Life: San Francisco Giants (Champaign, IL: Sports Publishing, 2007).

8장 팀에 화학적 합성이 일어나다

1   Tim Kawakami, "Kawakami: Where Do the Warriors Go from Here? Sketching out the Next (Final?) Chapters of This Novel," The Athletic, November 20, 2018, https://theathletic.com/664495/2018/11/20/kawakami-so-where-do-the-warriors-go-from-here-sketching-out-he-next-and-final-chapters-of-this-mystery-novel/.

2   Marcus Thompson, "Thompson: The Draymond Green/Kevin Durant Reconciliation Took Time and, More Importantly, Maturity and Thoughtfulness," The Athletic, January 21, 2019, https://theathletic.com/777906/2019/01/21/thompson-the-draymond-green-kevin-durant-reconciliation-took-time-and-more-importantly-maturity-and- thoughtfulness/.

3   Dacher Keltner, Deborah H. Gruenfeld, and Cameron Anderson, "Power, Approach, and Inhibition," Psychological Review 110, no. 2 (2003): 265–84; Michael W. Kraus et al., "Social Class, Solipsism, and Contextualism: How the Rich Are Different from the Poor," Psychological Review 119, no. 3 (2012): 546–72.

4   Paul K. Piff et al., "Higher Social Class Predicts Increased Unethical Behavior," PNAS 109, no. 11 (2012): 4086–91, https://doi.org/10.1073/pnas.1118373 109.

5 Theo Epstein, "Class Day Remarks" (speech, Yale University, New Haven, CT, May 21, 2017), https://news.yale.edu/sites/default/files/d6_files/imce/Yale%20Class%20Day.pdf.

6 Brain Walker and David Salt, Resilience Thinking (Washington, DC: Island Press, 2006).

에필로그: 팀 케미스트리에 관한 세 가지 질문

1 Michael W. Kraus, Cassy Huang, and Dacher Keltner, "Tactile Communication, Cooperation, and Performance: An Ethological Study of the NBA," Emotion 10, no. 5 (2010): 745–49.

2 E. O. Wilson: Of Ants and Men, directed by Shelley Schulze (PBS/Shining Red Productions, Inc., 2015), DVD.

3 Roger Rosenblatt, "Seen and Unseen," New York Times Book Review, August 27, 2017.

4 Roderick I. Swaab et al., "The Too-Much-Talent Effect: Team Interdependence Determines When More Talent Is Too Much or Not Enough," Psychological Science 25, no. 8 (2014): 1581–691.

5 Boris Groysberg, Jeffrey T. Polzer, and Hillary Anger Elfenbein, "Too Many Cooks Spoil the Broth: How High-Status Individuals Decrease Group Effectiveness," Organization Science 22, no. 3 (2011): 722–37.

6 Paul J. McCarthy, "Positive Emotion in Sport Performance: Current Status and Future Directions," International Review of Sport and Exercise Psychology 4, no. 1 (2011): 50–69.

참고문헌

- Baggarly, Andrew. A Band of Misfits: Tales of the 2010 San Francisco Giants. Chicago: Triumph, 2011.

- Banks, Amy, and Leigh Ann Hirschman. Wired to Connect: The Surprising Link Between Brain Science and Strong, Healthy Relationships. New York: Penguin Random House, 2015.

- Barondes, Samuel. Making Sense of People: Decoding the Mysteries of Personality. Upper Saddle River, New Jersey: FT Press, 2012.

- Beilock, Sian. Choke: What the Secrets of the Brain Reveal About Getting It Right When You Have To. New York: Free Press, 2010.

- Bennis, Warren, and Patricia Ward Biederman. Organizing Genius: The Secrets of Creative Collaboration. New York: Perseus, 2007.

- Berri, David J., and Martin B. Schmidt. Stumbling on Wins: Two Economists Expose the Pitfalls on the Road to Victory in Professional Sports. Upper Saddle River, New Jersey: FT Press, 2010.

- Berri, David J., et al. The Wages of Wins: Taking Measure of the Many Myths in Modern Sport. Stanford, California: Stanford University Press, 2007.

- Bochy, Bruce, et al. One Common Goal: The Official Inside Story of the Incredible World Champion San Francisco Giants. Santa Rosa, California: Skybox Press, 2013.

- Bolton, Ruthie. The Ride of a Lifetime: The Making of Mighty Ruthie. Sacramento, California: Pathworks Publishing, 2012.

- Bolton, Ruthie, and Terri Morgan. From Pain to Power: Surviving & Thriving After an Abusive Marriage. Sacramento, California: Blanket Marketing Group, 2017.

- Brizendine, Louann. The Male Brain. New York: Penguin Random House, 2010.

- Bronson, Po, and Ashley Merryman. Top Dog: The Science of Winning and

Losing. New York: Twelve, 2013.

- Carroll, Pete, et al. Win Forever: Live, Work, and Play Like a Champion. New York: Portfolio/Penguin, 2011.

- Catmull, Ed, and Amy Wallace. Creativity, Inc.: Overcoming the Unseen Forces That Stand in the Way of True Inspiration. New York: Random House, 2014.

- Collins, Jim. Good to Great: Why Some Companies Make the Leap . . . and Others Don't. New York: Harper Business, 2001.

- Corbett, Sara. Venus to the Hoop: A Gold-Medal Year in Women's Basketball. New York: Anchor Books, 1998.

- Cozolino, Louis. The Neuroscience of Human Relationships: Attachment and the Developing Social Brain. 2nd ed. New York: W.W. Norton & Company, 2014.

- Crothers, Tim. The Man Watching: Anson Dorrance and the University of North Carolina Women's Soccer Dynasty. New York: St. Martin's Press, 2010.

- Dweck, Carol S. Mindset: The New Psychology of Success. New York: Random House, 2008. Eibl-Eibesfeldt, Irenaus. Human Ethology. Piscataway, New Jersey: Transaction Publishers, 1989. Fainaru-Wada, Mark, and Lance Williams. Game of Shadows: Barry Bonds, BALCO, and the Steroids Scandal That Rocked Professional Sports. New York: Penguin, 2007.

- Fine, Gary Alan. With the Boys: Little League Baseball and Preadolescent Culture. Chicago: University of Chicago Press, 1987.

- Frank, Robert H. Passions Within Reason: The Strategic Role of the Emotions. New York: W.W. Norton & Company, 1988.

- Gewertz, Bruce L., and Dave C. Logan. The Best Medicine: A Physician's Guide to Effective Leadership. New York: Springer, 2015.

- Goleman, Daniel. Social Intelligence: The New Science of Human Relationships. New York: Bantam Books, 2006.

- Gordon, John, and Mike Smith. You Win in the Locker Room First: The 7 C's to Build a Winning Team in Business, Sports, and Life. Hoboken, New Jersey:

John Wiley & Sons, 2015.

- Haft, Chris. If These Walls Could Talk: San Francisco Giants: Stories from the San Francisco Giants Dugout, Locker Room, and Press Box. Chicago: Triumph, 2017.

- Halberstam, David. The Teammates: A Portrait of a Friendship. New York: Hyperion, 2003.

- Huff, Aubrey, and Stephen Cassar. Baseball Junkie: The Rise, Fall, and Redemption of a World Series Champion. DreamGrinder Press, 2017.

- Iacoboni, Marco. Mirroring People: The Science of Empathy and How We Connect with Others. New York: Picador, 2009.

- Jackson, Phil, and Hugh Delahanty. Eleven Rings: The Soul of Success. New York: Penguin, 2014.

- Jackson, Phil, and Hugh Delahanty. Sacred Hoops: Spiritual Lessons of a Hardwood Warrior. New York: Hyperion, 2006.

- James, Bill. The New Bill James Historical Baseball Abstract. New York: Free Press, 2003.

- Junger, Sebastian. Tribe: On Homecoming and Belonging. London: HarperCollins, 2016.

- Junger, Sebastian. War. New York: Twelve, 2011.

- Kaplan, David. The Plan: Epstein, Maddon, and the Audacious Blueprint for a Cubs Dynasty. Chicago: Triumph, 2017.

- Keltner, Dacher. Born to Be Good: The Science of a Meaningful Life. New York: W.W. Norton & Company, 2009.

- Kerr, James. Legacy: What the All Blacks Can Teach Us About the Business of Life. London: Hachette, 2015.

- Lehrer, Jonah. Proust Was a Neuroscientist. New York: Houghton Mifflin Harcourt, 2007.

- Lencioni, Patrick. The Five Dysfunctions of a Team: A Leadership Fable. San Francisco: Jossey-Bass, 2002.

- Leonard, Kelly, and Tom Yorton. Yes, And: How Improvisation Reverses "No, But" Thinking and Improves Creativity and Collaboration. New York: HarperCollins, 2015.

- Lewis, Michael. Moneyball: The Art of Winning an Unfair Game. New York: W.W. Norton & Company, 2003.

- Lewis, Michael. The Undoing Project: A Friendship That Changed Our Minds. New York: W.W. Norton & Company, 2017.

- Lewis, Thomas, et al. A General Theory of Love. New York: Random House, 2001.

- Lindbergh, Ben, and Sam Miller. The Only Rule Is It Has to Work: Our Wild Experiment Building a New Kind of Baseball Team. New York: Henry Holt and Company, 2016.

- Logan, Dave, et al. Tribal Leadership: Leveraging Natural Groups to Build a Thriving Organization. New York: HarperCollins, 2011.

- Mavraedis, Chris. Falling in Love with Baseball: A Collection of E-mails and Memories.

- Edited by Bob Sockolov. San Francisco: Chronicle Books, 2017.

- McChrystal, Stanley, et al. Leaders: Myth and Reality. New York: Portfolio/Penguin, 2018.

- McChrystal, Stanley, et al. Team of Teams: New Rules of Engagement for a Complex World. New York: Portfolio/Penguin, 2015.

- McDougall, Christopher. Born to Run: A Hidden Tribe, Superathletes, and the Greatest Race the World Has Never Seen. New York: Vintage Books, 2011.

- Murphy, Brian. Worth the Wait. Santa Rosa, California: Skybox Press, 2011.

- Neyer, Rob. Rob Neyer's Big Book of Baseball Blunders: A Complete Guide to the Worst Decisions and Stupidest Moments in Baseball History. New York: Simon & Schuster, 2006.

- Peta, Joe. Trading Bases: How a Wall Street Trader Made a Fortune Betting on Baseball. New York: Penguin Random House, 2013.

- Ross, David, and Don Yaeger. Teammate: My Journey in Baseball and a World Series for the Ages. New York: Hachette, 2017.

- Sherman, Erik. Kings of Queens: Life Beyond Baseball with the '86 Mets. New York: Penguin Random House, 2016.

- Summitt, Pat, and Sally Jenkins. Raise the Roof: The Inspiring Inside Story of the Tennessee Lady Vols' Undefeated 1997–98 Season. New York: Bantam Doubleday Dell, 1998.

- Svrluga, Barry. The Grind: Inside Baseball's Endless Season. New York: Penguin Random House, 2015.

- Tannen, Deborah. You Just Don't Understand: Women and Men in Con versation. New York: HarperCollins, 2007.

- Turbow, Jason. Dynastic, Bombastic, Fantastic: Reggie, Rollie, Catfish, and Charlie Finley's Swingin' A's. New York: Houghton Mifflin Harcourt, 2017.

- VanDerveer, Tara, and Joan Ryan. Shooting from the Outside: How a Coach and Her Olympic Team Transformed Women's Basketball. New York: Avon, 1998.

- Verducci, Tom. The Cubs Way: The Zen of Building the Best Team in Baseball. New York: Penguin Random House, 2017.

- Walker, Sam. The Captain Class: The Hidden Force That Creates the World's Greatest Teams. New York: Penguin Random House, 2017.

- Wertheim, L. Jon, and Sam Sommers. This Is Your Brain on Sports: The Science of Underdogs, the Value of Rivalry, and What We Can Learn from the T-Shirt Cannon. New York: Penguin Random House, 2016.

- Wilson, Edward O. Consilience: The Unity of Knowledge. New York: Random House, 1999.

- Wilson, Edward O. The Social Conquest of Earth. New York: Liveright Pub lishing Corporation, 2013.

- Wooden, John, and Jack Tobin. They Call Me Coach. New York: McGraw-Hill, 2004.

- Zak, Paul J. The Moral Molecule: How Trust Works. New York: Penguin Random House, 2013.

- Zak, Paul J. Trust Factor: The Science of Creating High-Performance ompanies. New York: American Management Association, 2017.

팀 전력을 끌어올리는 보이지 않는 능력

팀 케미스트리

초판 1쇄 인쇄 2023년 4월 17일
초판 1쇄 발행 2023년 4월 24일

지은이 조앤 라이언
옮긴이 김현성

발행인 이성현
책임 편집 전상수

펴낸 곳 도서출판 두리반
주소 서울특별시 종로구 사직로 8길 34(내수동 72번지) 1104호
편집부 전화 (02)737-4742 | **팩스** (02)462-4742
이메일 duriban94@gmail.com

등록 2012. 07. 04 / 제 300-2012-133호
ISBN 979-11-88719-21-1 03690

※ 값은 뒤표지에 있습니다.